群星闪耀时
这个时代的足坛传奇

红：内维尔自传

RED: My Autobiography

[英] 加里·内维尔 著
虎扑翻译团 译

新世界出版社
NEW WORLD PRESS

First published as Red: My Autobiography by Transworld Publishers, a division of The Random House Group Ltd.

北京版权保护中心海外合同登记号：图字01-2014-3792

图书在版编目（CIP）数据

红：内维尔自传 /（英）内维尔著；虎扑翻译团译.
—北京：新世界出版社，2015.9
ISBN 978-7-5104-5415-8

Ⅰ.①红… Ⅱ.①内… ②虎… Ⅲ.①内维尔，G.—
自传 Ⅳ.① K835.615.47

中国版本图书馆CIP数据核字（2015）第 222849 号

红：内维尔自传

选题策划：蒋　祥　邓东文　陈中捷
作　　者：［英］加里・内维尔
译　　者：虎扑翻译团
责任编辑：丁　鼎　周　帆
责任印制：李一鸣　高　金
出版发行：新世界出版社
社　　址：北京西城区百万庄大街 24 号（100037）
发行部：（010）6899 5968　　（010）6899 8705（传真）
总编室：（010）6899 5424　　（010）6832 6679（传真）
本社中文网址：http://www.nwp.cn
本社英文网址：http://www.newworld-press.com
版权部：+8610 6899 6306
版权部电子信箱：frank@nwp.com.cn
印　　刷：北京旭丰源印刷技术有限公司
经　　销：新华书店
开　　本：710mm × 1000mm　1/16
字　　数：257 千字　印张：18.5
版　　次：2015 年 10 月第 1 版　2015 年 10 月第 1 次印刷
书　　号：ISBN 978-7-5104-5415-8
定　　价：59.80 元

（前排右二）和弟弟菲尔（后排左一）所在的尚特勒兹小学11岁以下足球队。

每到周六，我们会在父亲的陪伴下代表ICE青少年队踢球。在这张球队合影中我是队长（后排右二），菲尔站在后排（右一）。

我们兄弟俩都热爱板球，当然菲尔才是那个本可以成为板球界巨星的人。图为我们代表兰开夏郡出场（前排右二、右三）。

后来的英格兰板球队队长迈克尔·沃恩（前排左三）所带领的北英格兰少年队。你从图上能看到我胳膊上的绑带（后排左二），在国家队试训中，我在一次接球中把手指摔断了。

我和菲尔在父亲的告别赛上。他在那场比赛中击出一个6分球，帮助队伍拿下了比赛。

如当年《伯雷时报》（*Bury Times*）报道的，1992年7月，我和年轻的澳大利亚小伙儿马·海登搭档，在代表格林蒙特队对阵阿斯特利桥队的比赛中，打出了不败的110分，而他也到了140分不出局。只是从此之后，足球成为我生命中的唯一。

BURY TIMES, Friday, July 24, 1992

Two ton route to cup final

EENMOUNT emerged triumphant from a semi-l tie which produced more than 500 runs on day afternoon.
hey amassed 278 for 2 against Astley Bridge, nks largely to two individual hundreds, and e then forced to sweat it out as their visitors de a tremendous effort to snatch a place in the on League's Hamer Cup final.
he home side were 42 for 2 when 17 years old y Neville, an apprentice footballer with Man-ster United, strolled to the middle to join 21 s old Australian professional Matthew Hayden.
ome 40 overs later the big Queenslander, who high hopes of a place in the Aussie Test squad, 140 not out and his less experienced partner t) was unbeaten on 110, Neville's maiden first n 'ton' after a previous best of 49. It was den's fourth century for the club this summer.
idge professional Brendan McArdle (102) and k Warren (74) bravely led the reply but when both fell to Mark Stewart (6 for 74) in the e over, the chase became a lost cause and they eventually all out for 256.
atthew Hayden is organising cricket coaching ll juniors of any age. The sessions, at Green-t CC are from 10am to 4pm on August 4, 5 6 and then 11, 12 and 13, each week costing per person. For details telephone 0204 307 or 0204 883667.

内维尔家的特雷茜（左一），加里（中）和菲尔（右一）。

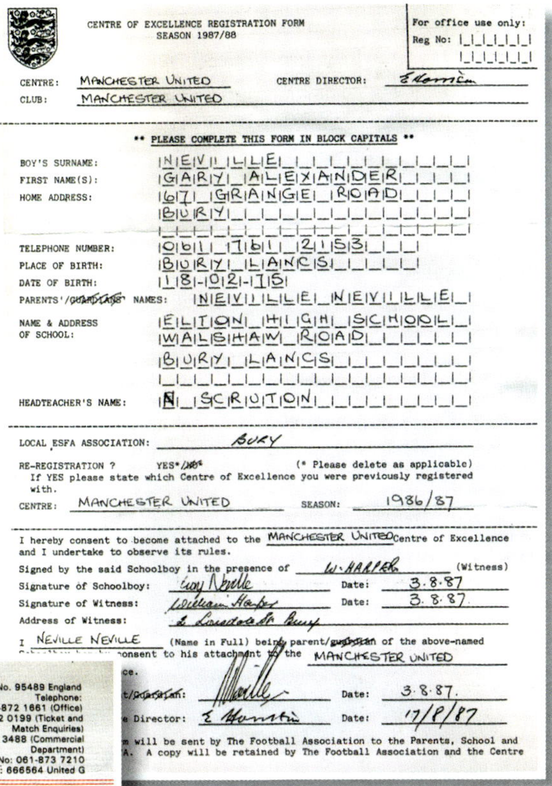

CENTRE OF EXCELLENCE REGISTRATION FORM
SEASON 1987/88

For office use only:
Reg No:

CENTRE: MANCHESTER UNITED CENTRE DIRECTOR: E Harrison
CLUB: MANCHESTER UNITED

** PLEASE COMPLETE THIS FORM IN BLOCK CAPITALS **

BOY'S SURNAME: NEVILLE
FIRST NAME(S): GARY ALEXANDER
HOME ADDRESS: 67 GRANGE ROAD
BURY

TELEPHONE NUMBER: 061 761 2153
PLACE OF BIRTH: BURY LANCS
DATE OF BIRTH: 18-02-75
PARENTS'/~~GUARDIANS'~~ NAMES: NEVILLE NEVILLE

NAME & ADDRESS OF SCHOOL: ELTON HIGH SCHOOL
WALSHAW ROAD
BURY LANCS

HEADTEACHER'S NAME: N SCROUTON

LOCAL ESFA ASSOCIATION: BURY

RE-REGISTRATION ? YES*/~~NO*~~ (* Please delete as applicable)
If YES please state which Centre of Excellence you were previously registered with.
CENTRE: MANCHESTER UNITED SEASON: 1986/87

I hereby consent to become attached to the MANCHESTER UNITED Centre of Excellence and I undertake to observe its rules.
Signed by the said Schoolboy in the presence of W. HARPER (Witness)
Signature of Schoolboy: Gary Neville Date: 3.8.87
Signature of Witness: William Harper Date: 3.8.87
Address of Witness: 2 Lonsdale St Bury
I NEVILLE NEVILLE (Name in Full) being parent/~~guardian~~ of the above-named ... consent to his attachment to the MANCHESTER UNITED ...ce.
...t/~~Guardian~~: Neville Date: 3.8.87.
...e Director: E Harrison Date: 17/8/87
...m will be sent by The Football Association to the Parents, School and ...A. A copy will be retained by The Football Association and the Centre

1987年8月，我在曼联英才中心的注册表格上签下了自己的名字。

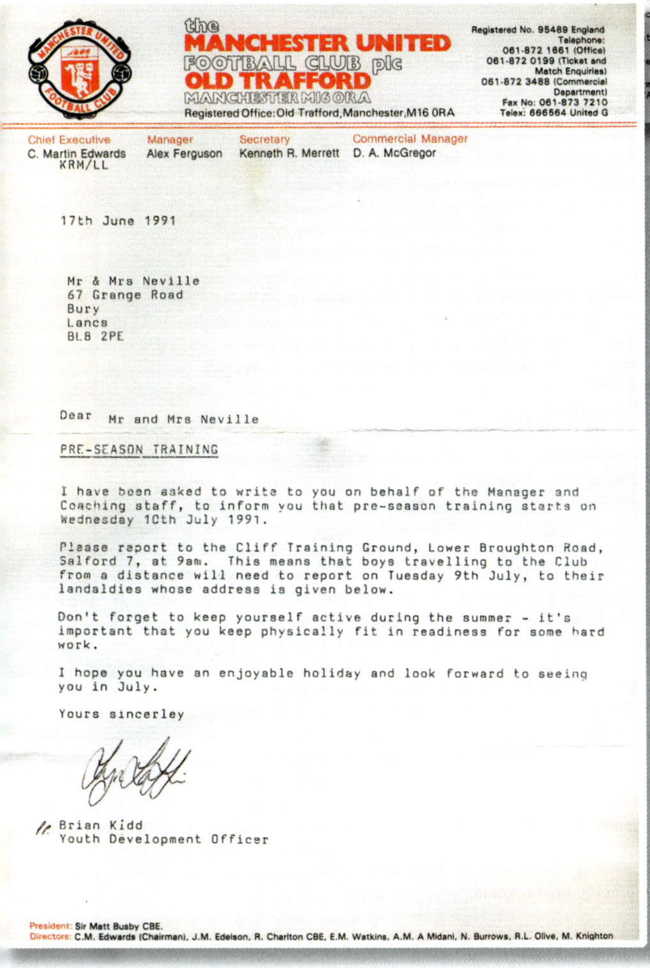

the MANCHESTER UNITED FOOTBALL CLUB plc
OLD TRAFFORD
MANCHESTER M16 0RA
Registered Office: Old Trafford, Manchester, M16 0RA

Registered No. 95489 England
Telephone:
061-872 1661 (Office)
061-872 0199 (Ticket and Match Enquiries)
061-872 3488 (Commercial Department)
Fax No: 061-873 7210
Telex: 666564 United G

Chief Executive C. Martin Edwards | Manager Alex Ferguson | Secretary Kenneth R. Merrett | Commercial Manager D. A. McGregor

KRM/LL

17th June 1991

Mr & Mrs Neville
67 Grange Road
Bury
Lancs
BL8 2PE

Dear Mr and Mrs Neville

PRE-SEASON TRAINING

I have been asked to write to you on behalf of the Manager and Coaching staff, to inform you that pre-season training starts on Wednesday 10th July 1991.

Please report to the Cliff Training Ground, Lower Broughton Road, Salford 7, at 9am. This means that boys travelling to the Club from a distance will need to report on Tuesday 9th July, to their landaldies whose address is given below.

Don't forget to keep yourself active during the summer - it's important that you keep physically fit in readiness for some hard work.

I hope you have an enjoyable holiday and look forward to seeing you in July.

Yours sincerley

pp Brian Kidd
Youth Development Officer

President: Sir Matt Busby CBE.
Directors: C.M. Edwards (Chairman), J.M. Edelson, R. Charlton CBE, E.M. Watkins, A.M. A Midani, N. Burrows, R.L. Olive, M. Knighton

1991年的夏天，在我16岁那年，布莱恩·基德来信邀请我参加曼联的季前训练。

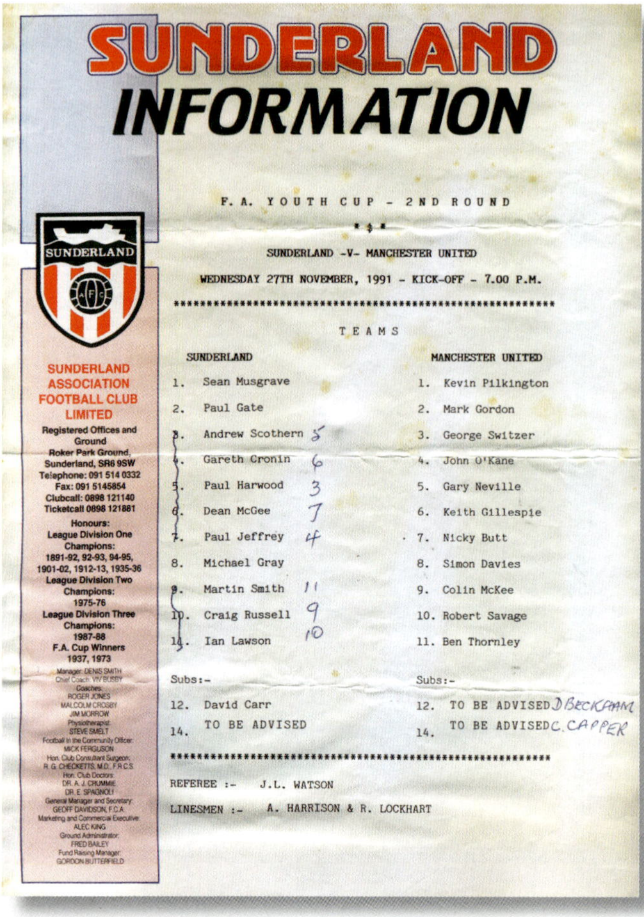

SUNDERLAND INFORMATION

SUNDERLAND

SUNDERLAND ASSOCIATION FOOTBALL CLUB LIMITED

Registered Offices and Ground
Roker Park Ground,
Sunderland, SR6 9SW
Telephone: 091 514 0332
Fax: 091 5145854
Clubcall: 0898 121140
Ticketcall 0898 121881

Honours:
League Division One Champions:
1891-92, 92-93, 94-95, 1901-02, 1912-13, 1935-36
League Division Two Champions:
1975-76
League Division Three Champions:
1987-88
F.A. Cup Winners
1937, 1973

Manager: DENIS SMITH
Chief Coach: VIV BUSBY
Coaches:
ROGER JONES
MALCOLM CROSBY
JIM MORROW
Physiotherapist:
STEVE SMELT
Football in the Community Officer:
MICK FERGUSON
Hon. Club Consultant Surgeon:
R. G. CHECKETTS, M.D., F.R.C.S.
Hon. Club Doctors:
DR. A. J. CRUMMIE
DR. E. SPAGNOLI
General Manager and Secretary:
GEOFF DAVIDSON, F.C.A.
Marketing and Commercial Executive:
ALEC KING
Ground Administrator:
FRED BAILEY
Fund Raising Manager:
GORDON BUTTERFIELD

F. A. YOUTH CUP - 2ND ROUND

SUNDERLAND -V- MANCHESTER UNITED

WEDNESDAY 27TH NOVEMBER, 1991 - KICK-OFF - 7.00 P.M.

TEAMS

SUNDERLAND		MANCHESTER UNITED
1. Sean Musgrave		1. Kevin Pilkington
2. Paul Gate		2. Mark Gordon
3. Andrew Scothern	5	3. George Switzer
4. Gareth Cronin	6	4. John O'Kane
5. Paul Harwood	3	5. Gary Neville
6. Dean McGee	7	6. Keith Gillespie
7. Paul Jeffrey	4	7. Nicky Butt
8. Michael Gray		8. Simon Davies
9. Martin Smith	11	9. Colin McKee
10. Craig Russell	9	10. Robert Savage
11. Ian Lawson	10	11. Ben Thornley
Subs:-		Subs:-
12. David Carr		12. TO BE ADVISED D BECKHAM
14. TO BE ADVISED		14. TO BE ADVISED C. CAPPER

REFEREE :- J.L. WATSON

LINESMEN :- A. HARRISON & R. LOCKHART

1991年11月27日，我第一次代表曼联青年队出场是在对阵桑德兰队的比赛。

骄傲时刻：穿上队服，戴上队徽

着名的曼联青年队。我和巴特站在后排（左二和右二），贝克汉姆（前排左二），斯科尔斯（前排右二）。

在1992年的青年足总杯决赛中，我们击败了水晶宫队，28年来首次将这座奖杯带回了老特拉福德球场。

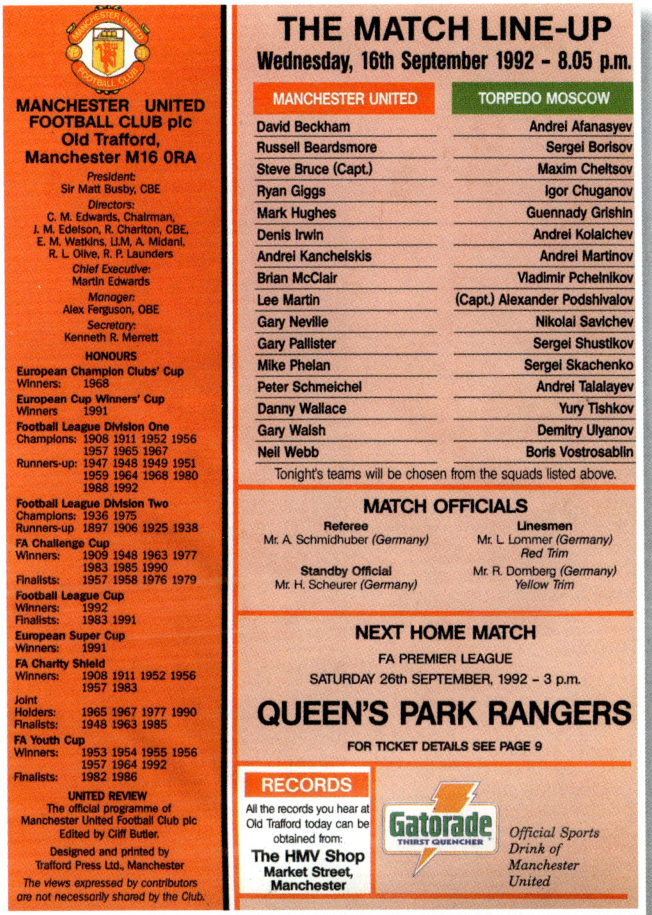

MANCHESTER UNITED FOOTBALL CLUB plc
Old Trafford,
Manchester M16 0RA

President:
Sir Matt Busby, CBE

Directors:
C. M. Edwards, Chairman,
J. M. Edelson, R. Charlton, CBE,
E. M. Watkins, LLM, A. Midani,
R. L. Olive, R. P. Launders

Chief Executive:
Martin Edwards

Manager:
Alex Ferguson, OBE

Secretary:
Kenneth R. Merrett

HONOURS

European Champion Clubs' Cup
Winners: 1968

European Cup Winners' Cup
Winners 1991

Football League Division One
Champions: 1908 1911 1952 1956 1957 1965 1967
Runners-up: 1947 1948 1949 1951 1959 1964 1968 1980 1988 1992

Football League Division Two
Champions: 1936 1975
Runners-up 1897 1906 1925 1938

FA Challenge Cup
Winners: 1909 1948 1963 1977 1983 1985 1990
Finalists: 1957 1958 1976 1979

Football League Cup
Winners: 1992
Finalists: 1983 1991

European Super Cup
Winners: 1991

FA Charity Shield
Winners: 1908 1911 1952 1956 1957 1983
Joint Holders: 1965 1967 1977 1990
Finalists: 1948 1963 1985

FA Youth Cup
Winners: 1953 1954 1955 1956 1957 1964 1992
Finalists: 1982 1986

UNITED REVIEW
The official programme of Manchester United Football Club plc
Edited by Cliff Butler.

Designed and printed by Trafford Press Ltd., Manchester

The views expressed by contributors are not necessarily shared by the Club.

THE MATCH LINE-UP

Wednesday, 16th September 1992 – 8.05 p.m.

MANCHESTER UNITED	TORPEDO MOSCOW
David Beckham	Andrei Afanasyev
Russell Beardsmore	Sergei Borisov
Steve Bruce (Capt.)	Maxim Cheltsov
Ryan Giggs	Igor Chuganov
Mark Hughes	Guennady Grishin
Denis Irwin	Andrei Kolaichev
Andrei Kanchelskis	Andrei Martinov
Brian McClair	Vladimir Pchelnikov
Lee Martin	(Capt.) Alexander Podshivalov
Gary Neville	Nikolai Savichev
Gary Pallister	Sergei Shustikov
Mike Phelan	Sergei Skachenko
Peter Schmeichel	Andrei Talalayev
Danny Wallace	Yury Tishkov
Gary Walsh	Demitry Ulyanov
Neil Webb	Boris Vostrosablin

Tonight's teams will be chosen from the squads listed above.

MATCH OFFICIALS

Referee
Mr. A. Schmidhuber *(Germany)*

Linesmen
Mr. L. Lommer *(Germany)*
Red Trim
Mr. R. Domberg *(Germany)*
Yellow Trim

Standby Official
Mr. H. Scheurer *(Germany)*

NEXT HOME MATCH

FA PREMIER LEAGUE

SATURDAY 26th SEPTEMBER, 1992 – 3 p.m.

QUEEN'S PARK RANGERS

FOR TICKET DETAILS SEE PAGE 9

RECORDS

All the records you hear at Old Trafford today can be obtained from:
**The HMV Shop
Market Street,
Manchester**

梦想成真：1992年9月16日，我在曼联一线队的首战是在欧洲联盟杯对阵莫斯科鱼雷队的比赛。

第二回合比赛期间，我和巴特、小贝在红场留影。

After the Busby Babes, watch out for...

FERGIE'S FLEDGLINGS

New kids will save United millions

DAVID BECKHAM: Midfield. Came on as sub in Coca-Cola Cup tie against Brighton last season.

GARY NEVILLE: Defender. First team debut as sub in home leg of UEFA Cup tie v Torpedo Moscow.

PAUL SCHOLES: Striker. Back from injury with form that made him one of Fergie's prize pupils.

BEN THORNLEY: Winger. Talented, quick and one of several with FA Youth Cup medal.

ALEX FERGUSON issued a chilling warning to his record-busting untouchables last night.

在对阵诺茨郡（Nott
County）青年队比赛
中，菲尔和我第一次
同时为曼联队出场。
很快媒体就创造了
“弗格森的雏鸟”这
个词。主教练弗格森
说：“我为他们感到
高兴，他们是我们的
未来。”

Neville boys make it a family affair

THE brothers Neville are a sporting family.

Gary aged 17 is the captain of Manchester United's youth team this season and a talented centre half. He helped the Reds win the FA Youth Cup last season and is just one of the rich crop of youngsters being likened to the fabulous Busby Babes.

He has already had a sniff of the first team, coming on as a substitute against Torpedo Moscow in the UEFA Cup in September, and looking thoroughly at home in senior surroundings.

His 15-year-old brother, Philip, has an even classier pedigree after captaining the England Schools team and making such an impact in cricket that he can choose between a soccer career at Old Trafford or a cricketing contract with Lancashire.

The Neville brothers, pictured here, played together for the first time in United's youth team in the last round of the FA Youth Cup, Philip at left back with Gary in central defence.

The youngsters beat Notts County 3-1 with goals from Gary Neville, Richard Irving and Paul Scholes.

They will play Wimbledon at Old Trafford in the next round on a date still being arranged.

The youngsters didn't quite live up to their reputation against Notts County, and youth manager Eric Harrison is anxious to see them snap into the kind of dazzling, smooth-passing form which has excited the fans.

☐ OLD Trafford will stage a testimonial dinner for Frank Worthington on February 8. Tickets at £30 are available from Alan Platt on 337 9109.

☐ FAMILY AFFAIR ... the Neville brothers, Gary and Philip who played together for the first time last week

UNITED THE NEXT GEN...

A NEW era is dawning at Manchester United. While the 'Red Devils' pursue their first Championship for 26 years, they are already building the foundations for the future domination of British soccer as MATCH discovers.

THE FOOTBALL ASSOCIATION
LIMITED
Founded 1863

Patron: Her Majesty The Queen
President: H.R.H. The Duke of Kent
Chairman: Sir Bert Millichip

Chief Executive:
R. H. G. Kelly FCIS

Phone: 071-402 7151/071-262 4542
Telex: 261110
Facsimile: 071-402 0486

16 LANCASTER GATE, LONDON W2 3LW

Our Ref: TP/LAK/167 *Your Ref:*

2 November 1992

Gary Neville
67 Grange Road
Bury
Lancs

Dear Gary

UNDER 18 FRIENDLY INTERNATIONAL
ENGLAND V SWITZERLAND - TUESDAY 17 NOVEMBER 1992

I have pleasure in informing you that you have been included in the party of players who have been selected to represent England for the above match, which is to be played at Port Vale Football Club, on Tuesday 17 November 1992, kick-off 7.00 p.m.

I am enclosing, for your information, a copy of our itinerary. Your Club has been informed of your selection, please check your availability with your manager before returning the acknowledgement form.

If you have any queries regarding the above match, or are unable to attend due to injury then please contact Lorraine Kilby at The Football Association.

Best wishes

Yours sincerely

L.A. Kilby

pp Ted Powell
England Under 18 Team Manager

Registered Office: 16 Lancaster Gate, London W2 3LW
Incorporated in London Registration Number 77797

我第一次入选英格兰队是在18岁以下国际赛对阵瑞士队的比赛。

SQUADS FOR THE FINAL

ENGLAND
CHRIS DAY
GARY NEVILLE
KEVIN SHARP
DARREN CASKEY
CHRIS CASPER
SULZEER CAMPBELL
MARK TINKLER
NICHOLAS BUTT
JULIAN JOACHIM
JAMIE FORRESTER
PAUL SCHOLES
ROBERT BOWMAN
ANDREW MARSHALL
ROBERT FOWLER
KEVIN GALLEN
NOEL WHELAN

TURKEY
TURKSOY MURAT
ARSLAN ILHAMI
YIGIT SAMET
KARAMAN DURSUN
DEMIRCIOGLU SINAN
NURI EVREN
ALTUNTAS TEMEL
ALKAN TARKAN
DERELIOGLU OKTAY
KOCABEY MUSTAFA
TRAS ENDER
SAYGILI MUSTAFA
SAZLOG TEKIN
OZER HASAN
RECBER SERKAN
CAN HAKAN

SQUADS FOR 3rd AND 4th PLACE PLAY-OFF

PORTUGAL
NUNO SAMPAIO
RUI GAMA
JORGE MADUREIRA
JOSE SILVA
PEDRO HENRIQUES
HUGO RIBEIROS
CARLOS MORBEY
NUNO AFONSO
JOAO PEIXE
NUNO LUIS
FREDERICO FERNANDES
PAULO MORAIS
JOAO ESTEVES
RUI GUERREIRO
NUNO RIBEIRO
LUIS CASSAMA

SPAIN
JAVIER LOPEZ
JOYCE MORENO
AURELIO SANTOS
RAMON GONZALEZ
LUIS CUARTERO
CESAR PALACIOS
GERARDO GARCIA
EMILIO CARRASCO
JOSE GALVEZ
CARLOS SIERRA
JAVIER MORENO
DANIEL GARCIA
JOSE SANCHEZ
ENRIQUE MEDINA
MARCOS VALES
OSCAR VALES

993年7月，我们赢得了欧洲杯冠军。在决赛中，朱利安・乔西姆被带倒，达伦・卡斯基罚中点球，击败了土耳其队。

除了我们曼联帮的斯科尔斯、巴特、卡斯帕和我之外，索尔·坎贝尔（后排右四）和罗比·福勒（前排右三）也在这支胜利之师中。

式的英格兰一线队首战是在1995年6月3日在温布利球场对阵日本队的茵宝杯比赛。

泰迪·谢林汉姆（左二）和我庆祝在1996年欧洲杯对阵苏格兰的比赛中加扎的进球。

001年世界杯预选赛中，在老特拉福德球场，小贝在与希腊队的比赛中，凭借最后一分钟的意球把英格兰队送进了决赛圈。

曼联一线队主力——尽管我得经常和自己的弟弟竞争首发位置。

1996年温布利大球场，我和小贝在足总杯决赛中。埃里克·坎通纳为我们送上了一场击败
物浦队的著名胜利。

996年，我和布莱恩·基德（左一）、主教练弗格森（右二）、菲尔（右一）一起庆祝双冠王。

这张图中可有不少传奇人物。

千万别被对手吓倒！

1999年欧洲冠军杯半决赛中，能在都灵击败尤文图斯队已经是我们最了不起的胜利之一了，而在巴塞罗那获得三冠王就更让人难以置信。

“靠一帮小孩什么也赢不了。” 拿着冠军杯奖杯的“弗格森的雏鸟”。

主教练弗格森和我在2006年英超冠军的庆祝游行中。这是我当上曼联队队长以来的第一座奖杯

“瓦扎”鲁尼（右）洞穿卡迪夫的两粒进球揭开了一个新的时代。

把最好的留到最后。2009年，范德萨（左二）、斯科尔斯（右二）、吉格斯（右一）为曼联队锁定了又一座英超冠军奖杯。

008年的莫斯科，当我们第二次举起欧洲冠军杯奖杯的时候，我虽未伤愈复出，但这并不影向我的疯狂。

骄傲的一天：2011年5月24日，在老特拉福德球场，我抱着女儿莫莉和索菲在自己的纪念赛中
走出球员通道。

√贝的告别。回头见！

漫漫长路，我们一起走过。

献给我的女儿：艾玛（Emma）、莫莉（Molly）、索菲（Sophie）——我的至爱。xxxxxxxx[1]

我的父亲母亲——是你们造就了这一切。你们为了我倾尽一切，让我无以为报。我的至爱。x

特雷茜（Tracey）和菲利普（Philip）——最棒的妹妹和弟弟。我的至爱。x

那恩（Nan）、比尔（Bill）、奶奶、爷爷——谢谢你们。我爱你们。x

曼彻斯特联队：老大，工作人员，球员，球迷。谢谢你们为我所做的一切。你们忠诚可靠且自尊自爱。是你们让我全力以赴，与我并肩作战，给我无微不至的关怀。与你们度过的每一天都充满激情，是我人生的宝贵财富。我每一天都会想起和你们在一起的日子，我爱你们！

加里

① 字母“x”意为亲吻。如无特殊说明，本书中的脚注均为译注。

开场白

灯光熄灭之后，老特拉福德球场的更衣室突然沉入了黑暗。一块电视屏幕亮起来，我的职业生涯就这样呈现在我的面前。

带领球队进入球场，举起奖杯，和鲁尼（Rooney）、斯科尔斯（Scholes）、贝克汉姆（Beckham）一起庆祝，甚至还有几个进球——进球的画面他们一定在档案室里找了好久。最后，是弗格森（Ferguson）老大走上来跟我握手，同时屏幕上出现了一行字："谢谢你，孩子。"

我事前并不知道会有这段影片，但我也找不到更好的告别方式——在更衣室里和老大在一起，和现役的曼联队队员、以前的队友在一起，包括贝克汉姆、菲尔（Phil Neiville）和巴特（Butt），他们全都为我的纪念赛赶回来了。

踢球当然是因为热爱这项运动，但从很多方面来说，更衣室才是最珍贵的回忆。那里是你和队友嬉笑怒骂、庆祝胜利的地方，只有在更衣室这个私密的空间里，你才能明白身处一支球队意味着什么。

纪念赛的那天晚上，我早就打定主意一定不能太伤感。我从来不喜欢小题大做，纪念赛只是想走个过场而已。但是当那段影片播放出来，我还是忍不住心潮澎湃。我实现了自己的梦想。

有些运动员很难接受退役，对他们来说，退役就像是从悬崖坠落，他们会变得消沉，难以重新找到人生的目标。但我一点也不害怕，我看着影片，所感受到的只有无比的幸运。

我整个职业生涯都是在曼联度过的——我不仅仅是一个只效力过一个俱乐部的球员，更重要的是，我效力的是这个星球上最伟大的俱乐部。当我们还是孩子的时候，总会有什么事情吸引你所有的注意力，对我来说那就是曼联。

主场比赛的时候，我总是在寻找这样一条标语，这条标语挂了15年了，上面写着“曼联，孩子，妻子”。就是这个顺序。我要是拿这句话做了这本书的标题，我的妻子也不会感到惊讶。俱乐部和家庭一起塑造了我的生活，始终如一。

我和弟弟并肩作战多年，分享了那么多美好的时光。我曾经是那支也许是史上最好的青年队的一员，结交了贝克汉姆、巴特、斯科尔斯和吉格斯（Giggs）这些真正的、忠诚的、一辈子的朋友。三冠王那年，我们年少时的希望和梦想都奇迹般地成为了现实。

从还是个孩子开始，我就在最好的主教练手下学习。他把曼联从一支有着著名过往的球队变成了英国足球界最令人敬畏和最成功的体育机构，球队不只是赢得锦标，而且还踢着精彩的攻势足球。和我共享过一间更衣室的还有罗布森（Robson）、坎通纳（Cantona）、基恩（Keane）、克里斯蒂亚诺·罗纳尔多（Cristiano Ronaldo）和许多其他传奇人物。

我有幸经历了俱乐部最成功的一段时期，我退役的时候，球队刚刚拿到创纪录的第19个联赛冠军。1992年，我第一次为球队出场的时候，谁会想到这一天呢？那时候曼联队只获得过7次联赛冠军。在冠军榜上超过利物浦队，是一个很特别的历史时刻。

取得这样的成绩是一段非凡的旅程，有精彩绝伦的瞬间，也有艰难的时刻，更有争吵和绝望。教练、俱乐部和球员都曾经被质疑过，那都是对我们意志品质的考验，是很多座高峰和偶尔的低谷。身穿曼联球衣是我最大的荣幸。我总是对队里的年轻人说，为曼联踢球，没有哪一天是不快乐的。有时候你可能觉得日子不好过，但当你低头看到球衣上的队徽时，天空中的乌云就立刻散去了。而那个队徽，在我胸前跳动了近20年。

目录
CONTENTS

II

第一章

来自K看台的孩子

“加里·内维尔是个红魔，他恨利物浦。”

让我们从头说起吧，我爱曼联，也爱争辩。所以当我去了一所全是利物浦（Liverpool）球迷的学校的时候，我和他们总是爆发激烈的争吵。

我在伯雷（Bury）长大，距离曼彻斯特（Manchester）只有几步路。但要是看到了我们学校里那到处都是的利物浦球衣，你会以为学校就在安菲尔德（Anfield）隔壁呢。

那是20世纪80年代，利物浦是当时的霸主，所以学校里几乎所有的孩子都支持他们——孩子们就是这样。所以虽然我们离老特拉福德（Old Trafford）还不到10英里，但看上去就像在默西塞德（Merseyside）的中心地区。我不是操场上唯一的曼联球迷，不过也差不多了。

我不知道你在人数落下风的时候会怎么做，反正这激发了我的斗志。我父亲的家族里遗传着一种顽固而又爱争论的基因，在学校里我第一次发现自己的这种“内维尔”特质。如果说我还能记起学校里的日子的话，那一定是跟利物浦球迷的无止境的争吵，我跟他们斗嘴所花的时间一定比正经学习还多。谁有最好的球员、谁有最好的球场、谁有最好的球衣，无所不争，永不停歇。

那时候利物浦可是我的苦主，在学校里他们的成功总是把我噎得说不出话来。梁子就是这样结下的。

他们简直包揽了所有的奖杯，但我越是听到他们的欢呼，越是要维护自己的俱乐部，我可以为了曼联固执地吵上一整天。有人觉得近年来我总是不分青红皂白地维护曼联，他们真应该去看看尚特勒兹小学操场上的那个我。

曼联是我生活中最为神奇的一部分。看比赛几乎就是我生活的全部，每周最重要的事情就是去老特拉福德为他们助威。感谢我的父亲，曼联从一开始就溶在我的血液之中。

我的父亲一辈子都是坚定的曼联球迷。才9岁的时候，他就看过1958年的足总杯决赛，那是在慕尼黑空难之后几个月，曼联在决赛中十分英勇，但还是输给了博尔顿。他经历了马特·巴斯比爵士（Sir Matt Busby）带来的辉煌岁月，还有贝斯特（Best）、劳（Law）和查尔顿（Charlton）；他也陪伴球队走过20世纪70年代的低谷，1974年曼联降级的那场比赛他也在现场。不管是输是赢，追随曼联始终是他的热情所在。从他开始自己挣钱之后，就几乎没有缺席过曼联的比赛。

在很小的时候，我就发疯般地想和父亲一起去看球，总是缠着他、恳求他、哀求他。父亲终于答应了，但有一个条件：我不可以在看球的时候打扰到他和朋友们。

我已经回忆不起来第一次从我们在伯雷的家去老特拉福德看球的经历了。父亲说我那时候4岁，所以应该是1979年。比赛我已经不记得了，但我仍然能感受到那种兴奋、那种希冀，那种要起鸡皮疙瘩的战栗。

当我们过了曼彻斯特运河上的巴顿桥（Barton Bridge）之后，我的心跳就更快了，这说明球场快要到了。很快那些高耸的看台就会映入眼帘，我们就停下车来。我们总是很早出发，通常中午就到达球场，然后去马里纳（Marina）的烧烤店吃点东西。那家店现在还在巴斯比爵士路（Sir Matt Busby Way）的尽头，离球场非常近。我们会点派和薯条，每次都一样。之后中午1点的时候，我们就会排在队伍的前面，等待进入古老的K看台。

父亲会和他的朋友在一起，但没关系，我一个人待着就挺好。他们在底下喝一杯的时候，我会爬上看台坐在自己的座位上，好好欣赏整个球场，就这样自己坐着，从来不会感到无聊。这时候球场还是挺空的，但当我入迷地环顾四周的时候，会使劲记住这里的声音、这里的景象，甚至是这里的味道。它们伴随了我的一生。

当球员们出来热身的时候，我就像被钉在地上了一样。我仍然记得阿诺德·穆伦（Arnold Muhren）练习射弧线球的样子，还有强壮无畏的乔·乔丹（Joe Jordan）跳起来争抢头球，这些都是我最早的记忆。布莱恩·罗布森（Bryan Robson）签约曼联、来到球场的那天，我也在场，转会费是创英格兰纪录的150万英镑。当时我只有6岁，但那场面印在了我的脑海里。谁能想到13年后，罗布森的联赛谢幕战，我会和儿时的英雄出现在同一个球场上呢?

罗布森是我的偶像，但我从来不是那种把球星照片贴在卧室墙上的人。我从来没要过别人的签名，也不理解为什么别的孩子要这样做。我有一件曼联球衣，但从来没有穿去老特拉福德过。就算当时有一个可以拍照的手机，我也不会去找球员拍一张俗气的合影。我的热情不在这些名人身上，而是这项运动本身。没有什么能比得上星期六下午在老特拉福德看球的气氛。

从一开始我就喜爱那些全心全意的球员，所以罗布森立刻就成了我的最爱。一个曼联球员应该具有的一切特质，在他身上都能体现出来。他在每一场比赛中都会拼到最后，付出汗水、泪水和鲜血。他是个真正的领袖，当他杀入禁区的时候，就像豁出性命一样——从他脸上的表情和奔跑的姿势就能看出来。任何事对于他来说都是一场战斗、一场战役，他给我留下了深刻的印象。

之后我也喜欢上了马克·休斯（Mark Hughes）和诺曼·怀特塞德（Norman Whiteside）。他们三个是我最敬佩的球员。他们都很有才华，但真正让我爱戴的是他们倾其所有地付出，我永远都欣赏那种斗士。

我爱那些看上去跟我一样在乎曼联的球员，但光是热爱球队并不能赢得奖杯。我们有几个不错的球员，比如亚瑟·阿尔比斯通（Arthur Albiston）和米克·达克斯伯里（Mick Duxbury）。但不管我多么不愿承认，曼联的阵容实力仍然远远不如利物浦。我上学的那几年，曼联赢过两次足总杯，一次是1983年对布莱顿，还有一次是1985年赢了埃弗顿。

但利物浦获得的却是联赛冠军和欧洲冠军，他们统治了英格兰足坛。

现在回顾起来，我必须尊敬利物浦过去的成就。尽管不愿承认，但我不会装作看不到他们的实力。只有傻子才不知道肯尼·达格利什（Kenny Dalglish）的才华，而哪个球迷不垂涎格拉厄姆·索内斯（Graeme Souness）、彼得·比尔兹利（Peter Beardsley）和约翰·阿尔德里奇（John Aldridge）这样的球员呢？我也偷偷地钦佩过史蒂夫·尼克尔（Steve Nicol）。约翰·巴恩斯（John Barnes）也极有才华，而我就讨厌他这么有才华。

现在我终于可以做到用欣赏的眼光去看利物浦，他们的根基也是一座辛勤工作的北方城市。他们有忠诚的球迷，也出产了伟大的足球和音乐。这些都和曼彻斯特很像。但在当时，我讨厌利物浦，更讨厌他们的成功。

曼联是我的球队，所以在争吵中就算抛弃逻辑我也不在乎。在学校里，我会吹嘘我们拥有罗布森，他可是英格兰队的队长，也是英格兰最好的球员。我还会大喊老特拉福德比安菲尔德更大。但我得到的回答却像巴掌一样甩在我脸上："是的，但利物浦赢得了联赛，而你们落后31分。"

从父亲那里听来的关于巴斯比、贝斯特、劳和查尔顿的伟大传统成为我的救命稻草，我总是告诉自己曼联很快就会回到巅峰的。但当我们联赛排名第13位，排在考文垂和女王公园巡游者的后面的时候，即使是我也不太相信这种话了。

我们花去了大把的钱却一无所获。买来的加里·伯特斯（Garry Birtles）或者彼得·达文波特（Peter Davenport）确实让球迷们有了更多的谈资，但很快就让我们失望了。球队一直说要挑战冠军，但却总是不了了之。不过我是不会闭嘴的。

我听起来一定挺像这些年来的曼城球迷一样，一直喋喋不休。他们总是在说曼彻斯特德比是多么重要，说他们才是曼彻斯特真正的球迷，但对我来说，最激烈的比赛永远是跟利物浦，这种对立从我幼时就培养起来了。

做一个球迷并不仅仅跟你支持的球队有关，其实还涉及到你讨厌的球队。英格兰足球的绝妙之处就在于把人们分成了一个个小部落，其中曼联和利物浦永远泾渭分明。

当我还是个孩子的时候，我一次又一次地被他们的胜利所打击，但正是因为如此，后来我在球场上的胜利才会那么甜蜜。每次战胜利物浦，我都会奔上奔下地庆祝，在他们面前亲吻队徽，就像每个真正的球迷都会做的那样。

我的激情终于给我带来了5000英镑的罚款，足总认为我在老特拉福德庆祝一个制胜球的时候太过了。我觉得这是个荒谬的处罚，就像我当时说的，足总是想把我们都变成机器人吗？我们总是听人说现在的球员跟球迷之间太有距离感，他们并不关心自己代表的俱乐部。现在呢？当有人流露出真实情感的时候却要受到惩罚，太可悲了。

当时我只是在回应利物浦球迷对我的辱骂，对此我从来没有抱怨过。来自利物浦球迷的辱骂这些年来已经太多了，从我在学校的时候就开始了。

他们会唱骂我的歌，唱了很多年。还有一次比赛结束之后，我在回去的路上，利物浦球迷想要把我的车掀翻。他们一开始想打开门，发现不行之后就开始摇晃我的车，幸亏车流开始向前走了，我才逃离了那里，没被从车里晃出来。

有一次在曼联主场迎战利物浦的前一天晚上，警察告诉我他们得到情报，有一帮从默西塞德来的家伙正在朝我家里赶来，打算闹我一整晚。我只好收拾行李，住到一家酒店里去了。

我清楚地知道这种代价是我必须付出的，谁让我从孩童之时就如此坚定地给自己贴上了标签呢？无论是在球场上、通道里，在酒吧还是在学校的操场上，永远是我的俱乐部对你的俱乐部，针尖对麦芒。如果不需要站定立场，足球还有什么意义呢？

生是曼联人，死是红魔鬼。其他的都见鬼去吧。

第二章

兄弟之爱

一条普通街道上的普通家庭是怎么培养出3位英格兰队成员的?

内维尔一家和伯雷的其他家庭没有什么区别，跟其他人一样，我们也住在那种楼上楼下各有两个卧室的连体住宅里。我生于1975年2月18日，是三兄妹里最大的一个，特雷茜（Tracy）和菲尔是双胞胎，比我小两岁。

我们是个普通的工人阶级家庭，家族里也没出过著名的运动员，但我们3个人加起来为英格兰出场过218次。菲尔和我是足球，特雷茜是篮网球①。特雷茜参加过两次英联邦运动会和世界锦标赛，为英格兰队出场过74次，直到因伤退役。菲尔为英格兰出战过59场，而且现在仍然可以为英格兰效力。我则出场过85次，参加过5次大型杯赛。

也许其他家庭对体育方面的成功有他们自己的解释，比如说穆雷（Murray）兄弟、威廉姆斯（Williams）姐妹、著名的查尔顿（Charlton）家族。但对于内维尔家族来说，我只能归功于母亲和父亲。他们俩给予了我们对运动的热爱和成功的方法。

人们经常问我心目中的英雄是谁，通常我会回答说是布莱恩·罗布森，但其实真正的英雄是我的父母。他们是伟大的父母，现在则是极好的祖父母，各方面都是。我们所有的奖牌都应该献给他俩。

因为他们俩的缘故，体育总是我们家庭生活的重心。他们不是什么专业运动员，但却是狂热的业余爱好者。我母亲在圆场棒球、篮网球和曲棍球上的水平在郡里算是不错的，她有时带我们去看篮网球的比赛，

---

① netball，一种类似篮球的运动。

我们就在体育场的走廊里玩球。我们还会去看她的圆场棒球比赛，并在场地里玩。我父亲打板球的时候我们就会在场外踢足球或者打保龄球。

所有的这些时刻，都培养了我们对运动的喜爱。对我们孩子来说只是有趣而已，但现在回头想想，我猜从那时起我们就打下了将来职业生涯的基础——不是手里就是脚下，我们总在玩球。

父母教给我们的还有勤奋工作、每天都全身心投入的品质。在我们的成长岁月里，我父亲是一个行李运输公司的货车司机，公司开在奥尔德姆（Oldham），所以每天天还不亮的时候他就要出门了。有时候才凌晨4点他就出发，只是为了能快点到北安普敦郡（Northamptonshire），这样才能在下午早点回来。他回来之后，有时候会自己运动，但更多的时候是开车送我们去踢球或者打板球。不管他的工作需不需要一整天，他都会天亮前就出门，好尽早把工作完成。这种态度一直影响着我们：起床，开始工作，最大效率地利用每一天，不要浪费时间。我这辈子每天都很早起来，从不睡懒觉——挑战每一天！

他们还教我们忠诚高于一切。当我们还是孩子的时候，总会有争吵，但大家很快就会意识到，没有什么比家人更重要。我们互相爱着彼此，虽然从来没有说出口。这种纽带坚不可摧，价值连城，尤其对菲尔和我来说，因为我们不仅仅是队友，而且有时候还要为同一个出场位置而竞争。

我可以确信地说，我们俩从来没有忘记家人才是最重要的。如果我在球队里的位置要被别人抢走，我只希望那个人是菲尔。我不知道别人是不是也会如此，虽然听说过很多兄弟姐妹之间的竞争心理，但由于父母培养我们的方式，在内维尔家族里，从来没有出现过嫉妒和自私的影子。

我19岁的时候开始在曼联获得稳定的出场时间，在那之前我们一直住同一间卧室。我知道他一定被这个颐指气使的大哥给烦死了。但我们不仅仅是兄弟，还是最好的朋友。

我们性格各不相同，但内维尔一家都非常亲密。虽然我父亲是个极好交际的人，最喜欢的就是一边喝酒一边与人聊天，但我们很少邀请朋友来自己家里。我家的房子就像我们的城堡，他不喜欢别人进来。我也遗传了这一点。我需要有自己的空间，不能让别人过于接近，否则就会变得不友好。我们家庭内部的联结太过紧密，外人很难插足。

除了这一点，我还继承了内维尔家族固执的一面。看看我爸的名字你就知道我们家族有多倔了——他叫内维尔·内维尔（Neville Neville）。

他刚出生的时候，一个助产护士走过来，拿起床尾的笔记板说：“内维尔？嗯，是个不错的名字。”

我的姑奶奶在旁边接过话茬说：“不不不，不是内维尔，那是他的姓。内维尔·内维尔？我们才不会这么起名呢。”

我奶奶是个强硬的女人，她可不允许别人来告诉她可以给自己的儿子起哪个名字，不能起哪个名字：“内维尔·内维尔？为什么不呢？我就要叫他这个名字。”

所以我父亲就在这种倔强中拥有了他的名字。很多人说我从我奶奶那里也继承了这种顽固。

我母亲的家族就温和得多，菲尔从她那里遗传得更多。我们兄妹三人里，我是最激烈的，而菲尔总是最随和的那个，特雷茜介于我俩之间。早年间他们俩的关系更亲密一点儿，因为他俩是双胞胎，所以在学校里是同一年级的，但后来大家就都差不多了。没人能跟菲尔吵起来，他从小就从不跟别人争吵。

家庭内部经常有小矛盾，但如果有谁做得过分了，父亲就会过来训斥我们一顿，他很强调纪律。我们从不对父母放肆，如果他们让我们9点必须回家，那我们就9点回家。我记得13岁的时候有一次回家晚了一刻钟，父亲为此在楼上揍了我一顿，之后我再也没晚归过。我们家总是能让你记住教训。

我和菲尔的共同话题主要就是体育，只要一有时间，我们就一起踢足球，打板球，可以一直玩上一天一夜。相差两岁并不算太多，所以我们总是什么事都一起做。

我们会沿着路一直走到伯雷一个旧营房的大运动场里。把运动衫脱在地上，然后我把球使劲踢向空中，比赛谁能把球停在运动衫上并用脚踩住。想象一下，就我们两个人，一对一地玩上好几个小时，这种比赛肯定卖不出票去，而且就算我们一直玩到半夜，也不会有太多进球。

有很多次，我们一起走去运动场，回来的时候却各走各的，一个在前，一人在后，那就是我们吵架了之后。但我们之间仍然是良性的竞争。虽然我年长两岁，但在比赛中我们势均力敌。菲尔身体发育得很快，在学校里一直越级参加比赛，我就从来没有过。

菲尔从一开始就表现得很有天赋，运动对他来说是一件容易的事，至少在我看来是这样。我们在运动场踢球的时候，他就左右脚都能用。玩板球的时候，他是个用左手的击球手，但扔球的时候又用右手。他左右非常均衡，这就是天赋。

说到足球，我当时只是有成为球员的可能性，而对他来说毫无悬念。我勉勉强强才进了郡里的球队，而他入选过各个级别的英格兰少年队，还去过温布利比赛，是踢得最好的球员之一。我是那种让球队感兴趣的球员，而他则让球队翘首以盼。

板球也是一样。我的水平还不错，是一个咄咄逼人的右手击球手，击球的时候从不含糊。13岁的时候我就入选了博尔顿（Bolton）地区联赛的格林蒙特（Greenmount）一线队，和成年人一起打球。那个联赛水平很高，都是些职业球员，还有一些从西印度群岛来的很厉害的投球手。面对他们的快速直球，我学到了什么是勇气。

我在那个联赛发挥不错，所以被选进了兰开夏（Lancashire）U14队，接着又入选了北英格兰少年队。我被安排在第三个击球，第四个是个叫迈克尔·沃恩（Michael Vaughan）的小伙子。我本可以进英格兰青年队的，可惜在试训之前，我在一次接球时弄断了一根手指。

我这种水平就算挺好的了，差不多可以发展成职业球手了，但菲尔比我还要好上一个档次。他入选过兰开夏的U13、U14、U15队，而且总是球队里最好的那个，要知道队里还有安德鲁·弗林托夫（Andrew Flintoff，英格兰著名板球运动员）呢。15岁的时候，菲尔就在为兰开夏二队打球了，那可是支成年队。要不是因为选择了足球，他肯定会继续入选各级英格兰板球队，这点毫无疑问。

我们都是痴迷于体育的孩子，相互间的这种竞争对我们也很有帮助。他想超越自己的哥哥，而弟弟的追赶则是我进步的动力，我们相互督促，一起提高。不过记得有一次板球比赛，他惹恼了我，于是我想要摆出哥哥的样子，给他点儿颜色看看。所以每次球过来的时候我都抢着击球，让他足有半个小时没打到过球。他越来越泄气，终于忍不住发作了，这对菲尔来说可真是少见。开车回家的路上，他一直闷闷不乐，父亲和我笑了一路。

绝大多数时候菲尔都很稳重、沉着，能控制住自己，和我完全不一样，而他的天赋也远高于我。就像千千万万个男孩子一样，我梦想着成为一名足球运动员。在想象中，我就是下一个布莱恩·罗布森。但其实就算在自己的家里，我都不是那个最出色的运动员。

第三章

扬帆起航

一切从萨尔福德（Salford）利特尔顿路（Littleton Road）的球场开始。作为两百个孩子之一，我在那里参加伟大的曼联队的试训。在我的梦想中，我是一个中场球员，是下一个布莱恩·罗布森。不过我不知道球探能不能在这么一大群孩子里发现我的才华。我真的能脱颖而出吗?

这是1986年，注定要载入史册的一年，因为亚历克斯·弗格森入主曼联，开始了他的革命。还有一件不那么需要载入史册的事：我在这一年加入了曼联——11岁的我进入了曼联的最低一级梯队。

当时的班主任介绍了我们几个人去参加试训，看来我表现得还可以，因为几周之后我就收到一封信，邀请我加入曼联英才中心。这封信就像是邀请我前去参观巧克力工厂的金色门票。

周一和周四放学之后，父亲会开车带我去萨尔福德住宅区旁边的克里夫（Cliff）训练基地，那里可是贝斯特和查尔顿磨练球技的地方。这些年曼联的训练基地改到了市区外庞大的卡灵顿（Carrington），安检门后面是大片的综合训练场，还有最先进的训练设施。但当时的克里夫基地只有一个户外训练场，外加一个老旧的体育馆。即便如此，对我们这些狂热的曼联球迷来说，那里仍然是一个圣地。

就是在那里，我第一次跟尼基·巴特和保罗·斯科尔斯打了招呼，他们都比我晚来两年。不过回头想想，与其说我当时是跟他们打招呼，还不如说就是随口咕哝了一声，他俩都是那种不拘小节的人。

当时巴特只有13岁，我对他的第一印象就是：“这真是个硬骨头。”他块头并不是最大的，但从来不在乎身体对抗，他会直接朝着对手冲过去。我当时踢中前卫，可真是讨厌与他相遇。他吓起人来简直就是个学生版的罗伊·基恩。

斯科尔斯的才能不那么耀眼。相对他的年龄来说，他的体格有点儿小，还有哮喘，在球场上跑上跑下的很吃力。看他当时的样子你怎么也想不到，他日后会成为世界上最好的球员之一。

现在已经是25年后了，而我仍然和斯科尔斯一起踢球，这感觉真是美妙。虽然不能说当时我们立刻就打成了一片，但后来我们确实成了非常好的朋友。他从不多说话，但后来那些年，比赛前的上午我们总是去曼彻斯特中部的同一家咖啡馆闲聊一会儿，那是我们放松的方式。

斯科尔斯对比赛的态度永远是天才般的直截了当。他认为足球就是项简单的运动，只不过有些白痴把它变复杂了。有些人谈论阵型、战术可以谈上一整天，但他会说："把球给我，让咱们踢踢看。"

跟巴特、斯科尔斯一起训练，让我意识到这里的标准有多高，在我看来我差得太远了，没法跟他们比。在我家本地的俱乐部伯雷青年队里，我可能是踢得最好的一个，但他们都来自更好的足球学校。他俩都在邦德里公园（Boundary Park）踢球，那是我们地区最好的青年队。后来我也加入了邦德里公园，跟我的伙伴们断绝来往，专心训练，想要跟上他俩的水平。

我需要抓住每一个提高的机会。本·索恩利（Ben Thornley）也来到了英才中心，他两只脚太均衡了，根本看不出是左撇子还是右撇子。每一年都有这样的天才加入我们。

到14岁的时候，俱乐部就要选择和我们签订两年的学生合同了。对我的考验就要到来了，多努力总不会有错。感谢父亲，他开车送我去参加了每一堂训练课。虽然我在家附近的孩子里算是比较突出的，但我真的不知道俱乐部会不会选中我。同届的小球员都比我优秀，我真的能拿到那纸合同吗？父亲说他要去见青训系统主管布莱恩·基德（Brian Kidd），我真不知道他会带回怎样的消息。巴特和斯科尔斯没有悬念，肯定会被选上。但我可没有信心一定能从父亲那里得到好消息。

这是那种让你回忆的时刻——仿佛站在十字路口，不知道人生接下来会走上哪个方向。也许这意味着一条完全不一样的人生道路，一条没有曼联，甚至没有足球的道路。我不是那种铁定能成为职业球员的人，我自己也清楚这一点。曼联当时在到处网罗有才华的孩子，我知道俱乐部不可能把他们全都留下。

我还记得那天父亲的表情，他跟基德会面之后来到学校接我，脸上是抑制不住的微笑。我通过了第一关！我们来到了史蒂芬大街（Steven Street）上的一家快餐店，当我在吃薯条和肉酱的时候，还听到了更好的消息：曼联不仅想跟我再签两年一直到16岁的学生合同，在那之后还想再跟我续两年的学徒合同。为了邀请我加入这个为期4年的青年训练计划，曼联还同意每周向我支付29.5英镑。

我简直不敢相信，曼联想要我！我不是那种情绪化的人，但还是流下了几滴眼泪。

当时我不知道的是，为了改变曼联的命运，老大决定彻底改革曼联的青训系统。他把赌注都压在了青训球员身上，传承了马特·巴斯比爵士留下的伟大传统，巴斯比爵士就曾经以本地的天才球员为基础来打造球队。

如果不是主教练有着这样的勇气和视野，谁知道后来会怎样？他接手了一个巨大而又低迷的俱乐部。立刻拿出成绩的压力一定是极大的。但他仍然愿意投入时间、资源和能量来建立一套持续的青训体系。而在那时，他就有这样的胆子把这些有才华的小孩放进队里。

任命基德为青训学员的主管是一步妙棋。他是为曼联赢得1968年欧洲冠军的英雄之一，而他的能力其实在于总能让你感到放松。从一见面开始，他就是你的好朋友，是那个会搂着你的肩膀照顾你的人。我喜欢他开心地忙这忙那的样子。

基德扮红脸，而埃里克·哈里森（Eric Harrison）就严厉得多了，他是个可怕的约克郡（Yorkshire）人，对我们这些受训者来说是个强势的存在。但最让人惊喜的，是很多一线队的教练也会来教导我们，这反映出主教练想要让青训政策奏效的决心。每个周一和周四的晚上，我们的训练标准比这个世界上所有的14岁孩子接触到的都要高。

主教练的助教阿尔奇·诺克斯（Archie Knox）也会来看我们训练，有时候主教练自己也来。主教练每天一早就开始工作了，但晚上的时候他还是会穿过克里夫的停车场，来到我们训练的冰冷的室内体育馆看看。他当时就很注意细节，正是这种细节贯穿了我们整个的职业生涯。

阿尔奇在我们练习的时候走进来，我们立即就能感受得到。他会安排传球训练，但他的苏格兰口音太重了，我们没有几个人能听懂他在说什么。直到出现了失误，那时候就可以清楚地听到每一句训斥了。

训练中的气氛非常紧张，传、传、传，一旦失误你就会被揪出来重新练习。不管是身体上还是精神上，这种训练都很艰苦，不可能糊弄过去。一旦做错就要从头再来。传球，停球，控球，移动。我们学习的是在压力下拿球的技巧和勇气，以及快速而精确的传球。所有动作都必须快速完成，我仿佛还能听见阿尔奇在朝我大吼，让我别慢吞吞的。

学校的训练很累，而就像是要让日子更艰苦一点似的，在学校假期的时候还会涌入很多外地来的天才孩子，与我们竞争。一个夏天，我们迎来了14岁的大卫·贝克汉姆。当时我们正在训练，老大走了进来，搂着一个瘦小的抹着发胶的孩子。他穿着一件崭新的曼联运动服，还有一双最好的球鞋，显然他就是那个在博比·查尔顿足球学校竞赛中胜出的孩子。但我们只是想："这个花哨的笨蛋是谁？"而且他还是个伦敦佬。

他瘦得像一阵大风就能刮跑一样。刚见到他的时候你会想，他到底哪里厉害了？但一旦开始训练，我就发现他的传球比任何人都好。教科书般的技术动作，身体的角度，优雅的做派，还有踢出的弧线球——他看上去太有型了。和我一样，他也踢中场，所以我又多了一个竞争对手。

假期的时候从外地过来的还有罗比·萨维奇（Robbie Savage），

从威尔士来，也穿得很花哨，但他的穿衣品位太糟糕了。另外还有从北爱尔兰来的基思·吉莱斯皮（Keith Gillespie）。突然之间，我发现自己从正选11人沦落成了替补。整个冬天我都是U15和U16的常规队员，但当重要比赛来临的时候，我就上不了场了。

最重要的比赛是对阵利勒夏尔（Lilleshall），足总的学员队。他们有从全国挑选的最好的球员。所有的著名教练和球探都来看了，包括我们的主教练。我这个替补坐在边线旁边，看着瑞恩·威尔逊——也就是后来的瑞恩·吉格斯——打进了一个不可思议的倒钩。我肯定欢呼了出来，至少我希望我欢呼了，但我仍然感到了一种巨大的焦虑，这种焦虑让我一直战栗至今——多么精彩的进球啊，我做梦也不会有这么好的技术。

我没有其他人的才华和天赋，但我安慰自己说，我有的是学习能力和自制力。而且也许因为我是家里的老大吧，我总是愿意领导别人。还有，我是个勤奋工作的人，会付出大量的时间，进行所有要求做的训练，从不偷懒。但这些仅仅是最基本的要求，两年很快就会过去，我和贝克汉姆、斯科尔斯、巴特还有其他学徒一起，到了决定自己能否在曼联开始职业生涯的时刻。

第四章

学徒时期

表演和克莱顿·布莱克莫尔[1]亲热的动作是成为曼联学徒后最糟糕的事情。当然不是和他本人，他正坐在更衣室里，和新来的球员一起被嘲笑呢。

亲热的对象是一张真人大小的照片，老队员出于一种奇特的幽默感，把它贴在了更衣室里的治疗台上。当巴里·怀特[2]的音乐响起的时候，我，或者随便哪个倒霉的学徒就会被选中，在治疗台旁边跳舞，还要假装和那张威尔士右后卫的照片亲热。在马克·休斯和布莱恩·罗布森这些儿时偶像面前跳这种舞，对于一个16岁的孩子来说别提是多大的折磨了。

现在从青训跻身一线队的曼联球员不知道他们自己有多么幸运。他们可能也必须忍受一些入队仪式，比如说站在椅子上唱一首歌，或者是在队友面前回答一些尴尬的问题，再或者是给球打气、把饮料放到冰箱里之类的事情，远不如以前的仪式残忍。

如果你拒绝这么做，就会有一个二年级的学徒，拿用毛巾包着的足球砸你的头，那可真够疼的。如果你训练迟到，那些二年级生就会一个接一个，等你坐在按摩床上的时候，朝你的胳膊狠狠来一下，那也要疼好几天。

吉格斯就是一个主要的捣蛋鬼。他只比我大一岁，但17岁的时候就进入一线队了，所以他在我们当中地位很高，是那帮二年级学徒里的头

---

① Clayton Blackmore，威尔士球星，曾于1982—1994年间效力曼联。

② Barry White，美国歌手。

领。“搭讪假发”是他最喜欢的恶作剧。他假装自己是一个夜店里的姑娘，把脸藏在一个拖把头后面，你必须去跟“她”搭讪，好把“她”哄回家。

“你叫什么名字？”“谁关心呢？”吉格斯在拖把后面捏着嗓子说。“你的电话号码是多少？”“难道你不请我喝杯酒吗？”

要是你不好好地配合，所有人都会来揍你。你只是个十几岁的年轻人，却要和这些一线队的传奇人物们一起来玩这种游戏，他们还嫌你玩得不好。罗比·萨维奇是个从来不缺乏自信的家伙，特别有演艺细胞。他迫不及待地在大家面前表演，出尽了洋相——就像他之后20年一直在做的那样。所有人都大笑起来，我真希望当时能录下他的表演。

萨维奇能在人前一演到底，还带着一点儿炫耀的感觉，但我们剩下这些人就没那么自愿了，通常都是被逼的。老队员们会说我们必须表演两分钟，但20秒之后我就忍受不了，想坐回座位上了。斯科尔斯也是一样，不过大家从没有太过分地逼他。外地来的孩子就更惨一些了，比如贝克汉姆，他从来都不愿意被拖到一大群人面前，但既然你被点名了，就只好服从，没有什么蒙混过关的办法。

也许最惨的惩罚方式就是把你扒光，然后用羊毛刷把防水油刷到你身上，还要刷成曼联球衣的样式，就连后背上的号码也要刷。我现在还记得锋利的刷毛摩擦我皮肤的感觉。然后就是跳进全是冷水的浴缸里，并且待两分钟。有时候还会有附加项目，他们会把你丢进滚筒式烘干机里，然后把机器打开，让你在里面旋转。

这就是曼联的学徒生活的下马威。尽管这些考验只持续了几个月，但那可是我经历的最困难的几个月。那时候我只是个安静老实的16岁的少年，我只想踏踏实实地低调一点儿。我从小就被培养成一个曼联粉丝，最不希望的就是在我崇拜的球员面前丢脸。

在早晨和下午的训练课之间，我很害怕去更衣室，因为我有可能被选中进行恶作剧。我担心他们让我上“滑板”，这又是一个入队仪式，你要把训练用的那种锥形路障戴在头上，护腿板绑在手臂上，然后站在一个卷起来的毛巾上面，假装你正在溜着滑板。然后其他的球员会试着把你推下来，要是你真的从毛巾上掉下来，那又会是一顿小惩罚。

他们还会这样试我们的胆子：让我们站在长椅上，右手平举一品脱的水。有的队员手抖得太厉害，放下来的时候水被洒得只剩一半了。

我想教练们肯定觉得这些惩罚都是我们要经受的教育的一部分，因为他们会看到窗外的克里夫训练场上有一个学徒在跑圈，光着身子，只穿了一双球鞋，不过他们还是睁一只眼闭一只眼。

当事情有点儿失控的时候，这些终于停止了。我们有一个模拟法庭，老队员们扮演法官和陪审团，如果有哪个小队员犯了错误，他们就开始审判。如果你被判有罪，就要接受一项名为“轻拍”的惩罚——其实你总会被判有罪——这实际上就是把你的头按在木质的治疗台上，用球踢你的脸。

有一次，巴特和斯蒂文·莱利提前离开了一场一线队的比赛，因为他们要赶公交车回家。理所当然，他们被判有罪，要接受惩罚。但莱利实在受不了了，开始反击，局面变得有些粗暴。基德听说之后，把所有的二年级学徒召集起来，告诉他们马上停止这些恶作剧。

我知道其他俱乐部肯定也有类似的入队仪式，这是让孩子们变成男人的过程的一部分。当我回忆起我们经历的这些羞辱，毫无疑问它让我们更团结了。当有人遇到困难的时候，我们会伸出援手，这一点伴随了我们的整个曼联生涯。青年时锻造的友情和信任支撑着我们走过了无数坎坷。

在1992—1994年的青年队的球员之间，有一条纽带始终维系着我们，因为我们知道自己是特别的。我们这一代的成功和三冠王一样重要，它将是亚历克斯·弗格森的功勋之一，这两者都是那么不可思议。要我说的话，这甚至比1999年的成就更加出众，也更难以复制。

我们不会说自己拥有“巴斯比宝贝”那样的光环，但“弗格森的雏鸟”也是历史上最优秀的同期生之一。吉格斯、贝克汉姆、斯科尔斯、巴特和我都在同一年崭露头角，我弟弟比我们晚一年。我们这群人里有英格兰足球界荣誉最多的球员，有全世界最出名的球员，有英格兰近几十年技术最好的球员，有为英格兰出战次数最多的两兄弟，还有巴特，他也一点儿不差，拥有6个联赛冠军、3个足总杯、1个欧冠奖杯，还有39次代表英格兰队出场。

这还不是全部。罗比·萨维奇也为威尔士出战39场，在顶级联赛也出场过几百次；基思·吉莱斯皮为北爱尔兰出场86次；如果不是伤病的话，本·索恩利肯定也会入选英格兰队。还有其他人：克里斯·卡斯帕（Chris Casper）、凯文·皮尔金顿（Kevin Pikington）、西蒙·戴维斯（Simon Davies）——他们都开创了职业生涯，并且都是优秀的球员。西蒙和卡斯帕还将成为联赛系统中最年轻的两位主教练。

所以是什么让我们这批人如此特别？嗯，天赋自不必说。吉格斯、贝克汉姆、斯科尔斯、巴特——主教练建立起的球探系统把这些少见的天才拢到了一起。但在天赋之上，我们还有坚忍不拔的意志。主教练总是说："天道酬勤。"但我们根本不需要这种激励。在16岁的年轻人里，你找不出比曼联的92班更加努力工作的。

我不想倚老卖老地说现在的年轻人工作都不够努力，现在还是有勤奋的孩子的。但我们当时的敬业精神确实无与伦比。那个时候我们都觉得很正常，但现在回头看看，无疑我们当时都无比热切地希望练习和提高。

我们热爱比赛，也立志要从事这项运动。我们全都踢到了30多岁，更不要说常青树吉格斯了，这可不是巧合。自始至终我们都想利用好职业生涯里的每一秒钟。

对我来说，对失败的恐惧一直驱动着我。当我刚开始学徒生涯的时候，父亲跟我说："加里，你要确保不要在回首往事的时候说出'我当时要是再努力点儿就好了'这样的话。"也许每个人的父亲都这么说过，但我一直把这句话记在心里。

如果我觉得我的左脚需要提高，我就会自己拿着球出门，对着墙不间断地踢一个小时。有一次在力量训练结束之后，我留在克里夫基地的球场上，对着一面砖墙开始练习传球。左脚，右脚，左，右，左，右，这样重复了几百次。我就是这样获得了“大忙人”的外号，这外号跟随了我好多年。

球员们吃午饭的地方可以看到窗外的所有景象，所以那些高年级的学徒会瞧着玻璃窗大喊：“大忙人！大忙人！”他们觉得我刻苦训练是为了讨好教练。埃里克·哈里森听说了之后把我叫到办公室，问我是否因为其他人的嘲笑而心烦。

“没有，我很好。”我告诉他。

6个月之后，我仍然在对着墙踢球，但是这时候所有的一年级学徒都在跟我一起练习了。

我们的热身运动之一，是绕着克里夫旁边、利特尔顿路上的操场跑圈。有一天，我们觉得跑得有点儿——太慢，于是贝克汉姆、萨维奇、卡斯帕和我四个人想：“管他呢。”然后开始加速，跑到了队伍的前面。第二天我们又开始加速，但这一次有六七个一年级生跟上了我们。很快，全年级的学徒都开始加速跑了。二年级的学徒们还是觉得我们只是想要出风头，但其实我们已经在各方面都开始超越他们了。而当青年队产生正选名单时，二年级和我们一年级的入选人数是3∶8。

人们说埃里克·坎通纳教给曼联球员们在训练结束之后加练，说他改变了俱乐部的训练场文化。在一线队确实是这样，但16岁的时候我们就每天如此了。我们急切地想要变得更好，急切地想要代表曼联出场。

我狂热到愿意抛弃足球和家庭以外的一切。如果星期六有比赛，那我星期四和星期五晚上一定会9点一刻准时睡觉，像个机器人一样。

我抛弃了学校里的朋友，再也没有跟他们见过面。我毫不留情地决定自己要和新队友们成为朋友，因为我们都有共同的目标。在我的理解中，运动员和非运动员的生活是无法共存的。所有那些听上去很有趣的事情——去酒吧，喝啤酒，熬夜到天亮——都没法让我能够为曼联踢球。

从16岁到20岁，我也彻底地打消了对女孩儿的念头，老实说这还是挺有难度的。她们会盼望着你的电话，缠着你做这做那，而且星期五晚上总是想要去电影院或者酒吧，而对我来说，星期五晚上唯一重要的事情就是好好休息。

我做得很极端，我也知道其他人并没有这样做。斯科尔斯和巴特就会在周中去喝几杯，有时候甚至星期五的时候也去。贝克汉姆、卡斯帕和本总是有女朋友。但我知道自己的天赋没法跟他们比，我只知道自己连闻一闻啤酒的后果都承受不起。

我不会让任何事情毁了我为曼联踢球的梦想，即使是我喜欢的板球也不行。这挺可惜的，因为我当时的水平确实不错。我们格林蒙特队有一个从澳大利亚来的天才球员，叫马修·海登（Matthew Hayden），有一天对阵阿斯特利桥（Astley Bridge）的时候我俩一起打出了一个236的连续投球，真是百年一遇。他还会继续为澳大利亚队出场上百次，而对我来说那就是最后一局了。我们的连续纪录被当地报纸报道了，埃里克肯定看到了，他直接过来找我说："你怎么还在玩板球那种没意义的事情？不许再打了。"这句话就是我击球手生涯的终点了。

埃里克喜欢我这种全身心投入的精神，也许他在我身上看到了他自己的影子。每过两个月他都会把我们单独叫到办公室，来讨论我们的进展。没过多久他就跟我说："你挺让我惊喜的，你会有机会的。"

这就是我需要听到的全部。

第五章

弗格森的雏鸟

我们都是从全国各地被召集到一起的，所以自然而然地分成了两伙人。一伙是贝克汉姆、萨维奇、基思和约翰·奥凯恩（John O'Kane）这些从外地来的孩子，另一伙就是我们这些本地萨尔福德、伯雷和奥尔德姆地区的。我们总是觉得那些外地孩子经常受到优待，比如我们会听说球队去伦敦比赛的时候贝克汉姆被带去更衣室和一线队球员见面啦，之后又被送了一件全新的曼联球衣之类的。

贝克汉姆是个南方人，你一定觉得我们有很多差别，但其实我们有更多的相同点，也很快就成了最好的朋友，尤其是当我意识到一个伦敦佬也可以热爱曼联的时候。我们都是狂热的曼联球迷，都热爱这项运动，都愿意为了成为曼联的一员而付出一切代价。我在他身上看到了和自己一样的投入，而且他还拥有无比的天赋。我们两个家庭也变得很亲密，经常在寒冷的夜晚站在边线旁观青年队的比赛。不管他去哪里比赛，他的父母——泰德（Ted）和桑德拉（Sandra）都会开车去给他加油，就像我的父母一样。这是我们一生友谊的开始。

我们队内的气氛特别好，虽然大家都不可避免地有关系更好的队友，但从来没有派系和小团体。本地孩子当中，我跟卡斯帕和本的关系比较好，但外地来的孩子也一样，越相互了解我就越喜欢他们。人们可能会认为我和罗比·萨维奇之间的不同点比我跟贝克汉姆之间的还多，所以很难成为朋友，确实起码有一点我和他太不同了，那就是在时尚方面的品位。他喜欢穿着最丑的拉夫·劳伦紫色衬衣和休闲装四处溜达，还要在头发上弄点儿花样。因为我有车，所以有一次我载他去著名的托尼英盖理发店，理发师把他的头发剪得太短了，当他在商店橱窗里看到自己的影子的时候，一下子就哭出来了。现在他肯定不承认了，但这绝对是真的。

我们在一起很开心，大家喜欢钻进我的车里然后一起去萨尔福德的斯诺克俱乐部。还有一个我们经常去的地方是从克里夫基地出来就到的赛马下注点。基思·吉莱斯皮从那时候起就是个赌徒了。卡斯帕、萨维奇和我喜欢坐在那里两三个小时，一直在说笑，有时候随便赌个几英镑试试运气，但基思可是每场必赌。对于我们那只是社交娱乐，但对基思来说那是个重要的兴趣。

有一天我们正坐在那里，有个人走进来说："外面那辆黑色的高尔夫是谁的？有一伙人正在砸车呢。"那肯定是我的黑色高尔夫。我朝外看去，果然，有一帮全都剃了光头的骑摩托车的家伙，正在砸我的车窗想要把收音机扯下来。

我走出去喊道："喂，你们在干吗呢？"然后有两个人朝我走了过来。我确实口无遮拦，但我也不是里基·哈顿①啊。于是我和基思逃回了下注点，直到那伙人走掉。

可能人们觉得对一个十几岁的年轻人来说，能在曼联生活就像是一种特权。但埃里克总是用他的办法让我们知道，没有什么是轻易得来的。他找到各种各样的活儿让我们干，从清理泥塘到擦走廊的地，甚至让我们擦所有教练员的球鞋，包括主教练的。有时候我们还会被派去给球场管理员打下手，或者去办公室里给秘书们帮忙。本和我就是这样跟马特·巴斯比爵士见到面的。有一天我们正在走来走去地干杂活儿，一个苏格兰口音的苍老的声音把我们叫进了办公室，马特爵士坐在他的办公桌后面，抽着雪茄吞云吐雾。

"孩子们，你们过得怎么样？在干什么呢？"我们只是支支吾吾地说："挺好的，谢谢。"

我们知道面前的是曼联伟大的传奇，简直就是神一样的人物。如果

---

① Ricky Hatton，英国著名拳击手。

我再大个几岁，一定会向他请教无数个问题，但老实说当时我们俩舌头都快打结了，白白地浪费了这个时刻。回家之后我告诉了父亲，他简直做梦都想有这么个机会。

当初在俱乐部里干活确实有助于让我们脚踏实地，但真正评判我们实力的地方还是在球场上。埃里克会用各种方式来考验我们。当我们这些学徒第一天踏上训练场的时候，他就跟我们说："来到曼联，说明你们都有点儿天赋，但想要留下来只有一个办法，那就是听我的话，不听话的一点儿机会都没有。"

我可不只是听话那么简单，我简直把他的每一句话都当成圣旨。如果埃里克告诉我说"每天在水桶上站两个小时你就能为曼联出场了"的话，我绝对会照做不误的。

他是个严厉的人。第一年的时候，在训练中他简直要把我们的头都拧下来。他会不停地朝我们大喊大叫，不是因为我和卡斯帕漏顶了头球，就是因为贝克汉姆又尝试花哨的传球，或者是巴特和斯科尔斯没有控制住中场。当然有时候他也会表扬我们，这种表扬对我们来说意味着一切。但即使是表扬也是一种考验，他要看看我们是谦虚地对待还是开始变得骄傲。

埃里克接手的是孩子，他让男孩成为男人。他让我们成为更优秀的足球运动员，但同样重要的是，他给我们灌输了竞争的意识。埃里克的训练课上的每一秒都必须当作是杯赛决赛来对待。几年之后当英格兰队集训的时候，其他的球员看到我、巴特、斯科尔斯铲球的激烈程度都惊呆了："嘿，伙计们，这只是场训练啊。"但埃里克的哲学就是：如果你在训练的时候不拼尽全力，那比赛日就相当于无准备之战。

他让我们练习争抢头球的时候，总是让最高的家伙和最矮的做对手，不留余力，逼迫你使尽全力。他的助手是诺比·斯泰尔斯（Nobby Stiles），欧洲冠军和世界杯冠军，他是那种战斗中你最想要的战友。他对我们的名言就是："你最好的朋友就是球鞋上的6个鞋钉。"当然他们俩教我们的主要是足球，但同时他们还让我们知道，穿上曼联的球衣意味着不管是踢球还是打架，你都必须赢。

他们会从各种方面都让你理解代表曼联是怎样的一种荣耀，俱乐部的伟大历史包围着你。有一次我们去北爱尔兰参加牛奶杯[1]的比赛，就住在哈利·格雷格（Harry Gregg）开的酒店里，他是曼联伟大的守门员，也是慕尼黑空难事件中的英雄。我们这些16岁的少年就坐在那里，听哈利和诺比讲述乔治·贝斯特、丹尼斯·劳和博比·查尔顿的故事。

自身的勤奋加上埃里克和诺比的鞭策，让我们很快就打败了几乎所有的对手，并且踢着美妙的足球。我们总是能战胜埃弗顿和利物浦的青年队，虽然后者确实有一个非常出众的球员，那就是罗比·福勒（Robbie Fowler），他当时在禁区里的走位就非常优秀了。

但是也有艰难的日子。有一场预备队的比赛，奥尔德姆的双子星伊恩·马绍尔（Ian Marshall）和格雷厄姆·夏普（Graham Sharpe）让我们吃尽了苦头。"你以为自己已经是职业球员了？"埃里克赛后跟我和卡斯帕说，"还差着十万八千里呢！"

有一次我们还是一年级学徒的时候对阵切斯特，半场的时候我们就已经5：0领先了，巴特还上演了帽子戏法。我们当时还挺得意的，结果主教练走进更衣室后直接就问："你为什么如此如此？为什么不那样？"5球领先的时候他还是不满意。

但是渐渐地我们这支队伍开始小有名气，在青年足总杯上我们也一路连胜。从1964年之后曼联再也没有赢得过这个奖杯，但现在在永不满足的主教练的治下，这些事情开始变得重要了。

星期六的上午，会有上千人来克里夫基地观看我们青年队的比赛。观众里还会有一线队的球员，让我们觉得自己简直长高了一大截。我们越来越有信心，觉得自己可以做成任何事，打败任何人。

我的自信也在增长。虽然从来不觉得自己是一个中后卫，但当我第

---

① Milk Cup，英国著名的青年队赛事。

一年的学徒生涯结束的时候，那就是我的位置。因为很明显，我在中场位置的竞争中不占任何优势。埃里克把我的位置后移，但是警告我说："如果你要踢后卫的话，你最好开始学着铲球。"必须承认，当时我不太愿意倒地铲球，因为在我心里自己可是个传球手，你要笑话我的话就尽管笑好了。

在青年足总杯中对阵桑德兰是我作为中卫的第一次大考。我从来没这么紧张过，好在我们最后赢了，我也松了口气。我第一次感觉到自己够格踢这种级别的比赛。

所有人都知道我们当中有个奇才：吉格斯。他绝对是个热门人物，虽然他仍然和我们一起参加青年足总杯的比赛，但其实当时他已经在一线队有一席之地了。作为一个17岁的新人，他已经有了不可思议的影响力。他的平衡感出奇地好，在全速奔跑的时候还能够变向，把后卫甩在身后。当然在训练场上那个后卫通常是我。多少年来我在训练的时候都要面对他，几乎没有一天不被他蹂躏，我能做的只有放倒他，因为这个他肯定已经骂过我上万次了。

在吉格斯超过20年的足球生涯里，位置的多样性帮助他成为曼联的传奇球员。在青年队的时候，他主要踢中锋位置，这也是因为球队里没有什么高产的前锋，我们在这个位置上缺乏人手。萨维奇和柯林·麦基（Colin McKee）都不是真正的得分手。在曼联这种大俱乐部，前锋总是最难证明自己的位置。我们在前锋和守门员这两个位置上基本都是靠引进，而不太有从自己青训系统走出来的球员。不过吉格斯是个不错的替补。

打入1992年青年足总杯的决赛可是件大事，这说明了我们当时有多么优秀——要知道斯科尔斯当时正在强化力量和耐力，连替补席都没进。首回合在伦敦客场3∶1战胜了水晶宫队之后，让我们回到主场的时候占据了优势。

第二回合的球队名单是：守门员是皮尔金顿；后卫是斯维泽、内维尔、卡斯帕、奥凯恩；中场有索恩利、贝克汉姆、巴特、戴维斯；前锋是吉格斯和麦基，萨维奇和吉莱斯皮坐在替补席上。在14681名观众面前，我们3：2战胜了水晶宫，以6：3的总比分赢得了青年足总杯。吉格斯代表我们这些年轻人第一次举起了冠军奖杯。

毫无疑问，说那个时刻有多重要都不为过。一群十六七岁的年轻人第一次品尝到了成功的味道。天啊，我们太喜欢这感觉了。

虽然后来我随队赢得了无数冠军，甚至包括欧洲冠军联赛的奖杯，但那个青年足总杯仍然是我最骄傲的成就。不仅仅是因为胜利带给我们的喜悦和自信，更是因为我们的球队是如此的无与伦比。那支队伍体现了真正的团结，因为我们都是最好的朋友。

虽然焦点不可避免地集中在吉格斯、贝克汉姆、巴特、斯科尔斯和我们内维尔兄弟身上，但如果光注意我们6个的话，你就会忽视我们队伍里每个人都获得的巨大成功。

就说萨维奇吧，虽然他最终与球队解约了，但他仍然是曼联青训系统的成功产品。他确实不是我们当中最有天分的，也肯定不会成为曼联的主力前锋，但他仍然收获了一个成功的职业生涯。当他离开老特拉福德去了克鲁队的时候，还很年轻，很有可能就此从这项运动中消失掉了。但他没有，他靠自己的拼搏在英超联赛站稳了脚跟，度过了很多个赛季。我敢打赌他在曼联那几年受到的锻炼就是他职业生涯的基础。他在那里学会了拼尽自己的每一份力量，这是基德和埃里克灌输给我们的品质。每次在电视上看到他我都会笑出来，我知道为什么那么多人讨厌他，但没有人可以低估他，我对他的职业生涯抱有莫大的敬意。

基思同样拥有一个美好的职业生涯，他还跟随纽卡斯尔参加过欧冠联赛。卡斯帕是个出色的中后卫，虽然严重的伤病提早结束了他的职业生涯，但他在伯雷成为联赛中最年轻的主教练之一。他现在为英超联赛的青训部门工作，将他在曼联学到的宝贵经验继续传递下去。如果不是伤病的话，本也会成为一流的边锋。凯文·皮尔金顿在联赛中也出场过几百次。

只有约翰·奥凯恩是个例外。当看他的职业生涯的时候，你会觉得他本可以做得更好的。约翰是个好小伙，作为右后卫他比我更有天分：1米83的个头，速度很快，技术也好，而且左右脚都能用。但可惜他不够努力，不理解我们这群人共同的精神：如果教练说跑5英里，那我们就跑6英里。

1995年9月，我们在欧洲赛场上对阵伏尔加格勒队，菲尔被安排踢左后卫，约翰是右后卫。但热身之后，约翰跑去找到主教练，要求让自己踢左后卫。一个年轻的右脚后卫，居然在主场的欧洲赛事之前15分钟向主教练要求更换位置。老大同意了，但比赛在进行了27分钟的时候教练就把约翰换了下来，从此他再没有为曼联首发过。

我不是要挑约翰的刺儿，但他后来去了埃弗顿和伯雷之后，确实没有发掘出自己全部的潜力。最后他只好去了海德联队[①]踢球。

从来没有哪支青年队的全部成员都被提供了职业合同，但我们却做到了。只有乔治·斯维泽（George Switzer）和萨维奇没踢过一场一线队的比赛。我们那支青年队的13个人里有11个人进入到了曼联一队，虽然时间有长有短，但这成绩已经相当不错了。

我们有对足球的热爱，有出色的球技，还有对训练的投入，每个俱乐部都会想要我们这么一群年轻人。没有人像我们这样，我们的身体状态越来越好，也越来越强壮，比所有对手都强大。我们的目的不是挣钱，而是成为曼联球员。这恰恰说明了为什么曼联一直在青训上花大力气，却无法再次复制我们那群人的成功。

曼联的青训系统出产了一批又一批球员，比如说瑞恩·肖克洛斯（Ryan Shawcross）、菲尔·巴兹利（Phil Bardsley）、基兰·理查德森（Kieran Richardson）和克里斯·伊格尔斯（Chris Eagles）等等，

---

① Hyde United，英格兰第5级联赛球队。

他们都证明了俱乐部仍然在培养出优秀的球员。在英格兰没有哪个俱乐部像曼联这样努力培养自己的年轻球员。但在我们那个时代，要在曼联获得机会，你必须是最好的几个之一。

我们那一代球员非常罕见，所以我并不认为还会有相似的一群年轻人出现。弗格森的雏鸟——老实说这不是多么好听的名字，但每当想起我是这支载入史册的球队一员的时候，我都会激动得发抖。

第六章

曼联首秀

我们仍然有很多需要学习的，有什么比英格兰足球史上最凶狠最有竞争力的球队更能让我们汲取经验的呢？

老大曾经多次公开说过，1992—1994年间的这支队伍，是他最喜欢的一支曼联队，即便不是最好的一支曼联。我完全能理解其中的原因。他们在场上踢球和场下做人的方式完全一样，都是带着强烈的力量和存在感，也映射出主教练的性格。这支球队不仅仅靠球技，还凭借他们强大的人格力量而赢得冠军。

舒梅切尔（Schmeichel）、布鲁斯（Bruce）、因斯、罗布森、休斯、坎通纳——他们不仅仅是伟大的球员，还是凶猛的对手和真正的男人。也许只有依靠这些特质，他们才能肩负起在26年之后重新把联赛冠军带回老特拉福德的重担。

以曼联这种俱乐部的标准来说，26年无冠是一种漫长的尴尬，但好在新的时代终于要来临了。在曼联创造历史的这段过程中，像我这样的年轻球员有幸坐在了第一排的观众席上。

作为学徒，我们要跟着一线队到各地比赛，帮助球衣管理员诺曼洗衣服。我们可以近距离地观看这些大明星们是怎么向冠军奖杯发起冲击的。我们亲眼目睹了他们热火般的激情，这激情甚至在更衣室导致过几次冲突。

有一次我们去安菲尔德比赛，老大和彼得在更衣室里大吵了一架。这是我第一次亲眼看到人们所说的“吹风机”，虽然球员们从来没有用过这个名词。

“你的状态越来越差了！”老大冲着舒梅切尔喊道。“你也一样。”

大个子守门员回嘴道，声音大到让所有人都能听到。

每个人都抬起头来，意识到："天啊，他冲过来了。"果然，老大简直要把彼得的头给拧下来了。我以为埃里克·哈里森脾气就够大的了，直到看到了今天这一幕。我想彼得因为这次顶嘴被罚款了，但比罚款更惨的是主教练的三字经怒骂。

还有一次是1994年在诺坎普，我们被巴塞罗那玩弄于股掌之中，斯托伊奇科夫（Stoichkov）和罗马里奥（Romario）把我们的防线撕成了碎片。于是半场休息的时候，老大朝因斯开火了。吵到激烈的时候，基德紧张得半站起来，随时准备冲上去拉架。

我喜欢在更衣室里看到这种竞争精神，尽管对于我们这些年轻人来说场面经常变得很可怕。我们从埃里克和诺比那里接受了良好的指导，也在青年队里品尝到了成功的滋味，现在我们该真正观摩一下要如何才能成为冠军了，舒梅切尔、休斯、因斯和罗布森他们无畏的决心就是最好的榜样。这是我们所接受的教育的最后一个环节，也是最佳的教学。

1992年9月，在我们主场迎战莫斯科鱼雷队之前，基德毫无征兆地告诉我，球队决定让我进入一线队。从那时起，我就开始亲身体会到那种严格的标准。

我几乎不敢相信自己的耳朵。我只是一个17岁的没有经验的学徒，跟我年龄相仿的这一批人里面没有一个进过一线队，巴特、贝克汉姆、斯科尔斯都没有过。别说在一线队踢球了，就连想进更衣室我们还得敲门呢。尤其是马克·休斯，特别讲究这种礼节。我做梦都不敢梦到跟"火花①"这样的球员说话，除非是他主动跟我说了什么。所以当基德告诉我球队集合的时间地点的时候，我紧张极了。

出发前我们先坐大巴去了曼彻斯特中部的中心酒店稍作休息，我尽量控制住自己，但光是这个酒店就够让我开眼的了。那时候我还没怎么去过市中心，从来没见过这么时髦的地方。

---

① 马克·休斯的绰号。

当我们到达老特拉福德球场之后，主教练告诉我会把我安排在替补席上。我猜他只是让我来凑数的，省得球队不够报名人数[①]，但随着比赛进行，基德让我准备上场。

虽然球场内有19998名观众，但大概只有我父亲注意到了我开始在边线旁热身。然后，当比分仍然是无聊的0：0的时候，换人牌上亮起我的号码，该我出场了。我将在这里完成我的曼联首秀，跟休斯、布鲁斯和布莱恩・麦克莱尔（Brian McClair）他们并肩作战。那些年里坐在K看台上的那个男孩终于迎来他的重大时刻，在场上负责安德烈・坎切尔斯基（Andrei Kanchelskis）身后的区域。

被换下的李・马丁（Lee Martin）小跑着回到了替补席，我努力抖擞起精神。其实我并没有什么上佳的发挥，比赛也并不精彩，但那是我梦想成真的时刻。

那个时刻永远让我铭记、珍惜，我也没有忘记之后发生了什么。在被换上场3分钟之后我才第一次碰到足球，是在右边线上掷界外球。我把球扔进了禁区——我总能把球扔得很远——但就像那天比赛的其他进攻一样，这次尝试最终也无功而返。

赛后，当我们在更衣室里郁闷地换衣服的时候，主教练开始批加里・帕里斯特（Gary Pallister）了：“帕里，你看没看过青年队的比赛？你没见过他能把球扔很远吗？”

“看过。”“那你为什么不在禁区里等着？！”

主教练对于我们主场被0：0逼平并不满意，帕里的这种比赛细节都会被他批评。当时我仍然处在激动的状态，不停地回味着比赛的过程，并且想看到父亲的表情，但身旁的训斥让我知道，主教练不允许对球队的标准降低哪怕一分钟。

你永远也忘不掉第一次的感觉。在我为曼联出战的数百场比赛当中，第一场总会在记忆中占据一席之地。在老特拉福德我们总是被教育

① 当时欧洲赛事允许的替补人数比英国联赛多。

要永不满足、永远进取，但记得那天平局之后的晚上我却想："就算明天我就死了，我也没有遗憾了。"

梦想虽然成真了，但我在曼联的生涯并不是紧接着就一帆风顺。在一线队的经历如同昙花一现，之后我就又回到了青年队，继续锻炼。当我再次进入一线队的时候，已经是很多个月以后了。

没时间梦想着再次出现在老特拉福德球场，我这时的主要任务是卫冕青年足总杯，还要给自己挣得一份职业合同。以我们的实力应该可以把奖杯留下的，但在决赛中我们却输给了拥有诺埃尔·惠兰（Noel Whelan）、杰米·弗雷斯特（Jamie Forrester）和马克·汀克勒（Mark Tinkler）的利兹联队，不过他们队里的其他人基本都没有留在职业足球领域了。

在3万名观众面前输掉了比赛之后，我们沮丧地坐在埃兰路（Elland Road）球场的更衣室里。但埃里克告诉我们："在过去两年当中，你们都让我感到骄傲，我没法再多向你们要求什么了。"这是一次深情的告别，在那之后我们就要进入成年队了。我们确实努力得不能再努力了，我们付出了一切。

这时门开了，弗格森主教练走了进来说："你们都听着，"带着他那种特有的表情，"就算你们拥有世界上最好的球技，但如果没有曼联的气质，也别想在我的球队里踢球。"

这就是老大治下的曼联——他总是在考验你的决心、进取心和专注力。我们这群人都非常有上进心，但进入了一线队我们才发现这里的竞争性和之前根本是不同层面上的。

有一次在预备队的比赛里我们输给了利物浦。其实球队踢得并不算差，但主教练仍然狂怒不止。他罚我们第二天一早7点半就来训练，并且把我们累得筋疲力尽，还命令我们赶快打起精神来，否则还有更严厉的手段在等着我们。这就是他传递给我们的信息：任何失利都是坏结果，但有些坏结果更坏。在任何情况下，曼联任何级别的球队都不许落后于利物浦。

大多数时候我们都和预备队一起训练，不过有时候我们也会加入一线队的训练，那可不是所轻松的学校。有些球员会比较照顾我们，布鲁斯通常都好言好语的，因斯尽管傲慢的名声在外，但也会给我们有用的建议。但舒梅切尔就是另一回事了，我和他一起训练传中，只要失误一次，他就会大喊：“他为什么来和我们一起训练？简直就是废物。”

尽管很艰难，但我们还是渐渐地适应了这种转变。我们一般都参加预备队的训练赛，有时候在一线队球员伤愈复出之前，他们也会参加预备队的比赛，通过这种锻炼，我们在他们身边的时候开始没有那么紧张了。我们和克莱顿·布莱克摩尔、李·马丁他们一起踢球，没有任何不敬的意思，但我们开始意识到自己并不差到哪里去。我们以前在看台上看过他们参加杯赛决赛，但现在我们突然明白，他们也不是神，并没有那么遥不可及。罗布森有一次告诉我们说，在一场预备队的比赛里，他想要主罚一个任意球，但却被贝克汉姆给赶走了。他那时可是英格兰队的队长。

因为罗布森是我儿时的英雄，所以他在我职业生涯早期是推动我前进的最主要动力，虽然他自己并不知道。有一天早晨一个朋友打电话给我，说罗布森在报纸上发表了一篇文章，谈的就是92班的年轻人。现在我想起那篇文章还历历在目，好像是昨天才看到的一样。我记得他当时对我评论道：“如果他没能成为一名顶级球员，我肯定会非常吃惊。”这可是我的偶像在说我前途光明。听上去这是件小事，只是报纸上的一句话罢了，但老实说这句话给了我一往无前的动力。只要罗布森认为我能成为好球员，对我来说就足够了。

罗布森不是唯一一个表扬我们的人。我父亲还保留着一个剪贴簿，里面都是那时候剪下来的报纸，有一篇文章是主教练接受采访时说的：“如果这批孩子没踢出来的话，那我们干脆打包回家吧。”他通常对于年轻球员的发展都措辞谨慎，喜欢保持低调来给他们减轻压力，但对于我们，他不怕做出大胆的预测。

在俱乐部之外，其他的主教练也把我们和巴斯比宝贝们相提并论。

我们受到了广泛的赞扬，而且我还作为英格兰U18队的一员赢得了1993年的欧洲U18锦标赛，这更加强了我的自信。那次锦标赛在一个星期左右的时间里挤进了4场比赛，但确实是一次美妙的体验。那是我第一次踢右后卫，球队也很强大。当时队里的明星是又壮又快的朱利安·乔西姆（Julian Joachim）和队长达伦·卡斯基（Darren Caskey），达伦比我们都大，也更有经验。但这之后入选了英格兰队的却是巴特、斯科尔斯、索尔·坎贝尔、罗比·福勒和我5个人，这也说明了球员成长的速度各有不同。

决赛在诺丁汉的城市球场举行，我们在超过两万名球迷的注视下战胜了土耳其队。参加这次比赛让我们增长了对阵欧洲球队的经验，我记得克拉伦斯·西多夫（Clarence Seedorf）当时就在荷兰队里，但最重要的还是胜利的感觉。奖杯和奖牌能给你自信，让你有雄心去赢得更多。

当然那时候我并没有料到，这是我在国际赛场上唯一的一次成功。

曼联在1993年赢得了联赛冠军，重返英格兰足球的巅峰，我作为曼联球迷可高兴坏了。在几十年的尴尬境地之后，主教练成功地改造了球队。赢得第一个英超联赛冠军是俱乐部历史上的一个重要转折点，老实说，虽然这次夺冠我并没有参与多少，但我还是一样开心。

那个赛季最后一个主场比赛是对阵布莱克本，但当时我们已经提前夺冠了，那次老特拉福德的庆祝是我见过的最狂热的一次。就像我说过的，你永远也忘不掉第一次的感觉，那是一个让你觉得脖子后面的汗毛都竖起来的夜晚，我们已经等待了太久，那晚的庆祝是我到死也不会放弃的记忆。之前一个赛季痛失冠军让人懊恼，而在这个赛季的夺冠历程中我们也经历了很多心跳时刻。最著名的就是在对阵谢菲尔德星期三队的时候，布鲁斯在最后5分钟的两个进球挽救了比赛。

俱乐部的成功也有不利的一面，那就是贝克汉姆、巴特和我这些人要获得位置就更难了。在中卫位置上，我的前面是布鲁斯，一个勇敢、卓越的后卫，也是受人尊敬的队长。在他身边是帕里，也是曼联拥有过的最好的中卫之一。有他们俩在，我这个18岁的中后卫是不会有太多机会的。所以教练决定，让我踢右后卫好了。

有一天，我们预备队的教练吉姆·瑞恩和他的助教罗布森找到我，指出保罗·帕克①的伤病越来越频繁，他也不像以前那么自信了。他们直截了当地告诉我，踢右后卫是我进入一线队最好的方式。但我想要继续踢中卫，所以拒绝了。

我喜欢中卫位置带来的权威感——组织防线，号令队友前进或者后撤，在中间我可以大声地发号施令。所以一开始我并不喜欢边后卫的位置。我可不想成为尤西马尔②，在边路不停地折返跑。在学会助攻到前场并传中之前，我还得先提高自己的移动速度，把重心放低以利于倒地铲球。但是教练们的意思很清楚，想要进入一线队，这是唯一的办法。

在学习踢边后卫的过程中，我非常幸运有丹尼斯·埃尔文（Denis Irwin）这个老师。在英国足球历史上没有比他更全能的边后卫了。他能攻善守，可左可右，还可以主罚任意球和点球，并且他总是那么谦虚、勤奋。他绝对是曼联拥有过的最好的左后卫和右后卫。

我跟他不是一个档次的球员，但我一定也有所进步，因为1993—1994赛季我终于迎来了自己的第二次出场。在欧洲赛场，球队要求的报名人数更多，所以我们这些年轻人通常就被塞进替补席凑数，但不会上场比赛。但1993年11月在伊斯坦布尔，我得到了5分钟的上场时间。不过那场比赛被人们所记住并不是因为我的上场。

在加拉塔萨雷的主场——阿里·萨米扬球场，他们的球迷兴奋异常。首回合在英格兰比赛的时候，他们就有一个球迷冲进了球场，结果彼得追上他，把他按在了地上。现在他们的球迷开始发威了。

离比赛还有一个半小时的时候，人群的疯狂就开始了，我从来没有

---

① Paul Parker，曼联当时的右后卫。

② Josimar，巴西著名右后卫。

经历过这样的氛围。他们点起了无数焰火，浓烟滚滚，好像整个球场都起火了一样。当比赛终于开始的时候，球场里的喊声震耳欲聋。球迷们喊的是什么我们根本听不懂，不过那条写着“曼联安息吧”的横幅倒是不用翻译了。

那场比赛我替换麦克·费兰（Mike Phelan）上场，最终收获了一场0：0的平局。因为首回合在老特拉福德3：3踢平，所以我们在第二轮就从欧洲冠军杯（相比现在说的“冠军联赛”，我还是喜欢原来的名字）出局了。

那是个难堪、尴尬的夜晚，坎通纳也在终场哨声吹响的时候因为对裁判的无礼手势而被罚下。这让人群变得更疯狂了，我们走下球场的时候，很多东西都朝我们飞来。突然之间，我们就被一伙拿着盾牌的警察围住了。他们的职责应该是保护我们，但这些警察把我们推到去更衣室的楼梯上的时候却一点儿也没有保护的意思。埃里克当时还在气头上，突然他的后脑勺上挨了一警棍，就立马发作了。场面迅速变成了一场骚乱，警察的警棍乱舞，到处都是盾牌碰撞的声音。

基德和其他教练都使劲抓着我们，想把我们拖回更衣室。我们挤进了这个小避难所，但门外的喊声一直没停。帕里、罗布森和布鲁斯不得不一起把埃里克拽回来按住。有经验的家伙都两个两个地去洗澡，不让埃里克单独一个人待在更衣室里。最后他们架着他去了主教练那里，才让他没去找警察的麻烦。

这就是那支双冠王的球队——曼联在1994年的足总杯决赛里4：0大胜切尔西——他们深刻地影响了我和其他的年轻球员，为我们设定了追赶的目标。

仅仅是跟因斯、休斯和坎通纳他们一起训练就让人激动不已。埃里克能让普通的传球都看上去美妙无比。但即使是微小的失误，或者一次不成功的铲球，都能为你召来他们的怒视，让你觉得自己好像矮了一截。在那支球队里，失误就像犯罪一样。

好像就嫌队内的竞争还不够激烈似的，罗伊·基恩来到了球队和因斯搭档中场，把队内的标准又提高了一个等级。有一次对阵考文垂，我在一次传中之前为了站稳而多碰了一下球，基恩立马朝我大喊大叫：“赶快把球传出去！”他使劲朝我伸着头，我真的以为他要撞到我了。

“我就不能停一下球吗？”“你跟谁说话呢？把球传过来！”

他简直就像一只咆哮着的斗牛犬，在这之前我以为舒梅切尔就够厉害的了。我仅仅是多停了一下球，基恩就恨不得宰了我。

我们本身好胜心就够强了，但现在我们见识到了最好的球员是怎样逼迫自己进步的，这让我们知道了在最高水平的比赛中要怎样才能确保胜利。

这就是主教练打造的气质：球队必须成功，球员的责任就是胜利。在26年的冠军空白之后，曼联一下子就来了个两连冠。从这时开始，没有获得冠军的赛季就是失败的赛季，一直到现在。

我的运气不太好，1994—1995赛季我正式成为一线队的一员，但那个赛季我们丢掉了联赛的冠军奖杯。

之前两个赛季我只有零星的出场机会，但1994年圣诞节之前，主教练让我在右后卫的位置上连着踢了4场。有时候他的想法很难猜测，在我踢得不错的时候，他会故意雪藏我几场比赛，因为他不想让一个年轻球员过度曝光。比如有一次客场挑战切尔西，赛前就有传言说足球流氓的问题会比较严重，他们甚至还跟一个叫“希特勒斗士”（combat 18）的新纳粹组织扯上了关系。那场比赛主教练就没让我上，而是派上了很多有经验的老球员。

但另外有一段时间我因为酒精问题而失去了出场机会，却是我咎由自取。那是一种苹果酒，但可够烈的。我当时一直跟着一线队到处比赛，所以当主教练突然让我在周一对切斯特的预备队比赛里出场的时候，我吃了一惊。在酒吧度过了星期六的晚上之后，我还醉醺醺的呢。

“你真是头脑发昏，内维尔。好了，接下来这段时间你不会跟一线队一起比赛了。”

于是我有六个星期被挡在一线队之外。这件事让我知道了把注意力从足球上转移开的结果，哪怕只有一个晚上。我再也没喝过那种苹果酒了。

那个赛季中一个被定格的瞬间，就是1月份坎通纳对一名水晶宫支持者的功夫飞踹。比赛那天晚上我正在外面的一个酒吧里，突然有人要求打开电视，说坎通纳卷进了什么麻烦事里。我在伊斯坦布尔见过埃里克勃然大怒，谁都知道他是个喜怒形于色的人。但我一点儿也不怪他，他就是有这种独一无二的个性，对别人怎么看他根本不在乎。

俱乐部当然站在了他这一边，但失去了埃里克是个巨大的损失。他就像球队的护身符一样，没有了他在场上，局面总是很困难。不过到3月份的时候，我们仍然在联赛和足总杯双线作战，我也又迎来了连续的几次出场机会。

当时我们和布莱克本的冠军争夺已经进入到了白热化的阶段。他们并不像曼联的球员那样才华横溢，但却有阿兰·希勒（Alan Shearer）这个进球机器，和肯尼·达格利什这个经验丰富的主教练。很早之前就能明显地感觉到今年的联赛之争会很激烈，果然悬念被保留到了这个赛季的最后一场比赛。

我们的联赛收官战是客场对阵西汉姆联队，这是决定一切的战役。布莱克本领先我们两分，但却要做客安菲尔德，所以我们很有机会超越他们。所以当主教练决定在首发阵容中放弃“火花”马克·休斯的时候，我和其他人都大吃一惊。之前的几个月里，休斯没有缺席过一场比赛，他是球队里不可或缺的一员，也是我们的领袖之一。至今我也没想通为什么主教练在这么一场必须赢下的比赛里放弃了他。

西汉姆联队率先进球，但之后我们创造出的机会足够赢下好几场比赛了。布莱恩·麦克莱尔扳平了比分，在最后10分钟里我们创造出了三四次进球机会，但总是差之毫厘。只要一个进球就可以联赛夺冠，只要一个。有时候凯旋和灾难只有一线之隔，这个进球就是那条线。

比赛结束之后，更衣室里失望的气氛是我足球生涯中经历过的最强烈的一次。我一向能够积极地面对失败，尤其是在年纪增长之后。但那次却不同，我的心情真是跌到了谷底。我参与的第一次争冠旅程，就这样灾难性地结束了。在我们跋涉回到曼彻斯特的途中，我切实地感受到了生理上的恶心。

也许足总杯的决赛可以提供一些慰藉。尽管整个赛季拿到了11张黄牌，足总还是批准让我参加决赛。必须承认在早年间，我确实有点狂躁，当时我急于成为一个会铲球的边后卫，所以经常做出一些激烈的滑铲。我记得有一次对南安普顿的杰森·多德（Jason Dodd）的铲球，足够让我直接红牌出场了。还有一次与谢菲尔德星期三的卡尔顿·帕莫尔（Carlton Palmer）争抢一个五五球的时候，我的拼抢导致了他的受伤。教练们告诉我说要留下自己的痕迹，我也确实是努力这么做的。我必须抓住每一次机会，去给人留下深刻的印象。因为就像人们一直说的，在曼联不允许平凡的存在。但也许因为我的心情太急切了，所以有点儿过犹不及。

我本来应该因为禁赛而错过决赛，但球队提出了上诉，理由是年轻人刚刚进入职业联赛，有些过于激动。我去了伦敦为自己的请求辩护，并且解释说我并没有因为反体育精神的犯规而吃牌，如果就此剥夺一个20岁的年轻人参加这种重要比赛的机会的话，确实有点儿过于严厉。最终他们批准了我的请求。不过为了这次在温布利的出场机会，我也被罚款1000英镑。当时我并没有那么多钱——我的第一份职业合同的周薪也只有210英镑——所以我只好跟父亲借。

那是我第一次跟足总的纪律委员会打交道，当时我觉得他们很通情达理。不过这种感觉并没有持续很久。

这是我在温布利球场的第一次重大比赛，所有的赛前准备都让我兴奋。我喜欢球迷为每次杯赛都创作一首歌的传统，虽然那年我们的歌曲实在太容易让人遗忘了，那是一个叫史崔克的饶舌歌手唱的一首名为《我们还要再来一次》（*We're Gonna Do It Again*）的歌曲。我感觉自己状态不错，也非常有信心球队肯定能赢。因斯、基恩、布鲁斯、帕里斯特、休斯——这些家伙都是球场上的赢家。我们知道对手埃弗顿不足为惧。

对于那场比赛我的记忆不多了，只记得当对手突破我们的防线打进了比赛的唯一一个进球之后，老大的狂怒。在那之后斯科尔斯差点儿进球，休斯也差之毫厘。但就像痛失联赛冠军的那天一样，我们怎么也打不进最重要的这个进球。

于是一个星期之内我们经历了两次巨大的打击，两场比赛都只输了一个球。我也许应该因为自己这个赛季获得了27次出场机会而感到高兴，但我实在笑不出来。这种颗粒无收的赛季对曼联来说是不可接受的。

人们说你从失败中学到的最多，而这个赛季的失败也确实引起了俱乐部的很多重大变化，不过那都是之后的事情了。就在足总杯决赛失利之后，我们去参加了一次球队聚会。老球员们一直喝到了第二天的早餐时间，让我十分吃惊，其实他们只不过是借酒消愁罢了。我也喝了一些，但心中暗自希望下一次可以用奖杯盛酒来喝。

第七章

靠孩子你什么也赢不了

我一直记得报纸上的一篇报道，当被问到提拔我们这些“雏鸟”进入一线队是不是一次赌博的时候，主教练回答说：“年轻球员有一点最好，就是如果你让他们通过一道带刺的铁丝网，他们会毫不犹豫地冲上去，但老队员就会走上两百码，看看能不能找到一扇门。”这句话一直刻在我的脑海里。

他知道在我们身上可以找到这种对胜利的渴望。我们充满了动力，充满了决心。我们可以为他冲过一堵砖墙，更不用说什么铁丝网了。这是巴斯比留下的哲学，耐心地培养年轻球员，当他们跻身一线队的时候，你就已经对他们有了深入的了解。我们当时已经完全融入了俱乐部的文化，从比赛的风格到敬业精神，所有曼联的特质。

不管事先做了多少调查，用2000万英镑签下一名球员总是一次赌博，你不知道他是否能够适应新的环境、新的比赛风格和加盟曼联带来的新的压力。但对于我们的球技和性格，主教练心里比谁都清楚。

他知道巴特永远无所畏惧，敢于面对一切挑战，如果让他面对世界上最优秀的或者最强硬的球员，他一定二话不说，挽起袖子就冲上去。

我唯一一次看到巴特落荒而逃，是那次在更衣室里，他站在光着身子的舒梅切尔旁边，手里拿着一壶滚烫的热茶，我们的门将一转身，碰洒了那壶茶，把下身都给烫伤了。我们都觉得很好笑，当然，除了大个子丹麦人。巴特赶紧逃跑，彼得拿起水瓶扔向巴特，大叫道：“我要杀了你！”听上去就像《洛奇4》（*Rocky IV*）里的大反派伊万·德拉戈（Ivan Drago）一样。但巴特早就跑远了，只剩下彼得在更衣室里处理伤口。

虽然发育得比较晚，但斯科尔斯也迅速成长为教练心目中的那种球员。他就像脑后也长了眼睛一样，传球像激光一样精准。在训练场上他经常靠这本事用球砸你的后脑勺，当你转过身来的时候，他还在60码外装作若无其事的样子呢。

尽管贝克汉姆要到下一年才会表演那脚精彩的中场吊射，但这时候的他已经结束了在普雷斯顿的租借回到队中，变得更强壮了，人们也开始注意到他精湛的技术。他可以用脚的任何部位给出美妙的传球，不管是弧线球、下旋球还是贴地传球或者横穿禁区，对他来说都易如反掌。并且从来没有人像他那样每场比赛都满场飞奔，覆盖了整个球场。

让我们一起升入一线队一定需要巨大的勇气，但主教练从来不缺乏勇气。许多其他的俱乐部也在谈论如何保护年轻球员，还引发了一场关于青训文化的竞赛。而我们的老大早在阿伯丁的时候，就展示出对年轻人的信任，就像他说的："年轻球员总会让你大吃一惊。"而我们确实做到了这一点。

出于许多原因，我的第一个冠军是难以忘怀的，但其中最主要的原因大概是阿兰·汉森（Alan Hansen）的那句"靠孩子你什么都赢不了"。1995—1996赛季的第一场比赛我们就惨败给了阿斯顿维拉，但他的这句话并没有让我惊慌，而现在这个论断已经变得家喻户晓了。

惨败之后的星期天，当我们来到训练场之后，"巧克力糖"麦克莱尔跟我们开玩笑道："不错，小伙子们，我们再拿40分就可以保级了。"每个人都笑了起来，但笑中也带着紧张。

我们在维拉公园（Villa Park）尝试踢三后卫，但表现得十分混乱。首发中有巴特、斯科尔斯、菲尔和我，而板凳上坐着贝克汉姆和约翰·奥凯恩。有这么多默默无闻的年轻人在队中，肯定没人会认为我们会是冠军的争夺者。在那天晚上的《今日比赛》（*Match of the Day*）节目中，我们又被批评了一通，"靠孩子什么也赢不了"在当时听上去并不是什么胡言乱语。

很多人都在怀疑主教练的做法。上个赛季痛失冠军之后，他挥动大斧对球队进行了清洗。对于因斯去了国际米兰我很伤心。绰号为“总督”的他十分傲慢，以自我为中心，但有什么办法呢，他可是个南方人。但对我们这些年轻球员，他多有鼓励和照顾，对曼联来说，他是个优秀的中场。

安德烈·坎切尔斯基也离开球队了，不过是因为合同的缘故。他是那时欧洲最好的右边锋，但也许他还并没有完全发挥出自己的潜能。

但最让我们吃惊的还是休斯。我在自己车里听广播的时候才知道他转会去了切尔西，我和任何一个曼联球迷一样感到震惊。我知道因斯和主教练的关系已经开始变得紧张，而安德烈是自己想要转会，但休斯可是曼联的传奇人物。我猜他一定已经知道，科尔-坎通纳的组合才是主教练的锋线首选，而在联赛关键战役，对阵西汉姆的时候被放在替补席上也让他心灰意冷。他的自尊心不允许自己成为替补球员。

球迷和媒体全都骚动起来。《曼彻斯特晚间新闻》（*Manchester Evening News*）组织了一个投票：“弗吉该不该下课？”这种话现在回过头看看实在可笑，但我们当时承受的压力可想而知。

那只是我们这么多年来经历的许多危机中的一个，虽然外界已经开始沸腾，但在训练基地里，主教练只是告诉我们，保持低调，努力工作。在输给维拉之后，我们的注意力完全放在了接下来的一周三赛上。

第一场是西汉姆，和贝克汉姆对位的是朱利安·迪克斯（Julian Dicks）。我们知道迪克斯肯定想要给他一个下马威，所以贝克汉姆先发制人，用实际行动证明自己不惧身体对抗，也不会任人摆布。那场比赛我们赢了下来，贝克汉姆也让迪克斯吃尽了苦头。

接下来是维尼·琼斯（Vinny Jones）所在的温布尔登。尽管他们有着令人生畏的口碑，连外号都叫作“狂帮”，但我们还是3：1赢下了比赛。前不久还被人奚落的“孩子们”，开始证明自己已经是男人了。走出球场的时候，我知道我们已经什么都不需要害怕了。

在战胜了卫冕冠军布莱克本之后，我们在6天之内取得了三连胜。

贝克汉姆在跟随我们来到客场的球迷面前打入一球，我们的庆祝就像自己赢得了联赛冠军一样。战胜卫冕冠军是一种巨大的解脱，我们回报了主教练的信任，现在全国上下已经没有人会小看我们了。

我们延续着胜利的势头，在客场4：1战胜了切尔西，然后在紧接着的背靠背对阵南安普顿和考文垂的比赛中一共打进了8个球。尽管如此，只要我们的表现稍有下滑，主教练就会毫不留情地提出来。

那年11月，我第一次看到他火力全开的场面。我那时刚从国家队比赛回来，然后在客场1：1和诺丁汉森林握手言和。比赛结果称不上好，但我觉得自己并没有做错什么，直到我回到更衣室。

“你怎么了，内维尔？”他朝我喊道，“要不是看在你是国脚的分儿上，我才不会让你出场！”那天我心烦意乱地回到了家中。

不像巴特和斯科尔斯，我的脸皮要稍薄一点儿。这种批评会在我脑海中一遍又一遍地重演。也许被批得多了人就会产生免疫了，但在那个年纪，我还是特别往心里去的。实际上我痛恨这种批评，那对我来说就像世界末日一样，让我无法入眠。主教练那么说是为了让我脚踏实地，不要飘飘然？还是他真的觉得我的表现达不到标准？这些问题让我辗转反侧，我的性格就是这样。

如果你告诉斯科尔斯，他会在足总杯的决赛中出场，他最多也就是耸耸肩，然后若无其事地走开。如果是巴特，他会说：“废话，我当然要上场了。”贝克汉姆会直接走向电话，而我会立即开始考虑谁会是我的对手，我要怎么对付他们。

我们的势头没有减缓，到1996年春天的时候，我们双线作战，都直指冠军。一开始纽卡斯尔在联赛中领跑，他们在凯文·基冈（Kevin Keegan）的带领下踢出的华丽足球让人们印象深刻，一度领先我们12分。但10月份的时候，坎通纳的禁赛结束，刚回到球队就参加了对阵利物浦的关键战役，用一个点球帮助我们扳平了比分。

接下来纽卡斯尔就开始走下坡路了。决定性的时刻在3月份，我们在圣詹姆斯公园球场击败了他们，尽管那天对我个人来说是个噩梦。

我和斯蒂夫·布鲁斯搭档中卫，面对福斯蒂诺·阿斯普里拉（Faustino Asprilla）和莱斯·费迪南德（Les Ferdinand），我们被压制得体无完肤——至少我是这样。上半场有一次阿斯普里拉晃过了我，让我一脚解围只踢到了空气。半场休息的时候，主教练又开启了“吹风机”模式：“不管是在地面上还是在空中，阿斯普里拉都在你身上予取予求，下半场再这样下去，冠军就毁在你身上了。”

但下半场形势却发生了逆转。上半场的时候我们好像在山脚下，被山顶上的纽卡斯尔摁着打，但现在站在山顶上的变成了我们，听起来可能很奇怪，但我甚至觉得自己好像长高了不少似的。

那次下半场的比赛让我感受到曼联的精神引领着整支球队。这种精神的基础虽然是出色的个人能力——从发挥神勇的舒梅切尔、布鲁斯，到打入制胜一球的埃里克——但同时更是集体的力量。没有人说出来，但每个人心里都明白：我们一定要赢。这次必须是我们。

我们踢得并不算好，但抓住机会打入了一球。从那时起全世界都知道纽卡斯尔不会赢得联赛冠军了。他们本该3球领先的，但总是缺乏最后一击的能力。我们充满斗志，拼尽全力，大多数时候只要你做到这一点，就会获得回报。埃里克接到菲尔的传中，破门得分，就像他之前无数次做到过的那样。这场关键战役的胜利决定了赛季的走势。

纽卡斯尔总是给人以可乘之机，当他们在积分榜上遥遥领先的时候主教练就这么说。如果把纽卡换作是经过无数次战斗考验的球队的话，比如1998年的阿森纳或者穆里尼奥（Mourinho）的切尔西，那我们追赶起来就会困难得多了。一旦纽卡斯尔开始下滑，就连我们这些年轻球员也嗅到了一丝机会。他们的守门员帕维尔·斯尔尼塞克（Pavel Srnicek）发挥并不稳定，边后卫巴顿和贝雷斯福德（Beresford）也是弱点，中后卫也不够强硬。只要对他们保持压力，我们就很有机会逆转。

当联赛还有4轮的时候，我们已经掌握了主动权，但在戴尔球场挑战南安普顿的上半场我们却灾难性地0：3落后。戴尔球场不是个容易征服的地方，但我们的表现也太差了。

中场休息的时候，主教练说：“把这身球衣脱下来，下半场换一身。”

当然我并不喜欢那身灰色的球衣，曼联的颜色应该是红、白和黑色，不应该出现别的颜色，但我也没想过球衣的颜色会是落后的罪魁祸首，我以为只是因为我们踢得特别差罢了。

我当时并不知道，主教练曾经和利物浦大学的视觉专家盖尔·斯蒂芬森（Gail Stephenson）进行过交流。后来她加入了俱乐部，前来帮助球员改善周边视觉。她还给了我一套赛前眼保健操，我就像拉筋、伸腿一样认真地去做，这些都是值得注意的细节。

当时盖尔警告老大说，灰色的球衣会让球员在场上变得不容易辨认。也许真是这样，那身灰色球衣我们穿过5次，结果输了4场，平了1场，从没赢过。于是在下半场我们换上了蓝白相间的队服，并且由吉格斯扳回了一球，不过最终还是输掉了比赛，这件事情也总被人们拿来笑话我们。

幸运的是纽卡斯尔面临的情况更糟糕，全国都在天空电视台（BskyB）的直播中看到了基冈那段“要是能击败曼联我乐意极了”的咆哮[①]。他在镜头前挥舞着手指，念念叨叨，我在家看电视的时候简直惊呆了。

主教练总是说：“不要情绪化。”他想要的是冷静、坚强的赢家，而当时队里尽是这样的球员，他们知道如何带领我们冲过终点线。在5：0战胜诺丁汉森林之后，我们只需要再赢1场就可以锁定冠军奖杯了。只可惜这一场对米德尔斯堡的胜利我坐在了替补席上。

我们真的做到了，靠孩子们赢得了冠军。但毫无疑问贡献最大的是埃里克。他是最大的功臣。他是我们这些年轻球员的领袖，同时也总能打入制胜进球。夺冠是集体的功劳，但有几个赛季，你会觉得是某个球员以一己之力帮你拿到冠军的，这个赛季的坎通纳是这样，2006—

① 在纽卡斯尔对阵利兹联的赛后采访中，记者拿出弗格森“对手在对阵曼联时比对阵纽卡斯尔时更拼”的话询问基冈，基冈面对镜头表现失态。

2007赛季的罗纳尔多也是这样，你恨不得把自己的冠军奖牌送给他们。说这是埃里克的冠军，一点儿也不为过。

他处在个人的巅峰，但我们也有一支才华横溢、搭配平衡的球队。有些媒体敦促主教练把贝克汉姆放在中路位置，以发挥他传球的特长，但那样会限制他的活动范围。让他踢右路则可以充分利用他的能量和耐力，还有手术刀般的传中。在中路，我们已经有了基恩、斯科尔斯和巴特几个选择，再加上边路的吉格斯和贝克汉姆一个能突一个能传，世界上再也找不到这么努力并且有创造力的边锋了。

我们当时已经开始具有消耗对手的能力了，如果没有早早取得进球，那我们就开始在中场传球，让对手们不停地追着球跑。等比赛进入最后15分钟，对手的双腿都像灌了铅一样的时候，我们就可以利用吉格斯的突破和贝克汉姆百步穿杨的传球来制造杀机。

拿到联赛冠军之后，我们迎来了足总杯的决赛。但就像联赛夺冠的那场比赛一样，我又坐在了替补席上。那时候我已经是英格兰队的常客了，但却仍然无法在俱乐部拿到一个稳定的首发位置。挡在我身前的正是我的弟弟。

这种情况已经不是第一次了。一年前，菲尔在对曼城的比赛中完成了俱乐部首秀，而我却在赛前一天被通知说不会被派上场。在家的时候，特雷茜问我谁会在明天的比赛中出场。

“菲尔，不是我。”我回答说。“什么？他的出场顺位排在你前面？”我这个“敏感”的妹妹大笑起来。

但我很快就接受了这一点——不接受又能有什么办法呢？那场比赛菲尔确实发挥出色，而在接下来的几年中，他牢牢地把持住了边后卫的位置，而我经常不得不去踢中场。我心里知道是他把我挤在主力阵容之外，但这对我来说只是一种奋发的动力。我们彼此之间只有毫无保留的支持，没有任何怨艾。

在比赛之前我们会去对方的房间，两个人都会感到安心。对于某个特定的对手我们也会提出自己的建议，跟斯科尔斯和贝克汉姆他们也是这样。当职业生涯刚刚展开的时候，身边有这些熟悉的面孔是一种幸运。在大巴上我们总是坐在一起，而且每次都坐在相同的位置上，我们是彼此的护身符。

菲尔表现优异，而我没有一丝嫉妒，嫉妒绝不存在于我们的本性中。我们都忙着在决赛前了解对手。既然菲尔的出色表现确保了首发位置，那我要做的就是接受自己的位置，不要抱怨，安心准备即将到来的决赛。

我们在决赛中面对的那支利物浦，应该说天赋挺好的，但他们的职业精神比曼联就差得远了。我们有时候也会出去放纵一下，但那只会在极少数合适的场合之下。决赛那天，他们穿着显眼的白色西装来到了温布利，看起来就像他们绝大部分的准备工作都放在了衣服上。甚至主教练在布置战术的时候，也会揶揄他们几句："把球往禁区里吊，大卫·詹姆斯[1]的注意力可能都在看台包厢里的乔治·阿玛尼（Giorgio Armani）身上呢。"事实也确实是这样，主教练可以说："我就说过吧。"贝克汉姆罚出一记角球，詹姆斯出击，但并没有将球打远，球落在了禁区线附近。虽然那场比赛坎通纳没有发挥出应有的水平，但他还是抓住了那次机会——他的远射穿过了禁区内的人群，直挂入网。现在我们靠孩子们赢得了双冠，温布利球场里的庆祝标语和T恤就像在讽刺阿兰·汉森曾断言"靠一帮孩子什么也赢不了"一样。

我替补出场了几分钟，比赛结束之后我和其他球员一起绕场一周感谢球迷。他们唱着最喜欢的那首歌《凯文·基冈别灰心！》（*Cheer up Kevin Keegan*），我当时太高兴了，也加入了歌唱的队伍。当时我并没有意识到有什么不妥，直到后来俱乐部的工作人员告诉我，和球迷一起唱歌的镜头被电视台拍到了。我当时并不认识凯文·基冈，也没和他说过话，但他是英格兰足球的传奇，所以我还是给他寄去了一封道歉信。

---

① David James，当时利物浦的守门员。

也许那批利物浦的球员度过了一个令他们自己满意的职业生涯，回顾往事的时候，他们可能也没有什么悔恨和遗憾吧。但在曼联，只有你赢得了什么东西的时候，才有资格去开派对。不可否认在英格兰足球界，曾有一段时间酒文化大行其道，但是后来人们开始清醒过来，我们的老大就是一个对球员酗酒零容忍的主教练。

但其实我们也偶尔会去喝点儿酒，尤其是圣诞聚会的时候，会玩得很尽兴。对于我个人来说，1995年的圣诞是玩得最过火的一次。那时我只有20岁，酒量很差，当喝到第6杯苹果酒的时候，酒杯从我手里滑落，在地上摔得粉碎，于是我知道自己喝多了。但之后我们又去了一家叫作“金色饭碗”（Golden Rice Bowl）的中餐厅，结果在餐厅门口的人行道上我就睡着了。醒来后我狂吐不止，本和卡斯帕只好把我塞进了一辆出租车。我都快要说不出话来了，但还是用尽最后的力气告诉司机，让他直接把我载到医院。

他送我去了皇家医院，挂号的时候我生怕被认出来，于是随口编了一个假名字——西蒙·布朗（Simon Brown）。后来队友们没少拿这个笑话我：“快传球啊，西蒙！”挂完号之后，我直接瘫倒在床上，直到半夜才醒过来，发现手机里有足足50个未接来电。我打电话让卡斯帕来接我回去，当他来到医院的时候，发现我坐在一个轮椅上，话都说不出来。他笑得连推轮椅的力气都没有了。

我们庆祝夺冠，就像庆祝圣诞那样热烈。在第一次夺冠之后，我们去了塞尔（Sale）的安博尔赫斯特（Amblehurst）酒店，那里是个传统的曼联球员聚集地。那晚我们喝到肚胀，第二天早晨，菲尔被媒体拍到坐在酒店外的公交车站上，穿着俱乐部的外套，看上去像基思·理查兹[①]一样。

但没想到就在第二年，我就在喝醉这件事情上超越了自己。那次我

---

① Keith Richards，滚石乐队的创始人之一。

一口气干掉了一瓶伏特加，足足有半品脱[1]那么多，然后直接在医院的服务台上吐得到处都是，站都站不住。我唯一记得的就是在我到处呕吐的时候，基恩在旁边嘲笑我说："内维尔，你简直是个蠢货。明天一早我就要给霍德尔[2]打电话，告诉他你是个怎样的蠢货。"

当我父亲和菲尔把我扛回家的时候，我母亲大发脾气："你们对我儿子做了些什么！"那种情况下只有母亲才会感到心疼，别人都在看笑话呢。

但不管怎么说，那些庆祝夺冠的夜晚是最美好的时光。绝对最美好的。球迷、主教练、所有跟俱乐部有关的人都对你给予巨大的期望，整个赛季，你都背负着这种压力，而最大的压力却是来源于自己想要在球队中赢得一席之地的动力。所有这些压力，都在一个晚上释放出来，还有比这更值得狂欢的事情吗?

说老实话，我觉得如果你没有经历过的话，肯定不会理解我们那种狂喜。有人说为人父母是莫大的快乐，确实如此，但绝大多数人都有机会体会到这种快乐。但和最好的朋友们为了自己支持的俱乐部并肩作战、夺取冠军的快乐，仅仅属于我们这一小群人。

所以如果我在夺冠狂欢上喝得有点儿过火的话，那也是因为我平时对自己的要求太严苛了。不信的话你可以看看我每天的时间表：

一整个赛季之中，我每天都会吃一样的饭菜，准时上床睡觉，不会做任何有可能损害身体状态的事情。尤其是每次比赛的前一天，我都有固定的时间安排：

早晨8点：谷物麦片和橙汁组成的早饭；

中午12点：鱼、土豆和蔬菜；

下午3点半：谷物麦片和一片吐司面包；

下午7点：意大利面和汤；

---

① 一品脱约合568毫升。

② Glenn Hoddle，时任英格兰队主教练。

晚上9点一刻：关灯睡觉。

如果我们要去外地踢客场比赛的话，我就会自己带着麦片、碗和汤勺上火车，到了下午3点半的时候，在火车上准时开吃。我的队友们会在旁边笑话我，但他们笑他们的，反正这些习惯对我来说非常重要，简直到了迷信的地步。

是的，这种现象在运动员当中非常普遍，我们都会有良好的职业习惯，比如说健康的饮食、足够的睡眠等等。但在精神层面上，我们也总在寻找一些心理暗示来提升信心。对我来说，那些仪式般的赛前小习惯可以让我觉得安心，觉得自己在身体上和心理上都准备好上赛场了。

比如说，比赛前的最后一堂训练课结束之后，我就会以百米冲刺的速度跑回更衣室，不知道的人肯定以为我尿急呢。其实我是把这段冲刺当作是比赛前最后的一点儿练习，让我的身体保持紧张的状态。还有，在比赛开始之前，球队拍完合照之后，我总会第一个跳起来活动筋骨，这也是相同的道理。虽然队友们总会笑话我，但我一直坚持着这些习惯。

在比赛当天，我的时间表就更一丝不苟了。早晨9点半的时候就开始做拉伸练习，10点的时候我会给母亲打个电话。20多年来，每场比赛之前的5个小时，我都会跟她通一次话。她总是跟我说："去给他们点儿颜色瞧瞧！"每次都是这样，20多年了。

要是下午3点比赛的话，我总是11点40分左右就早早地来到老特拉福德球场。不过有些球员总是在球队大巴出发前一秒才赶到，让我很抓狂。比如说路易斯·萨哈（Louis Saha）吧，如果球队预定12点出发，不到11点59分59秒他是不会出现的。

比赛日我的午饭是利宾纳饮料、带一点儿酱的意大利细面和酸奶，之后就是主教练的赛前讲话，然后我就需要一点儿私人空间。我会抓上一本赛刊钻进洗手间右边的隔间里。更衣室里其他的队友就会哄笑起来，有时候他们还会把球踢过来砸洗手间的门。但我总是需要时间自己静一静，来考虑接下来的比赛，和要跟我直接对位的对手球员。也许我要面对的是一个速度飞快、技术娴熟的边锋，所以为了缓解紧张的心情，我需要一些积极的想法：“他对比赛有我那么投入吗？他的跑动有我那么积极吗？”

有时候，如果太过紧张，我就会想一想赛后要吃的晚餐。我告诉自己，只要3个小时之后，喧闹的比赛就会结束，我就会在市里和我的家人享用椒盐猪排和咖喱鸡了。人们总觉得比赛前需要燃起斗志，但其实有时候你更需要让自己冷静下来。

踢球的时间长了，你总会有一些小习惯。17岁那年，我去做了一个简单的背部按摩，然后在接下来的比赛中发挥出色。从那以后，每场比赛之前我都会去做一次背部按摩，尽管我从来没有遭受过背部的伤病。走入球场的时候，我总坚持在第5个出场，走在贝克汉姆前面，但我也不知道为什么要这样。

很多运动员都会有类似的小迷信。我必须那么做才能觉得自己已经准备得万无一失了。早早睡觉、下午3点半吃麦片、赛前的拉伸等等——我从不冒险漏掉任何一项。

当然不是每个人都这样，如果更衣室里有11个加里·内维尔，那可要无聊死了。但如果没有这种投入和牺牲精神，你的职业生涯是不会长久的。毫无疑问，在我们的球队里，每个人都有良好的职业习惯。现在已经不是以前那个足球运动员也可以随便喝醉的年代了。

没有比无法发挥出你最大的潜力更糟的事情了，这也是主教练日复一日都在提醒我们的。主教练在球队讲话里，总是提到一个他认识的亿万富翁。他的钱多得花不完，早就可以退休去打高尔夫球了，但他仍然每天都第一个来到办公室工作。主教练总是说：“努力工作是值得骄傲的事情。”

也许你觉得足球运动员挣着那么多的钱，努力工作是理所当然的。但其实在更衣室这种充斥着男子气概的环境中，如果你表现得对什么事情都满不在乎，那看上去才会更酷一些。也许这就是那支才华横溢的利物浦和我们曼联的区别——他们看上去很酷，而我们赢得冠军奖杯。

第八章

特里·维纳布尔斯

球队大巴穿过英格兰球迷组成的海洋，每个人脸上都是笑容，他们都希望我们能在本土捧起欧洲杯的冠军奖杯，整个国家都沸腾了。斯图尔特·皮尔斯（Stuart Pearce）转过头来跟我说："好好享受这一切吧，因为结局可能就没这么美好咯。"

年轻的时候，我并不以为意："以后的机会还多得是呢，肯定会越来越好的。"但没想到皮尔斯一语成谶。在我为英格兰效力的年月中，事情并没有越来越好。相反地，1996年的欧洲杯就已经算是一个高峰了。

我喜欢在特里·维纳布尔斯（Terry Venables）手下踢球，尽管并不总是一帆风顺。身为一名曼联球员，在当时的温布利球场可不是件舒服的事儿，因为我们年年都拿冠军，再加上我们从来不缺少休斯、因斯、坎通纳、基恩这种强硬人物，所以英格兰的球迷中，支持曼联的很爱我们，但别队的球迷就痛恨我们了。

那年的欧锦赛英格兰是东道主，不用参加预选赛，所以我们踢了一系列的友谊赛，但球迷们对友谊赛热情不高，每场的上座率都不到一半。我还记得有一场是对阵保加利亚，到场的观众只有不到3万人，所以他们的每一句叫喊在场上都能听清。"慕尼黑混蛋！""红色的混蛋！"这种骂声在替补席和皇家包厢的位置是最常听见的。有一些西汉姆和切尔西的球迷会成群结队地去看英格兰的比赛，不是为了给英格兰队加油，而只是为了去辱骂几个曼联的球员。我在球场边路来回冲刺，为英格兰挥洒汗水，但在扔边线球的时候仍然要忍受来自观众席的辱骂："滚吧内维尔，你就是个垃圾！"

陈旧的设施，刻薄的球迷，这就是那个老温布利球场给我的记忆。当它被拆除，变成一地废墟的时候，我心中没有一点儿感伤。

不过我没有让那一小撮白痴的言论影响我为英格兰效力的自豪感，尤其是在特里领队期间。从1995年夏天我第一次为英格兰队出场开始，我就爱上了那种感觉。

当时我正在苏黎世参加一项20岁以下的青年赛事，一个曼联的教练走过来跟我说："加里，英格兰队召唤你了。"

我简直不敢相信自己的耳朵，我还在踢青年队的比赛呢，竟然能入选英格兰队？我打电话给我父亲，他也确认了这个消息。所以我立刻就搭乘下一班飞机离开了苏黎世，去和英格兰成年队会合。

当时英格兰队中唯一一名曼联球员就是加里・帕里斯特，所以我和他做伴一起来到了伯纳姆榉木林（Burnham Beeches）酒店——英格兰队的驻扎地。当时我紧张得要命，很少说话，和平时的我迥然不同，特里和其他球员肯定觉得我是个挺害羞的家伙。结果过了几天之后，帕里因为受伤而离开了球队，我变得更孤独了。这可是我第一次在一个足球环境中感到隔绝和孤独，以前我身边总是那些最好的朋友们。

每次我去餐厅吃饭，心里都想着赶快吃完好回房间，别惹出什么麻烦。不训练的时候，我就自己待在房间里看电视或者睡觉。队里的其他球员，加斯科因（Gascoigne）、大卫・普拉特（David Platt）和阿兰・希勒他们并不是对我不友好，但我只是个不起眼的年轻球员，跟他们总还是有段距离。斯坦・科里摩尔（Stan Collymore）也是第一次入选英格兰队，但他有从利物浦一起来的队友，比如斯蒂夫・麦克马纳曼（Steve McManaman）和约翰・巴恩斯。这个大利物浦帮和我的朋友们都不太一样，他们更喧哗，更外向，也更自信。如果我要给新队友们留下印象的话，那也只能是在球场上。

我的英格兰首秀是在温布利举行的茵宝杯，一共3场比赛。第1场是对阵日本队，这并不是什么万众瞩目的焦点战役，观众也只有21142人，但当时我只有20岁，在联赛中也只出场过19次。我还记得当时后防线的组合是约翰・斯凯尔斯（John Scales）和大卫・昂斯沃斯（David Unsworth）搭档中卫，斯图尔特・皮尔斯出任左后卫。我发挥得还不错，尽管第2场对瑞典队的时候沃伦・巴顿（Warren Barton）取代我出现在右后卫的位置上，但最后一场对巴西，观众人数最多的一场，我又一次首发出战。那场比赛我们1：3输给了拥有罗纳尔多（Ronaldo）、罗伯特・卡洛斯（Robert Carlos）和邓加（Dunga）的巴西。

作为一名后卫，我从特里的助教唐・豪依（Don Howe）那里学到了很多。热身之后，我们就会分组训练半个小时，然后再作为一整支球队合练。特里和布莱恩・罗布森在指导进攻球员的时候，豪依就会给我们这些防守球员进行针对性的训练。

那种训练对我来说是全新的。在曼联的时候，我们的训练主要就是分小组对抗，大部分都是有球训练。但在英格兰队，唐更强调战术阵型和每个人的协防补位。他对防线的训练要求就像军队一样精确。

唐认为每支球队的基础都是防线，如果我们因为防守失误而丢球的话，就算最终赢了个4：1，他仍然会大发脾气。

特里在训练场上竖起了一根高杆，把摄像机放了上去，把我们的训练课拍下来，然后对照录像给我们讲解自己的跑位。现在这种做法已经很普遍了，但在当时这还是很新鲜的训练方式，让我受益匪浅。

唐会用这些录像一遍又一遍地指导我们，直到整条防线彼此之间像花样游泳运动员一样默契。这是我见过的最高水平的训练，让我学会了如何预判对手的角度传球，还有如何压迫跟我对位的边锋。

那时候还不像现在，边后卫的主要职责就是防守边锋，让对方传出一个球就相当于犯罪。然而唐在一开始就一针见血地向我指出："我看过你的比赛，你防守得不错，但是你参与进攻不够多，不怎么前插。"这在当时的确是非常敏锐的洞察。

不过我在比赛中的表现慢慢说服了唐和特里，所以随着1996年欧洲杯的来临，我也坐稳了英格兰四后卫中右后卫的主力位置。同时我还可以踢第三中卫的位置，这是个不小的加分项，因为我们经常会变换阵型，需要球员能胜任多个位置。沃伦·巴顿并不是唐喜欢的类型，而利物浦来的罗伯·琼斯（Rob Jones）总是遭受伤病困扰，所以我得到了很多出场机会。少年老成的菲尔也入选了英格兰队，成为我的替补，当时他才19岁。

欧锦赛开始之前，我们去远东和中国队进行了一场热身赛。在飞回家之前，特里慷慨地给我们放了一晚上的假。我本来打算出去喝几杯的，但大卫·普拉特似乎觉察到了什么不对劲，他跟菲尔、尼基·巴姆比（Nicky Barmby）、杰森·威尔科克斯和我这些年轻球员说："你们今天晚上能不出去就别出去了。"于是当泰迪·谢林汉姆（Teddy Sheringham）、阿兰·希勒、加斯科因和其他几个朋友一起出去探索香港的夜生活的时候，我们几个就老老实实地留在了酒店吃晚饭。当时我们可不知道自己错过了怎样的好戏。

我是直到第二天中午下楼来吃午饭的时候才知道昨晚到底发生了什么。走进餐厅的时候，我看见加斯科因拿着一个化学课上才会见到的煤气喷灯在点雪茄。喷灯的火焰起码有3英尺高，加扎就在这个五星级酒店的餐厅里摆弄着这个喷灯，就像要把自己给点了一样。这绝对是我见过的最滑稽的事情，菲尔和我都大笑起来。如果有人敢在曼联这么玩的话，他不用等主教练来训斥他，就可以卷铺盖走人了。我还真知道主教练曾经想要把加扎带到老特拉福德来，但很可惜他最终没能成行，因为我知道亚历克斯·弗格森正是他所需要的那种教练。

从加扎当时的状态来看，他们昨晚肯定过得够疯狂，我有点儿怪自己没有跟他们一起出去了。但普拉特对我们这些年轻球员照看得很好，如果我们的名字充斥在报纸头版上的话，天知道俱乐部的主教练会怎么惩罚我们。再说我又是出了名的酒量差，在牙医那里，他只要给我灌上一杯伏特加就足够让我麻醉好几天了。

但加扎他们闯的祸还没完。回英国的飞机上，所有球员都坐在那架大型客机的二层，加扎坐在我和菲尔旁边。当时他已经连续喝了很长时间，所以特里希望有人能看着加扎，让他别闹出什么事来。特里找来了队医克莱恩（Crane），但克莱恩自己也喝了几杯，然后就睡着了。

这时候阿兰·希勒走过来想要玩牌。他走过加扎的座位的时候，朝着他的后脑勺狠狠地来了一巴掌。惊醒之后的加扎以为拍他的是坐在后面几排的麦克马纳曼和福勒，所以他的报复就是走过去，把他俩前面的电视屏幕给砸烂了。

当我们走下飞机的时候还没觉得有什么大不了的，但第二天这消息便传了出去。周末的报纸上都在报道飞机的损坏，配图则是队员们在香港喝醉了的照片。

在球队的酒店里，特里召集了队里的老队员，告诉他们最好想个办法解决这个烂摊子。当时全国上下都对英格兰队的状态不甚满意，而这次事件成了导火索。

我们在伯纳姆榉木林酒店举行了全队会议，普拉特、希勒和皮尔斯这些老队员说出了自己的意见，我们最终达成了一致，决定共同对外界承担责任。我们每个人都拿出两场比赛的津贴，来赔偿航空公司的损失，剩下的钱则捐给了慈善机构。这是我在英格兰队里学到的另外一课：球队一定要团结在一起，永远不要让你的队友单独受责，也不要对外显示球队的分裂。

当然，共同承担这次的责任让我损失了不少钱。当时我们每场比赛的津贴是1500英镑，这对我来说可是一大笔钱，我只好跟菲尔去抱怨，我们俩可是老老实实的什么都没做。不过现在回想起来，那是正确的处理方式。我们必须保证队伍的团结，而且实际上大家都愿意包容加扎的胡来，因为我们都知道他在球场上能为球队做出怎样的贡献。他是那种能以一己之力决定比赛胜负的球员，在国内也非常受欢迎。如果我们选择孤立他的话，对球队没有任何好处。

那年参加欧锦赛的是一支很好的队伍，而且我们还有主场优势。球队里有大卫·希曼（David Seaman）、托尼·亚当斯（Tony Adams）、普拉特、因斯、加扎、希勒、皮尔斯和谢林汉姆这些成名球星，任何一个都有资格担任队长。对于麦克马纳曼、达伦·安德顿（Darren Anderton）、尼克·巴姆比和我这些年轻队员来说，在更衣室放眼望去都是这些才华横溢而又坚忍不拔的老队员，真是不可多得的际遇。

每次比赛之前，亚当斯都会在更衣室里把球往墙上踢，简直要把墙都踢倒了。我第一次坐在皮尔斯旁边看他准备比赛的时候简直吓坏了，他一直在低声咆哮："这是我们的地盘，这是我的地盘！"

尽管曼联也有性格强硬的家伙，但总的来说在比赛前夕更衣室里的氛围还是很和谐的，我们会听着音乐，开着电视，彼此间开开玩笑，直到开球前半小时左右。我会翻翻《足球焦点》（*Football Focus*），让自己冷静一下。但英格兰队就不是这样了。赛前大家在更衣室里大喊大叫，捶胸顿足，还有各种充满爱国情怀的咆哮。通常我会坐在一旁，心里想："这些人真是疯了。"这跟在曼联的情况完全相反。

亚当斯是每个年轻后卫的榜样，我们的主教练曾经说他是个合格的曼联球员，只是错穿了阿森纳的球衣。这一点我完全同意，他的激情和勇气足以让他成为曼联的传奇人物。

希勒是另一个够格的、也应该为曼联效力的人物。1996年的夏天，我以为他真的要加盟曼联了。当时俱乐部对他正感兴趣，贝克汉姆和我在布莱恩·亚当斯（Bryan Adams）的演唱会上碰到了他，虽然我们俩费尽口舌想要劝他回心转意，但他仍然坚持选择了纽卡斯尔。一直到今天我都在想，如果他当初来到了曼联会是什么样子。虽然他已经取得了伟大的成就，但不可否认的遗憾是，他没有机会持续地参加欧洲赛事。在曼联，他同样会被球迷爱戴，并且会像查尔顿和罗布森一样受到欢迎，这两位曼联名宿也同样来自英格兰东北部。我觉得他拒绝曼联实在是太不可思议了，因为在曼联他可以获得无数的冠军奖牌，不过当然，谁让他是个纯粹的纽卡斯尔球迷呢。

我们还有加扎，他曾进入过世界杯半决赛，虽然伤病总伴随着他，但他依然是世界级的天才。你听说过的那些关于他的事情都是真的——疯狂、滑稽、热心，能凭一己之力拿下比赛。

这支球队拥有力量、实力、经验、一位已经证明了自己的得分手、板凳深度和自信。而且多亏特里的执教能力，很多球员在国家队的表现要好过他们在俱乐部的时候。安德顿算其中一个，巴姆比也算一个，因为他们聪明而且适应能力强。杰米·雷德克纳普（Jamie Redknapp）也有些类似，虽然他很不幸受伤了。这些球员从不着急冲锋，而是拿得住球，并且能聪明地处理球。麦克马纳曼也是其中一员。现在数着球队的阵容，我不禁好奇我们本来应该能走多远。

首战我们与瑞士打了一场杂乱的平局，所以第2场小组赛面对苏格兰，我们需要提升表现。每个人都记得第2粒进球——来自加扎个人的精彩表演，他庆祝的时候就像躺在牙医的椅子上一样。但对我来说，第一粒进球是我在英格兰队生涯中最满意的瞬间之一。

那是一次传中，仅仅是一次传中，但我认为那是我最好的传中之一，恰到好处地落在远门柱的希勒头顶，他根本不可能错失这样的机会。我跑向边线，挥着拳头，加扎在后面随我狂奔。经历了温布利的那些谩骂，现在我感觉整个国家都团结了起来，站在我们每个人身后，即使是菲尔和我，即使是曼联球员，气氛棒极了。

其实对苏格兰我们踢得并不是太好，经历了噩梦一般的20分钟，多亏大卫·希曼扑出了关键性的点球。但我们开始积累势头，这对于重大杯赛而言是非常重要的。我们满怀信心地进入第3场与荷兰的比赛，无论是从技术还是战术角度，这都是我参加过的最好的一场英格兰队比赛，也是对维纳布尔斯精心备战的回报。

足球总是难以预测，但是在像维纳布尔斯这样一位顶级教练的带领下，你的脑海中会有一幅比赛进程的蓝图。通常情况下，比赛会如他的预料而展开，特别是这场面对荷兰的比赛。

他为这场比赛的计划辛勤工作了好几个月。当希曼拿到球的时候，特里让我和皮尔斯前压，把荷兰的两个边路死死压迫在后场。我们的一个中场球员回撤，这样后防就不会暴露出漏洞，但是有了这点儿小小的改变，我们就掌握了全场的控制权。虽然之前我们的表现已经让人觉得我们会在控球率上占优了，但那晚的比赛我们简直像换了一支球队一样。这场4：1的大胜，英格兰队表现得简直比对手高出一个档次，这种比赛可不多见。

这一仗全队的表现都很杰出，但是我们没能在1/4决赛面对西班牙的这场艰苦卓绝、势均力敌的比赛中复制这样的精彩。我在场上前所未有地疲惫，当时全国都处在癫狂之中，晚上很吵，我很难入睡，也影响到了本场的发挥。我们进入了点球大战，皮尔斯的庆祝是英格兰队最美妙的时刻之一，但我因为对左后卫塞尔吉一脚草率的铲球吃到了黄牌，这就意味着我将错过半决赛。我很难过，而且如果当时知道自己的英格兰队生涯再也不会有第二次半决赛，我可能会更沮丧。

与西班牙一战后，特里在更衣室里找到了我："别担心，你决赛还能上。"他说。我百分之百地相信他。我们有信心自己能击败德国，闯进决赛。我们在本土作战，球队人才济济、经验丰富，而且在特里手下士气高昂。一切井然有序。而德国队并不厉害，我们很有把握获胜。球迷也相信我们。好像家家户户外面都飘扬着圣乔治旗。我们所到之处，街上都有成千上万的球迷。

当我坐在球场里，听着全场高唱《足球回家了》（*Football's Coming Home*）的时候，脖子后面的汗毛都竖了起来。我不确定温布利是否也见证过这样的场面，真是空前绝后。

失利让人心碎，特别是这样的方式。英格兰队很多次输球都是自乱阵脚，但这场比赛只能怪运气不佳。我们的发挥要更好，在伤停补时的最后阶段，加扎接到传中，毫厘之差，这本会成为一个载入史册的金球。点球大战中，我们前5个点球都进了，然后，代替我出场的索斯盖特（Southgate）走上点球点。接下来发生了什么不需我多说，我们被最后的冠军淘汰出局，胜负只在毫厘之间。

整个国家和全体球员被巨大的失望所笼罩。如果能有什么给我安慰，那就是在21岁的年纪参加这次国际大赛的经历非常美妙。我的表现算是相当不错，不管是打右后卫、右中卫还是翼卫（我在4场比赛中打遍了这3个位置），我都如鱼得水。我踢得很开心，因为能感觉到整个温布利都在支持我。坐上球队大巴去比赛的路上，从伯纳姆榉木林酒店到伦敦，一路上都有球迷站在街道两侧，这种经历令人刻骨铭心。

我从老球员身上学到了许多，但给我帮助最大的还是特里。人们经常谈到他在足球方面的学识、足智多谋的头脑，这都没错，但给我印象最深的是他从来不担心身边有非常强势的人，比如唐·豪依和布莱恩·罗布森。他会鼓励每一个人参与讨论，包括球员，但从来不会显得软弱无能、优柔寡断。唐可能会来到更衣室跟他争辩，甚至可能会获得辩论的胜利，但他既能接受别人的意见，也不让自己的权威受损，也许这正展现出了他的自信和经验。

1996年欧洲杯之后足总没能和特里续约，这依然是我职业生涯中最大的遗憾之一。我知道他和国际委员会主席诺尔·怀特（Noel White）在性格上有很大分歧，但只有足总才会做出让顶级教练打包走人这样荒谬的事情。

特里当时正值职业生涯的巅峰，他有过执教顶级俱乐部的经验，在巴塞罗那享受过成功，拓宽了对足球的认识和专业知识，而且对球员的了解非常深入。虽然特里在与足总打交道时有些固执，但放他走真是大错特错。这个决定让英格兰队遭受了多年的损失。

这就是足总的问题所在。太多的官僚，太多的会议，太多人太看重媒体的看法，在他们稍有质疑的时候就开始恐慌。就算特里在工作之外有一些商业行为又如何？就算特里经常邀请我们到他的酒吧“文士”喝上几杯又如何？就算他不愿意向国际委员会卑躬屈膝又如何？真正重要的是，他不仅接手了格拉汉姆·泰勒（Graham Taylor）留下的烂摊子，而且重建了英格兰队的尊严，让英格兰队在30年来第一次距离冠军如此之近。无论是技术还是战术方面，我们都没有理由惧怕任何人。我们拥有优秀的球员，而且多亏了特里和他的教练组，我们也成了一支优秀的球队。

历史无法假设，我不知道如果当时特里·维纳布尔斯继续执教我们会发生什么。一个简单的事实就是，此后我们再也没有如此接近过冠军。

但在当时，作为一个21岁的年轻人，我还不知道这就是我能得到的最好结果了，就像皮尔斯在大巴上预言的那样。他说出这句话是在与西班牙一战之后，当时举国欢腾，球迷们跳进特拉法加广场（Trafalgar Square）的喷泉里手舞足蹈。我以为自己未来的路还很长，以为自己很快就会再回来，争夺另一座大赛奖杯，也许甚至能夺冠。为什么不呢?

第九章

再见，坎通纳

“团结起来，我们一起赢下欧冠。”这听上去是句大话，但说话的不是别人，正是坐在桌子对面的埃里克·坎通纳。

这天全队集体出动，来到位于黑尔（Hale）的公牛头（Bull's Head）酒吧。那是1996年12月，法国人与我和贝克汉姆坐在了一起。年轻球员们一直很敬畏他，尽管埃里克在更衣室里是个安静的人，但这次我们有机会畅谈了一番。一杯酒下肚，埃里克告诉我们，曼联会成为欧洲之王。

考虑到俱乐部的纪录，这是一句宏大的宣言。我们已经赢得联赛冠军，攻克欧洲显然是我们目前所面临的挑战，但这个任务就像珠穆朗玛峰一样高不可攀。距离上次英格兰俱乐部获得欧冠已经过去10多年了，整个国家刚从海瑟尔惨案之后的禁赛中走出来。足坛明星都被吸引到了意大利和西班牙的豪门俱乐部。对曼联来说，上次登顶欧洲之巅还得追溯到乔治·贝斯特时代的1968年，那时候还在流行喇叭裤呢。

前一年我们在联盟杯第一轮就被伏尔加格勒淘汰出局。虽然我们是英格兰冠军，但别人也不怕我们，特别是1996年的秋天，我们在欧冠小组赛一路跌跌撞撞。我们在主场输给了费内巴切，丢掉了俱乐部40年欧洲主场不败的纪录，对欧洲冠军尤文图斯的两回合也均告失利，他们是我交手过的最好的球队之一。

尤文图斯难以置信地出色，高大、强壮，人才济济。光是在球员通道里站在他们身边就让人胆寒。我从来没面对过如此难对付的球队：防线上有费拉拉（Ferrara）和蒙特罗（Montero），中场有德尚（Deschamps）、孔蒂（Conte）和齐达内（Zidane），再加上德尔·皮耶罗（Del Piero）以及与他搭档的两位高大又危险的前锋博克西奇和维埃里。无论从哪个角度来说，他们都是名副其实的优秀球员。我们在都灵输了个0：1，但如果运气不好的话就是0：10。这是我在球场上所经历过的最大打击。跟他们相比我们简直就是小学生，这是男孩对男人的比赛。

整场我们都没有一次像样的机会。曼彻斯特联队打了90分钟，没有一脚射门，没有一丝机会，这是我602场比赛中的唯一一次。德尔·皮耶罗是出类拔萃的，犀利敏锐、难以捉摸、聪明机智。这个世界上有许多好球员，拿球的时候才华过人，但往往对于往哪里移动、如何与队友最好地衔接缺乏真正的理解。对于齐达内或德尔·皮耶罗，以及拥有他们俩的尤文图斯，情况永远不会如此。是这些人将欧冠变成了如此艰难的考验，他们知道如何踢球，也很狡猾。他们能管住自己的脾气，如果有人和他们起了冲突，他们也有像蒙特罗这样的暴脾气提供保护。

这场失利糟得不能再糟了，也许是吉格斯最糟糕的一个夜晚。当主教练在中场休息批评我们时，吉格斯居然顶嘴了。老大绝不会容忍这种行为，他立即做出反应，直接把吉格斯换下了场。

这对于老大来说可不同寻常，他很少在中场做出全盘的调整，把所有后备计划都扔出来。你可能想起穆里尼奥总是早早换人的例子，但老大一般更有耐心，也更信任球员。不过他会明确地告诉你哪里做错了，如果我们让某个球员完全统治了比赛，他会进来环顾一圈说：“那谁谁这场比赛打得很好嘛，不是吗？他踢得简直太开心了。我没在赛前训话当中提到他吗？你们俩，前压10码。你们俩，在中场紧逼他。”他会就事论事，做出必要的批评——“加里，你还没给穿红衣服的传过球”，“斯科尔斯，铲球的时候小心点儿”——但他不愿把整个中场休息的时间都用在抨击球员上，而且也不喜欢把比赛计划全部推翻。但是如果顶嘴的话，他绝对不会容忍，吉格斯那天晚上尝到了滋味，我在以后的日子里也会尝到。

所以吉格斯当了半场的观众，而尤文图斯继续着如鱼得水的表演。

比赛结束走下场时我想：“我们还差得远着呢。”

即使如此，当我们坐在公牛头酒吧时，埃里克还是相信美好的时光即将到来。贝克汉姆和我离开酒吧时兴奋异常——不仅是因为啤酒的作用。对于埃里克来说，他已经没有太多机会可以证明，自己能够像在英格兰足坛傲视群雄一样统治欧洲。我们当时并不知道，但埃里克已经把全部赌注压在了赢得欧冠上面。

我们当中没有人真正了解埃里克，尽管队内对他有一种广泛的、无声的尊重。在训练当中，如果皮球没有按照他所希望的方式传过去，他会看着你，好像准备要给你一拳一样。他的标准非常高，而且是个完美主义者。但因为那是埃里克，你不会感觉自己被贬低了，这只会激励你做得更好。我们极度渴望给他留下好印象。

对他的尊重还包括一点儿畏惧，因为我们都见过他爆发的样子，即使我们都知道他永远不会把火发在我们身上。功夫飞腿，一连串的红牌，在加拉塔萨雷挥舞的拳头，我们发现这样的意外挺有趣的——当然是在事后——因为在其他时候埃里克是如此的温和，甚至称得上是安静。他一点儿都不傲慢，反而很有礼貌，替人考虑。他一直保持着本色，开一辆朴实无华的车，住在萨尔福德一座朴实无华的房子里。他会参加所有的集体活动、圣诞派对、带家属的聚会，但他总是很安静，有点儿像斯科尔斯或安迪·科尔（Andy Cole）——但不是那种不合群的安静，而是让大家觉得很自然，就像那些活泼的人一样自然。

埃里克做事有自己的一套，没人能够干涉，有时甚至连主教练都不行。有一次我们参加在曼彻斯特市政厅举行的庆祝双冠的活动，埃里克没穿西装，而是穿了一件牛仔外套。我们上下打量着他，好奇老大来了之后会作何反应——我们以为他会大发雷霆，因为媒体以及各界的重要人物都来了。但主教练只是摇摇头笑了笑。“呃，伙计们，”他说，“这就是坎通纳啊。”

坎通纳能逃脱这些惩罚，就像加扎在国家队一样，是因为他能把才华和发自内心的团队意识结合在一起。他和那些实力不如他的球员一样刻苦，为取得进步不断努力。在1996—1997赛季，他和我们一样，为获得欧冠冠军而奋斗。

作为一支年轻的球队，我们的一个问题是状态起伏不定。我们在慈善盾的比赛中以4：0大胜拥有新援希勒的纽卡斯尔，但10月却在圣詹姆斯公园输了个0：5。那种时刻真让你想要在球场上挖个地洞钻进去。纽卡斯尔怎么踢怎么有。有一个瞬间，我给大卫·吉诺拉（David Ginola）让出了太大的空当，我本应该上前紧逼他的，但我选错了方向。他内切之后，在离门30码的地方大力远射，直挂上角。能够赢得一码的空间，完成这样的射门，他的技术可见一斑。当一位如此实力的球员变向晃过了你并且射门的时候，你的心都沉了下去，因为你能感觉到他即将创造出华丽的表演。我只能祈祷舒梅切尔能够解救我，但这时就算是彼得也无能为力了。

这是一粒精彩的进球，尽管并不是把我羞辱得最厉害的一次。最厉害的应该是奥科查（Okocha），前一秒钟他还站在我前面，下一秒不知怎的他就从我背后消失了，连球也消失了。也许你能在YouTube上看到那个画面。我到现在都不知道他是怎么做到的。

在纽卡斯尔的失利是可怕的，一周以后，我们又让南安普顿进了6个球，以3：6败北——那是一段黑暗的时刻，而我们必须学会如何应对挫折。每个赛季你都会经历这样的时刻，这时主教练的作用就体现出来了，他会帮我们保持昂扬的斗志，集中我们的注意力，保证我们不会被外界的质疑分心。他相信我们，总有一天我们会站在世界之巅。

我们在欧战也同样起伏不定。我们需要在小组赛收官战客场战胜维也纳快速，才能晋级到淘汰赛阶段。在这时看来，埃里克认为我们要赢得欧冠的说法，还真是有点儿夸口了。

当我们在1/4决赛首回合以4：0击败波尔图后，大家开始有些信心了。我们的反击简直有每小时100英里的速度，撕破了他们的防线之后，由吉格斯和安迪·科尔取得了精彩的进球。我们第一次进入欧冠半决赛，面对多特蒙德，我们毫无畏惧，即便他们是德甲冠军。

在多特蒙德第一回合，我们有3次绝佳机会。巴特射中了门柱，埃里克在15码处的射门偏出，贝克汉姆的一次机会在门线上被挡出。他们的进球仅仅是打在加里·帕里斯特身上折射入网，我们得到的结果不应该只是0：1败北的。不过，即使基恩在德国吃到黄牌，第二回合主场停赛，我们还是有理由全力一搏。由于他的缺席，我们把埃里克放在了安迪·科尔和索尔斯克亚（Solskjaer）的身后，加强进攻。

比赛刚刚开始，他们的第一次进攻就由拉斯·里肯（Lars Ricken）取得领先。现在我们需要进3个球，但我们没有放弃，而且创造出了多得难以置信的机会。最好的一次机会来自埃里克。科尔的传中球被守门员挡出，并在小禁区里落在他脚下，但就在那一刻，尤尔根·科勒挡住了他的射门。两场0：1的失利。

后来证明，这对于埃里克来说是压垮他的最后一根稻草，即使我们卫冕了英超冠军。夺冠之后我们在“大庄园”（Hacienda）酒吧庆祝，这是一家以Happy Mondays①和Stone Roses乐队闻名的夜店，正是符合我口味的音乐。不过由于经常和吉格斯、贝克汉姆和本·索恩利待在一起，我们看起来可能更像Take That。

我们3：3客场打平米德尔斯堡的那个周末，我打进了代表曼联的第一个进球。我很想把这次进球的过程讲得美妙一些，但事实是我向前助攻了一次之后就跑不动了。这时皮球来到了埃里克脚下，他一如往常传出了一个绝妙的直塞给我。我记得球过来的时候我非常专注，而且完成了一脚质量很高的射门。它进了，感觉太棒了——这是我职业生涯中最精彩的进球。不过遗憾的是，在我为曼联和英格兰效力的687场比赛中，我一共也就进了7个球，这可是个差劲的纪录。有时我会想：“上帝啊，难道这就是我这么多年来的全部贡献吗？”

不过，第二天利物浦失利，纽卡斯尔只拿到平局，我们成为冠军。当我们在满是欣喜若狂的曼联球迷的“大庄园”跳舞时，我对大伙儿开

① 与下文中的Stone Roses、Take That乐队皆为当时英国的流行乐男子组合。

玩笑说：“我的进球让我们赢得了冠军！”

我们玩得很尽兴，但埃里克心不在焉，自从我们欧冠出局之后他一直如此。我们很快就发现输给多特蒙德，以及我们输球的方式肯定给埃里克造成了巨大的影响。我们并不是被一支不可超越的球队所击败，只是没有抓住属于自己的机会，失之毫厘。输球的因素有很多，而且更衣室里没人责怪埃里克，也许除了他自己。

但在公牛头酒吧的那次谈话之后我就知道，那个赛季他把心思都放在了欧战上面。在统治了英格兰联赛之后，他希望能带领我们更上一层楼。我们没有达到目标，尽管没人指责他，但30岁的他还是认定自己已经尽了最大的努力。他得到的已经够多了，该是离开的时候了。

赛季结束一周之后，我从图文电视里看到俱乐部将要发布一份重要声明。我以为肯定是我们签下了某个人，但主席马丁・爱德华兹（Martin Edwards）却告诉全世界，埃里克・坎通纳退役了。曼联有史以来最伟大的球员之一，决定在当打之年激流勇退。

这则消息对我们所有人来说都是一枚重磅炸弹。仅仅几天之前，我还跟他一起踢了大卫・巴斯特（David Busst）的告别赛，他走下球队大巴时对我们说：“假期快乐，回头见。”但他离开的方式正是典型的埃里克作风。他留下的传奇丝毫无损，绝不平庸。作为一家英超冠军俱乐部的队长，他在巅峰时选择了结束。他的离开让我们渴望赢得更多，这倒不是一件坏事。

我希望他留下，因为我相信他本来能够成为欧冠冠军队的一员。失败并不是他的责任，而是因为我们是一支年轻青涩、起伏不定的球队，潜力还待挖掘。离开意味着他没能实现攻克欧洲的梦想，但这不会降低他在我眼中的地位。我和他一起征战了两个完整的赛季，都获得了联赛冠军，而且第一个冠军几乎是凭借他一己之力拿下的。

因为他的魅力与胆识，他永远在球迷心目中占有一席之地，这种性格也是他传奇的一部分。人们热爱他，是因为他能做他们所不能，敢说他们所不敢。

人们说金钱和名气影响了足球运动员，歪曲了他们的品性，扭曲了他们的判断。在许多情况下，这可能是对的。但埃里克并非如此。在他和基恩身上，你看到的是什么样，他们就是什么样。不管他们是做球员还是电工，个性都会是一样的火爆。

有些球员，有些人，在恼怒的时候还能倒数10下让自己冷静。而像罗伊和埃里克这样的人，甚至连深呼吸一下都不会。这与金钱或名气无关。他们的激情与生俱来，我喜欢做他们的队友。

埃里克的退役在英格兰足坛造成了巨大的震荡，但俱乐部没有陷入混乱。这也许是弗格森时代最大的优点。你可以是曼联有史以来最伟大的传奇之一，但当你离开之后，俱乐部会继续前进，不会回头。走出这扇门以后，如果有人能提起你，就算你幸运了。从来没有离队派对，除非教练组成员离开。总会有人填补你的空缺，总会有下一座奖杯要去争取。这让每个人都保持着谦逊的态度和求胜的欲望。

随着埃里克的离去，主教练在1997年夏天将经验丰富的泰迪·谢林汉姆带到了老特拉福德。我在英格兰队时就见识到了他在球场上的能力。你真应该听听斯科尔斯对他的赞美。他热爱和泰迪一起踢球，因为他们这种在后脑勺还长着眼睛的球员总是彼此吸引。泰迪离开几年后，斯科尔斯依然在谈论着他——谈论他的意识、在狭小区域拿球的能力，还有他的视野。泰迪没有埃里克那样的光环，但在激发队友发挥最大潜能方面，他同样出色。

泰迪是那年夏天的重要引援，但菲尔和我凭借自己的表现也赢得了续约的奖励。财富只是我职业生涯愉快的意外收获，我一直渴望的是安全感。所以当俱乐部暗示他们会为我们提供一份7年合约时，即使有人不建议如此，我们还是飞快地签下了自己的名字。谈判大概只持续了15分钟。

我爸爸正在欧洲旅游，偶遇了特里·维纳布尔斯，特里也看到了我们续约的报道。在博斯曼法案的时代，球员可以自由转会，还有大笔的签字费，所以特里问我们为什么要签7年这么久。“因为他们没给我们

10年的合同。”我爸爸回答，而且绝无讽刺之意。

失去埃里克对任何球队来说都会是巨大的障碍，而1997—1998赛季的头两个月，我们的新队长基恩也因为膝盖严重受伤而缺阵。那个赛季，伤病让我们的日子很艰难。另一个长期缺阵的球员是丹尼斯·埃尔文，在费耶诺德的欧冠比赛，他被保罗·博斯维尔特（Paul Bosvelt）无耻的铲球放倒。那是一个可怕的夜晚，费耶诺德一直在踢我们，在这种比赛当中，到最后你出于自我保护只能在每次抢断时亮出自己的鞋钉。他们的阿根廷前锋朱利奥·克鲁兹（Julio Cruz）直接把口水吐到了我脸上，还挑衅我说球员通道见。当我走下球场时，却看不见他在哪儿。

一支年轻的球队正在崭露头角。在某些比赛当中我们的平均年龄仅有23岁，有一个阶段，场上除了守门员以外最老的球员是26岁的安迪·科尔。我们已经竭尽全力，但还是没能阻止阿森纳夺走那年的冠军。那支阿森纳也是我在国内见过的最好的对手，比穆里尼奥手下的切尔西和阿森纳的不败之师都要好。

阿尔塞纳·温格（Ars è ne Wenger）在这个赛季前被任命为阿森纳主教练。当时我们对他还不甚了解，但我们见证了一个可怕对手的形成。不管在心理上还是身体上，那支阿森纳老练且强大，不屈不挠。他们没有亨利（Henry）时代那种“你们不能跟我们身体对抗，我们是法国人我们很优雅”的自负态度。

从后场到前场，你很难找出他们的弱点。现代足球是集体运动，但当你能一口气说出他们的首发时，你就会知道他们真的很强：希曼，迪克逊，温特伯恩，亚当斯，基翁，维埃拉（Vieira），佩蒂特（Petit），帕洛尔（Parlour），奥维马斯（Overmars），阿内尔卡（Anelka）和博格坎普（Bergkamp）。如果没有受伤，他们肯定会上场。

我很少碰到过比他们身体更强壮的球队——也许只有尤文图斯。阿森纳有顶级的门将、出色的后防线，能传球、跑动和从不畏惧的后腰搭档，还有勤勤恳恳的右前卫帕洛尔，与另一边上下飞奔的奥维马斯互为补充。

在我经常面对的所有左边锋当中，奥维马斯肯定是最难对付的一个。

吉诺拉也很棘手，不仅是因为他的身材。作为边锋他身材高大，但他从来不会前插到你身后，对于边锋来说这很懒。他希望球直接送到脚下，这样他就能过掉你之后再开始跑。如果他这样做了，如果他前20分钟心情很好，他会把比赛变成你的噩梦。有一次在白鹿巷就是这样，我在半场前就被罚下了。但如果你开始就用几次铲断看死了他，或者像猎犬一样紧盯着他不放，他就会想："我在这儿玩得不开心，我要到中路去，或者看看另一边是什么样。"

奥维马斯和那支阿森纳会死死缠住你。荷兰人风驰电掣的速度会给任何后卫造成麻烦。有着魔力左脚的佩蒂特总会把球挑过你头顶，让奥维马斯去追。要是逼抢太紧，他会利用冲刺摆脱你。如果退防给他空间，他又会利用空间完成动作。

然后还有博格坎普，最伟大的10号之一，他能回撤到锋线之后喂球给阿内尔卡，而后者是一位拥有进球嗅觉、速度快如闪电的杀手。

在4–4–2阵型每个位置的配合方面，你很难再挑选出一支比他们更加平衡的阵容。

穆里尼奥的切尔西也是一支不可阻挡的力量，持续了好些个赛季。我也知道阿森纳2003—2004赛季的那支不败之队能够在纪录簿中占据独一无二的地位，而且看他们踢球也让人迷醉。有了亨利，他们就拥有了一位神秘莫测的前锋，巅峰时期的他几乎是不可战胜的。但对于这支球队，我总会觉得自己有机会能赢。这可不是夸口，而是因为知道你能够和他们对抗，能欺负他们。但对于温格的第一支冠军队，我不会这么说，我们与不败之师两次打平却被1997—1998赛季的阿森纳双杀并不是巧合。他们是我在曼联的日子里所交手过的最好的国内球队。

当他们3月份来到老特拉福德时，我们位于榜首，但当时我在打中卫，年轻的约翰·柯蒂斯（John Curtis）在打右后卫，看到这种安排你就知道我们的伤病问题有多严重了。阿内尔卡挑球过顶，奥维马斯利用速度冲了过去，皮球穿过舒梅切尔腿间射门得分。而在彼得摘角球拉伤了肌腱之后，我们所面临的问题似乎也得到了总结。那天，阿森纳8个赛季以来首次在老特拉福德取得了胜利。

赛季结束时我们距离阿森纳并不远——只有1分，考虑到我们的伤病，这并不算糟糕——但我们最终两手空空时也不能抱怨什么。阿森纳当时真让人印象深刻。

第十章

格伦·霍德尔

这句话从前就有人说过，因为它太对了：格伦·霍德尔拥有毋庸置疑的足球智慧，但如果他拥有同样的人员管理能力就好了。其实你也可以用这个不幸的句式概括我的整个英格兰队生涯："如果……就好了。"

格伦拥有出众的球商，这是事实，到现在依然如此——听听他作为专家的评论就知道了。他能发掘球员，也能阅读比赛，是一位非常优秀的教练。他希望英格兰队用正确的方式踢球，利用头脑，重视控球。

至于战术策略，他能出色地按照自己的想法部署战术，而且特别详尽。也许他对3-5-2阵型有些过于执着了。特里总是很灵活多变，但格伦则希望按照一套阵型打造我们。但公平地说，他知道自己想要什么，也知道为什么要这样。

问题在于，格伦在和球员相处时从没有特里那么轻松自然。特里拥有天然的威信，也许是因为年纪更轻，经验更少，格伦觉得自己需要对球员多加控制。我从全队第一次集结时就感觉到这种变化了。

通常我们会住在白金汉郡（Buckinghamshire）的伯纳姆榉木林酒店，有一次我打算去订一辆车，开去商店买几本杂志。一位足总官员告诉我，新教练不允许这样。之后我想订份三明治到我房间，又一次被禁止了。霍德尔想准确地知道我们去了哪里，吃了什么，具体什么时候睡觉。这真是巨大的改变。这些可能看上去确实很重要，但维纳布尔斯和我们的老大总是相信我们是大人了，会做正确的事。

当格伦开始这份工作时，我并没有任何先入为主的偏见。他曾是一位才华出众的球员——也许不是我真正喜欢的那种类型，但你得承认他的球技，他也经常在训练场上展示一番。我一直有种印象：霍德尔对于我们没有欧洲大陆球员的资质和技术感到失望。如果控球失误或者传球失准，你往往可以听到他不耐烦的指责。有一次他要求贝克汉姆走一遍发任意球的程序，小贝没有完全做对。“我对你要求不过分吧，你这都完不成？”霍德尔说。

为了进入1998年世界杯决赛圈，我们要打一些无聊的客场比赛。我们忍受了前往东欧的劳师远征，与摩尔多瓦、波兰和格鲁吉亚比赛。做客摩尔多瓦是在1996年秋天，对于小贝来说是值得铭记的，不过不是在球场上。那时我和小贝在国家队同住一屋。我们懒洋洋地倚在床上看MTV台①，这是他第一次注意到维多利亚（Victoria）。

辣妹组合出现在了电视屏幕上，《说你会在我身边》（*Say You'll Be There*），我记得应该是这首歌。维多利亚穿着闪亮的紧身连身裤，小贝当时就说：“她是我的真命天女，我要和她约会。”不久后他就办到了。我想大概花了他3个星期吧。

对于贝克汉姆的不达目的誓不罢休，你永远无可指摘。如果想要什么，他就会争取得到。他一直都是这样，专注而坚定，不管是足球，还是他喜欢的姑娘。

我虽然和小贝共处一室，但我们的作息并不一致。我10点上床，他会熬到半夜1点。我早上6点起床，而他要睡到8点。

在他开始和维多利亚约会时，公众对他的关注度开始激增，不过这已经酝酿一段时间了。在面对温布尔登时从中线打入的进球，已经展现了他的明星气质。就在此之前，他和经纪人托尼·斯蒂芬（Tony Stephens）签了约。斯蒂芬只有几个重量级客户，而且为希勒和普拉特谈妥了几笔重要的广告合同。显然，由于小贝的外表和才华，不久他就将出现在广告当中。

这一切合情合理，小贝一直都打算成为明星，这和我迥然不同。同

---

① 全球音乐电视台，也称音乐电视网（Music Television），是一个原本专门播放音乐录影带，尤其是摇滚乐的有线电视网。

样他也一直想去国外踢球，即使在他还是个孩子的时候，而这从来都没有真正吸引过我。我从来不想离开伯雷。

很快小贝就成了阿迪达斯的代言人，不过他的第一双猎鹰战靴还要感谢我。别人给了我一双，而且是最早一批样品。那些能踢出弧线球的科技对我来说有些浪费，所以我把它给了小贝，而且再也没能拿回来。小贝每天都练习他的传球、定位球，让球的旋转达到完美。他全心全意地磨练技艺，那双鞋给了他更大的帮助。

世界杯预选赛期间，我在首发阵容中进进出出，因为霍德尔想试验不同的后防组合。我能应付这种境遇。不过1997年10月最后一场关键的预选赛被弃用时，我还是很失望。当时我们需要在罗马打平，以免落入附加赛的危险境地。主教练选择了索斯盖特，他告诉我想要加强制空能力。

多亏在罗马的均无建树的平局，我们成功了，有些报纸称这场比赛英格兰队的表现是过去20年里最出色的，这只能说明我们值得夸耀的资本是多么少。我们为出线欣喜若狂，但在意大利的比赛并非闲庭信步。我们苦苦战斗，守住了城池——因斯看起来好像刚从战场下来，最后他的头缠上了绷带——但就像几年后贝克汉姆用任意球挽救了英格兰对希腊的预选赛一样，如果我们真的想竞争世界杯的话，这样的表现远远不够。

我从来都不热衷于交换球衣，但有几个球员是我心怀敬畏的，保罗・马尔蒂尼（Paolo Maldini）绝对是其中的一个。埃里克・哈里森以前经常给我们播放他所在的那支伟大的米兰队的录像，他们防守的风格是前压并造成越位。我经常看4频道的《意大利足球》（*Football Italia*）节目，我也喜欢弗兰科・巴雷西（Franco Baresi）。他是个真汉子，充满了侵略性和攻击性，是最合适不过的领袖。他坚不可摧，好像什么都过不掉他。

在罗马的那场比赛是我第一次遇到马尔蒂尼，所以我想：“豁出去了，我要拿到他的球衣。”我卑微而紧张地走向了意大利队在奥林匹克球场的更衣室。我敲了敲门，不知道接下来会发生什么，但马尔蒂尼实在是太有魅力了。他叫我进到更衣室里他坐的地方，一边说了几句祝贺的话，并祝我们世界杯好运，一边在球衣上签了自己的名字给我。他是一位传奇，从这件事也可以看出他是一个好人。

那一刻之前，我的经历一直都是如果输了比赛，那就骂你的对手吧。但从那以后，不管人们如何说我迷恋曼联无视他人，我都不认为自己输球时有失风度。马尔蒂尼向我展现了如何克服失望的情绪。

我想起在欧冠输给波尔图，当时一个叫作何塞·穆里尼奥的无名之辈把我们淘汰出局。我知道那晚对于波尔图来说意义重大，是一项巨大的成就，所以我走进他们的更衣室，向球员和主教练表示了祝贺，并与他们一一握手。我想老大随后也这么做了。

即使是面对利物浦，我们输球的话，我也会和他们握手。不管有多痛苦和后悔，我都一直尽力保持自己的尊严。我不会在每场联赛之后都去寻找对手，但在重大比赛出局之后一定会这么做。这对曼联的球员和主教练来说是常事。人们可能把老大看作无法接受失败的人，但他知道如何祝贺对手。

如果不是被列为世界杯的夺标热门，我们会被看作黑马——事实正是如此。我们的阵容和1996年欧锦赛很相近，还加上了贝克汉姆和斯科尔斯，他们当时是英格兰队中两位最杰出的天才。我们还有迈克尔·欧文（Michael Owen），如惠比特犬一样瘦弱，但也像惠比特犬一样敏捷，是利物浦的锋线新星。但在世界杯日益临近时，某些球员和主教练之间还是有些摩擦。

开赛前，谢林汉姆惹上了小报的麻烦。他去葡萄牙待了几天，有人拍到他一手拿着烟一手搂着漂亮姑娘。这种事不太好看，但无关大局，优秀的教练会私下斥责，但在公众面前维护他。这是我们在曼联的主教练一直做的：处理球员的同时堵住媒体的嘴。但霍德尔让谢林汉姆宣读了一份公开声明。这就像是对全国的正式道歉，实在是小题大做了。

当我们在卡萨布兰卡（Casablanca）和比利时进行最后一场热身赛时，我对主教练并不太满意。说实话我们上半场打得很差，但当他说“加里、菲尔，你们俩下场吧”的时候，我们依然很震惊。我们俩坐在更衣室里，教练组没有一个人对我们说一个字。我不是说我们应该得到些许安慰，但如果能有一句解释的话还是很有用的。可是在那个时候，教练和球员之间缺乏交流。

我们飞回拉芒加（La Manga）做最后的备战。经历了漫长艰苦的几天之后，主教练罕见地允许我们外出。我们觉得自己可以去酒吧彻底放松一下了，但最后却是被关在一个包间里听一位钢琴家演奏辛纳特拉（Sinatra）的老歌。这可不是我们想象中的放松之夜。

大家都想找些乐子，所以当霍德尔一离开，加扎就抓过话筒，拉开嗓门开唱大家最爱的歌曲。马丁·基翁，他比你能想象到的任何派对上的人都有意思，他唱的《丹尼少年》（*Danny Boy*）也肯定是你听过最难听的。我们开始放松，欢笑。加扎给我、斯科尔斯、菲尔和贝克汉姆一人一杯用马天尼酒杯装的粉红鸡尾酒，上面撒着盐粒。从伯雷来的我，唯一撒盐的东西就是薯条。

当时的情形就是如此，只是大家一起轻松轻松，无伤大雅。但好景不长。大约晚上10点的时候，阿兰·希勒打电话给霍德尔，想知道我们能不能去公共酒吧，和酒店里的其他客人一起喝酒。回答是斩钉截铁的“不行”。很快，主教练和教练组成员就过来告诉正在打牌的欧文和里奥·费迪南德（Rio Ferdinand），上床睡觉去。大约1个小时之后，剩下的人也被告知该到上楼的时间了。

这就是我们派对之夜的全部内容，不过小报上写的却是我们在狂欢作乐。那位钢琴家把我们“狂野夜晚”的故事卖给了小报。足总忘了让他签保密条款，这也是那天晚上的写照。

对于我们当中的大多数人来说，拉芒加是进行最后备战的气候宜人之地。但对于不幸的少数人，这是他们得知自己去不了法国的地方。

我们知道这一刻就要来了。那一周临近结束时，阴影逐渐逼近，全队弥漫着紧张的气氛。确实没有什么轻松的办法来告诉一位球员，说他参加不了世界杯，但霍德尔似乎采用了一种极度折磨人的办法，在他房间单独约见每位球员5分钟。会谈超过了约定的时间，门外一度坐了半打球员，大家都紧张得说不出话来，就好像在等待上绞刑架。

我很幸运，是最早和他见面的球员之一。我带着对自己和菲尔的信心一路走了进去。我弟弟不是首发的正选，但霍德尔的助教约翰·戈曼（John Gorman）已经在几天前对他能进入大名单点了头。没什么理由值得怀疑。

“选你没什么可犹豫的，”当我进门时霍德尔说，“你踢得很棒。”但是当他解释我们准备用三后卫加两个翼卫来打世界杯时，我开始为菲尔担心了，以至于没办法将精力集中在教练说的话上。我能感觉到这对于我弟弟会是个坏消息，他会发疯的。

当我离开时，我看到菲尔在外面等待的队列里，站在伊恩·沃克后面。我告诉他我入选了，然后跟他说一会儿见。我不能告诉他我的恐惧，但也许我掩饰得不是很好。

后来菲尔说，他从我眼睛里看得出担心，我对此并不惊讶——我真的惊呆了。我等了一会儿，然后走到菲尔的房间，这时他已经知道这个坏消息了。菲尔坐在他的床上眼含泪水，我不知道该怎么安慰他。

我们拥抱的时候，我听到楼道里有人大喊。我走出门，一名球员说加扎落选了。他完全无法接受，摔碎了霍德尔房间里的台灯。我不会责怪他发脾气，整个过程都太残忍了。

这一事件依旧是我足球生涯中最糟糕的瞬间，毫无疑问。我感觉糟透了，不仅是为菲尔和加扎，还有巴特和迪昂·都柏林（Dion Dublin），他们也被砍了。告诉一名球员他落选国家队总是很难，但这种方式让人感觉尤其痛苦，他们只有不到一个小时的时间收拾行李走人。

我心烦意乱，于是那晚搬到了斯科尔斯的房间。我和菲尔同住，斯科尔斯和巴特同住，所以我搬到了走廊的另一头。我们到凌晨也没有睡，一直在讨论教练的决定，以及处理它们的方式。

如果是我，我会带上菲尔和加扎。霍德尔还弃用了安迪·辛克里夫（Andy Hinchliffe）。但是菲尔也没入选就意味着勒索克斯（Le Saux）没有替补。这是个奇怪的安排，在世界杯期间我们也因此付出了代价。里奥·费迪南德因为他在19岁时所展现出的光明前途入选了，但他从来没打过左翼卫。结果里奥在整个世界杯期间都没上过场，霍德尔在面对阿根廷时选择索斯盖特作为勒索克斯的替补。

至于加扎，我一直都认为他的才华足以为我们改变比赛，即使仅作为替补登场。显然霍德尔认为他带来的麻烦比贡献更大，他觉得加扎会成为一个大问题，特别是在一旦落选首发的时候。

每个人都知道加扎喜欢喝上几杯，而他确实也曾在拉芒加耽于享乐。他组织了派对，或者至少尝试过，直到霍德尔叫停。但即便我在性格方面与加扎完全相反，我也能忍受他的缺点，而且没有对他的行为大惊小怪过。我刚来曼联那几年曾亲眼见证了球员们参加大型的酒精狂欢会，但我不会因此指摘他们，因为我知道他们依然能给出让人满意的表现。这也是我对加扎的看法。他能在任何情况下拿球，即便是在最狭小的空间。英格兰几乎没人具备这样的能力，这个风险值得去担。

巴特也坐上了回家的飞机。和加扎及菲尔一样，他也只有45分钟的时间收拾行囊，然后跳上送他们去机场的汽车。坐在酒店里，我为菲尔难过，不亚于为自己任何一次的难过。不仅仅是因为落选，还有这一切发生的过程：升起的希望，巨大的落差，宣布噩耗的残忍方式。

第二天我问约翰·戈曼，到底怎么回事。“你告诉菲尔他会入选的。”我说。

约翰是一位心直口快、值得尊敬的人，他的表情特别尴尬。“我知道，加里，他以前确实是在大名单里的。我真的很抱歉。格伦改变了主意。”

我为菲尔心碎。

而另一场风波很快就来临了。霍德尔在新闻发布会上说，他将在与突尼斯的揭幕战中雪藏贝克汉姆，因为他专注度不够。又来了。这就是他做事的风格，面对媒体昭告天下，激起一轮狂风骤雨。我想如果霍德尔再多执教五六年的话，会成为一位杰出的英格兰队主教练，但他暴露了自己的经验不足。

我们老大对于贝克汉姆一事的处理暴怒不已，不过那时他和霍德尔的关系也从来没好过。有一次我在英格兰队受了点儿伤，老大想让我马上返回老特拉福德，但格伦想让我留下。为了不让自己夹在中间，我说他们应该谈谈。他们通话的时候我也在那个房间里，即使站在离霍德尔5码远，我也能听到老大在电话那头狂吼："让那孩子现在就回家！"霍德尔的脸变得毫无血色，最后他挂断了电话。"好吧，我会让你走，但下次我可不会这样了，你必须这么告诉他。"

从某种角度来说，我觉得原因并不在我。

小贝不是唯一一个在揭幕战作壁上观的球员。霍德尔挑选了防守能力更强的三后卫：索尔·坎贝尔、托尼·亚当斯和索斯盖特。但当我们输掉了第2场与罗马尼亚的比赛后，他已经没有多少选择了，只能更加冒险。我顶替了索斯盖特，贝克汉姆替换了大卫·巴蒂（David Batty），而替补登场洞穿罗马尼亚大门的欧文替代谢林汉姆担纲前锋。

依靠这支全新的首发阵容，我们在最后一场小组赛以2：0击败了哥伦比亚，贝克汉姆打进了一个任意球。我们晋级到16强，但是没能获得小组第一，让自己之后的路更加难走——这也是日后我的国家队生涯中经常发生的一幕。位居罗马尼亚之后成为小组第二的我们只能面临与阿根廷的生死决战。

我们知道，拥有巴蒂斯图塔（Batistuta）、西蒙尼（Simeone）、奥特加（Ortega）等人的球队肯定不好打，但我却很自信。我们自己也有出众的球员，希勒、坎贝尔和因斯正值当打之年。一切都意味着这将是一场伟大的对决。

我们所面临的第一个挑战是准时到达位于圣埃蒂安的球场。格伦从来不会拿备战的任何一个环节冒险，但我们迟到了，因为太多球员要接受肌肉注射。世界杯之前，格伦已经让我们进行了数月的血检，检查维生素含量、铁含量等等。我们每天都要吃大量的药片，例如各种各样不同颜色的巧克力豆，多到像吃饭一样。我知道其中有帮助增强肌肉的蛋白质——肌肉素，还有抗氧化剂。当世界杯拉开大幕时，一些球员开始接受由格伦最喜欢的医生，一个名叫罗杰尔（Rougier）的法国人的注射。这和我们在曼联所做的截然不同，但我敢肯定都是光明正大的。有些球员报告说他们感觉更有能量了，之后我也决定要抓住一切变得更强的机会。于是许多球员决定在阿根廷一战前接受注射，医生那里排起了长队。

终于，我们匆匆赶到球场，格伦进行了他赛前的例行仪式，走到每个球员面前，和他们握手，碰碰他们的心口，拍拍他们的胸脯。

和注射一样，格伦也有一点儿小迷信，这包括他的信仰治疗家艾琳·德鲁利（Eileen Drewery），她在世界杯之前曾几次造访过我们的训练营。作为一个怀疑论者，我从来没有去找过她。如果我的腿出了问题，我想去见的是医生。我记得当霍德尔想促使斯科尔斯去找艾琳看看他棘手的小腿肌肉时，斯科尔斯置若罔闻，但他对我从来没有提过这种要求。只要别来强制我，我很乐意让霍德尔相信他所喜欢的任何东西。

我们永远都不会知道信仰疗法是否起到了任何积极作用。但与阿根廷一战赛后，一位按摩师告诉我，霍德尔要求所有教练组成员包括理疗师，在比赛过程中绕着场地逆时针行走，给球队营造出正能量。但遗憾的是，在那个史诗般的夜晚，这样做没有给我们带来任何好处。

我们在前45分钟发挥得不错，刚开场没多久双方就凭借巴蒂斯图塔和希勒的点球打成平手。之后迈克尔·欧文从中线的惊世突破帮助我们领先。但身处一场大战的漩涡中，你不会庆祝这个进球有多么精彩，一切要等到之后才进行。我只是有一种强烈的信念，如果我们能一直保持攻势，就能给阿根廷致命的打击。

如果不是两次惨痛的打击，我们本来能够做到的。第一次是在半场结束前被扳成2：2平。老实说，这是一次精彩的任意球配合，萨内蒂

（Zanetti）忽然出现在人墙背后，我不知道他们是否把这招留到关键时刻才使，尽管我们已经很注意细节了，但还是被打了一个措手不及。

下半场刚开始两分钟，我们刚从惊魂中恢复过来，贝克汉姆就因为与西蒙尼的冲突被罚下场了。“哦不，他要被驱逐出场了，”我想，“他会被罚下的。”

没时间细细分析了。你只能震惊一小会儿，然后把球放在地上，卷起袖子继续战斗。比赛进入加时赛，我们打得很不错，当索尔·坎贝尔头球破门时，我以为我们要赢了。还有几个球员也这么以为，他们都冲到球场一边去庆祝了。但主裁判定推人在先，进球无效。当阿根廷趁此机会大举反击的时候，半数球员都不在自己的位置上，我还坚守岗位，对方形成了4打2的局面，还好我把球铲了出去。

在格伦治下，我们从没好好练过点球，很多人认为这是个错误。不过我还是要说，2006年世界杯的那支国家队天天都进行点球训练，但最后点球大战还是输了。点球练习有些帮助，但作用有限。

格伦走过来告诉我们哪5个人先来罚球，并且问我是否愿意第6个罚，我点了点头。他告诉我：“集中注意力，选取一个角度大力抽射就好了。中途不要犹豫。”但事情并没有发展到这一步。当大卫·巴蒂罚丢第5个球的时候我们就出局了，我也没法验证在点球点前面我是否能保持冷静。

比赛结束之后的更衣室是我见过最安静的时刻之一，小贝坐在那里，眼盯着地板。在离开球场的大巴上，我坐在他旁边。当时他并不知道国内正在酝酿着怎样的轩然大波，说实话我也没有意识到。我们只是很遗憾自己出局了，他更沮丧，因为他被罚下了，尽管我不认为那应该是一张红牌。他抬脚踢人确实不对，但那不应该算作暴力动作。我没想到人们会拿一个球员来做替罪羊，而小贝在接下来的几个月中都饱受诋毁。这就是当时英格兰的气氛，我们没有责怪西蒙尼，尽管他像中枪一样地倒地了，我们不去怪那个夸张表演导致贝克汉姆被罚下的人，我们不对他说“站起来，像个男人一样”，反而因为一个愚蠢的错误去怪罪贝克汉姆。

不少因素都对他不利。当时反曼联的情绪高涨，所有的白痴都在唱“如果恨曼联你就站起来”，即使是在我们为英格兰队效力的时候。自从开始为国征战，我们就要在温布利忍受这一切。开赴世界杯驻地之前，我们在那里的最后一场比赛是与沙特的友谊赛，这是我所经历过的最糟糕的一幕。只要是曼联球员，你就会受到诽谤。

世界杯之前，霍德尔让事情变得更复杂，当时他说大卫注意力不集中，现在也成了鞭挞的一部分。这些来自球队之外的辱骂，让贝克汉姆需要人们团结在他身边，但在英格兰队的管理层当中却没有一个人给予他支持。

英格兰队和足总的问题在于，当麻烦出现的时候他们采取的是明哲保身的管理办法：他们会把你丢下船，只顾自己。他们的态度是：“只要不是我，那就没问题”。所以小贝承受了所有的炮轰。对于英格兰队的又一次冲冠失败，所有失望之情都发泄在了他身上，这也太荒唐了。

1998年世界杯我们的阵容实力不俗，而最大的错误是集体造成的——没能以小组头名出线，结果自讨苦吃。当时我们有没有击败强大的巴西、法国或荷兰的实力，还需要打个问号。但是当你可以把一切责任都推给一名球员的时候，谁还关心这种问题呢?

小贝很快就振作起来，展现出了自己的韧性，我知道他肯定会的。他超级顽强，执着，这就是贝克汉姆。“勇气”这个词在体育界被用得太多了，但他回应众多批评者的方式确实是真正的勇气。他是不达目的誓不罢休的人。他为了达到心中的目标付出了巨大的努力，而且不会为世界杯之后的毁谤分心，不管那些话有多么难听。他也知道自己拥有来自曼联主教练和俱乐部每一个人的百分之百的支持。

但霍德尔的处境很不妙，特别是在我们输掉2000年欧洲杯预选赛第1场与瑞典的比赛时，这场比赛我没有上。第2场比赛我回归了，但我们在主场糟糕地0：0战平了保加利亚。

当时人们说霍德尔已经失去了球员的支持。我不同意，但球队的气氛确实不愉快。就像我之前说过的，我想如果拥有在俱乐部和欧冠多执教5年甚至10年的经验，他本来可以成为英格兰队最出色的主教练之一。一切对他来说都来得太快了，我想他也会同意这一点。

球队的战绩每况愈下，但是按照足总的一贯作风，他的下课是因为一篇和足球完全无关的采访。这就是典型的英足总：球队战绩不佳，媒体开始质疑的时候，他们就把这个人踢下船。如果他们真想有所变化，那就应该有勇气在球场上做出改变。但最终，霍德尔关于宗教的争议言论成了他们求之不得的良机。

第十一章

三冠王

曼联的每一位球员、教练和球迷都可以在三冠王赛季找到自己心中的永恒定格；那年有太多难以忘怀的时刻流传在街头巷尾。1998—1999赛季是一段史诗般的征程，我也在其中经历了我参加过的最伟大的比赛——而我说的甚至不是我们在诺坎普奇迹般拿下欧冠的那场。

有太多引人入胜的足球赛被挤进了那10个月的时间，不过如果要我挑选一个足以带进坟墓里的片段，我不会挑选那些发生在球场上的事。不是球场上的事，而是当我们庆祝欧冠胜利的巡游巴士转进丁斯盖特的那一瞬间，数以十万计的人群涌进了市中心。那个时刻，曼彻斯特就是我的天堂。

我清楚地记得人山人海中一个曼联球迷的脸。那个小伙子忘情地尖叫着，脖子上暴起的青筋清晰可见。那是心底最深处的欢悦，那是他人生中最美妙的时刻，他梦想成真的时刻。在那个赛季，我们所有人的梦想都成真了。不仅是他，那些来自索尔福德、特拉福德、米德尔顿和威森肖的伙计们都任眼泪流淌。我相信对老一辈那些经历过1968年的球迷来说，这是圣杯的回归。而对于年轻球迷来说，这是我们终获欧洲之王的无上欢喜。我们长久以来的拼搏和失败收到了回报。现在，我们终于站在了顶点。

我几乎没怎么睡过。漫长的赛季让我筋疲力尽，但是在缓缓地通过人群时，我甚至能感受到后背窜上来的透骨快意。人们或攀住街灯，或从办公室的窗口探望。这是极乐。有种特别的感受在那次巴士巡游中弥漫着，荣耀属于每一个热爱曼联的人。

我不敢臆断，举起这些奖杯，是对杰斯普·布鲁姆奎斯特（Jesper

Blomqvist）或者罗尼·约翰逊（Ronny Johnsen）这样的外国加入的球员更重要，还是对我——一个土生土长的曼联球迷来说意义更重大。毕竟赢得欧冠和三冠王对任何人来说都会是特别的成就。但是就在那天，我格外深刻地意识到了能够为我从小就梦想的俱乐部踢球是一种怎样的幸福。作为球迷，我曾坐在那里见证过曼联所经历过的太多糟糕表现。而现在，作为球员，我成为重回荣耀之巅的一员。我们现在站在这里，可以比肩历史上的任何一支曼联球队。

最美妙的事情在于，这是我们应得的。那个赛季我们经历过太多场令人难以置信的激烈交锋，太多个可能改变一切的瞬间，但这并不是一个侥幸的赛季。这是我们从学童起所下苦功的终极回报，也是主教练耕耘不倦的必然结果；成果来自于这些年来的不断学习、进步和从失败中吸取的教训。这是汗水的结晶。

更特别的一点在于在赛季之初，如果你问任何人这个赛季会不会有历史被改写，他们可能说会——只不过是由阿森纳创造，他们是上一季的英格兰冠军，皇马是此前的欧洲冠军，而我们一无所获。

有一些迹象表明我们变得更强了。我们买来了雅普·斯塔姆（Jaap Stam），来自埃因霍温的怪兽中卫。罗伊·基恩也从一次糟糕的膝盖伤势中恢复。德怀特·约克（Dwight Yorke）在9月从阿斯顿维拉加盟球队，他们都是顶级选手。

不过那个赛季的揭幕战并没能证明这一点，在慈善盾杯中，我们0：3输给了阿森纳，我和球队的表现一样糟糕。奥维马斯摧毁了我。场面激烈得一塌糊涂，而佩蒂特不停地在温布利的宽阔场地上用过顶球找我身后。在上半场我就已经巴不得听到终场哨了。我打量了小贝后跟他说：“我等不及这一切赶紧结束了。”而且我是认真的。雅普对阿内尔卡时也很吃力。我们中的很多人在参加世界杯后体能上都很吃紧，不过阿森纳的球员看上去就没受到什么影响，他们中的一些人甚至一路打到了在巴黎的决赛。我们糟透了。

我们的联赛起步也很拖沓，一上来就是两连平。我实在体力不支了，于是在对西汉姆时半场就被换下。主教练不得已让我去马耳他缓一个礼拜，我在那儿就躺着，什么都没干。赛季才开始几周我就已经需要时间歇息了。

我们在9月又惨败在阿森纳脚下，又一场0：3，尼基·巴特还吃到红牌，主教练在赛后完全狂怒了。没人能否认，在国内，阿森纳才是独孤求败的那个。

到了欧洲赛场我们才逐渐开始展现真正的能耐，在那年的死亡之组中我们遭遇到了拜仁慕尼黑和巴塞罗那。但就算在对阵这些顶级对手时，我们也凭着曼联一贯的血液里的进攻哲学取得了领先。

约克让人感觉他就是为老特拉福德而生的，再加上我们已有的安迪·科尔、泰迪·谢林汉姆和奥莱·冈纳尔·索尔斯克亚，我们在锋线上排出任何组合都有进球保障。我们的进球都是一打一打的，这包括主客场打布隆德比打进的11个球。

最终我们在6场比赛中打进20个球，保持不败，并把强大的巴塞罗那淘汰出局。那支美妙的球队中汇聚了声名显赫的科库（Cocu）、恩里克（Enrique），还有才华横溢的里瓦尔多（Rivaldo）、菲戈（Figo）和安德森（Anderson）。我们和巴萨奉献了两场精彩绝伦的3：3。在老特拉福德简直就是闪电战，除了菲戈，里瓦尔多那天也状态奇佳，我不知道我们是怎么把丢球限制到3个的。

菲戈是个伟大的球员。那时我觉得自己很成熟了，我去过世界杯，我赢过冠军，我以为我基本已经能应付任何挑战了，然后他出现了。他先用左脚把我引到边线附近，当我想要上前断球的时候，他轻巧地一抹就让我摔在原地。他身材高大，但他的脚下一切都显得轻松写意。

第二次和他对决时我想："这次我不会上当了，我不会让他有机会把球落在优势脚上。"但这次他直接加速过了我，并且用左脚传出了一脚绝妙的传中。他可以内切，可以下底，两只脚都能传中，而且他有速度，有身体，平衡感卓绝。吉诺拉和德尔·皮耶罗都是两只脚都能掌握优势的球员，但菲戈是他们中的翘楚。

6场小组赛，进20个球，丢11个球。无论那个赛季发生了什么，至少我们绝不会感到沉闷。我们在联赛中也丢了不少球——一度7场比赛就丢了14个球。我们在圣诞节前一周主场2：3输给了米德尔斯堡——在老特拉福德半场的时候就3球落后——主教练因为要参加一场葬礼而缺席了，埃里克·哈里森那天临时代理了助理教练。除了主教练以外，他大概是我见过的天字第二号狠角色了。半场的时候他对防线吼道："我不得不在中场派3个人来保护你们这群孬种。"这感觉和在青年队时挨训一模一样，不过效果也是立竿见影。我们在那天立志，到赛季结束前我们都不会再输一场球了。

后来我们做得真的很棒。在足总杯第4轮主场对利物浦时，第88分钟我们还0：1落后，即将被淘汰。我们打到过门柱，打到过除了网窝以外的任何东西。然后约克打进了扳平球，紧接着在补时的第73秒，索尔斯克亚完成绝杀。我们在最后时刻拯救了一场看上去已经输定了的比赛——这绝非我们最后一次这么干。

作为一场杯赛对决，有大概8000名利物浦球迷出现在老特拉福德，而且他们一整个下午都在唱歌奚落我。于是我跑到了他们面前尽情庆祝——这也不会是最后一次。

足总杯是三项锦标里分量最小的，但是我们依然动力十足。在打败利物浦后，我们在1/4决赛主场战平切尔西，然后在客场重赛中2：0战胜了他们。这些比赛，尤其是当他们夹杂在极其重要的欧冠赛事之间时，给了我们莫大的鼓舞，让我们觉得自己无法被战胜。

一切都顺风顺水。那个春天，我们开始感觉到，自己正在创造一个难得的机会，一些不同寻常的成就正被催发。一件一件小事累积起来，我们势不可当。

在幕后，基德离开我们去了布莱克本，他是名出色的教练，尤其对我们这些青训出来的孩子们来说情谊深厚，这本可能会带来消极影响。主教练在那段时间不得不更多地参与到日常训练的安排中。我们从来没在赛季中期跑过那么多圈。

在2月初，我们即将迎来和诺丁汉森林的英超比赛，在比赛前夜，我们在宾馆的餐厅看到这家伙走了进来。和其他人一样，我心想：“这谁啊？”我从来没见过他，听都没听过。他是史蒂夫·麦克拉伦（Steve McClaren），第二天他就开始指导我们的赛前热身了。

那天下午我们利落地赢了个8：1，索尔斯克亚在12分钟里打进了4个球。

我确信麦克拉伦不会抢这个功劳，不过他和球队的确是无缝对接。他的确应该庆幸遇到了一批实力超群且对冠军充满渴望的球员，但这并不能掩盖他出众的教练技巧。他组织起了一些很棒的训练课，其中一些可能是我参加过的最棒的——高效优质、紧张有序、极具针对性，而且还很有意思。战术计划当然很重要，但他也很清楚怎么让我们在比赛的间隙调整好心态。我们曾经在小场地踢过一些本土球员对外援的比赛。每场都踢得精彩刺激，激烈无比。那时队内团结紧张的氛围是无可比拟的。

舒梅切尔和基恩不是太对付，基恩和谢林汉姆也没对上眼，科尔和谢林汉姆因为一些旧怨基本不说话。但他们都是男子汉，这一切都不会影响到场上。如果说有影响，那可能就是让我们的训练变得更加针锋相对。我们五六个青训出身的球员很好地把整支球队编织在了一起。当然，一个成功的团队中不一定非得有一些亲密的伙伴——有些还成了反例——但对我们来说那的确是个重要因素。我们几个青训在一起并不是一个派系，但却总是更衣室里的焦点。我们之间的情谊无可撼动。

在约克的处子赛季，他对球队士气上的提升巨大。约克是个新人，他无忧无虑的态度与我们所接受的教育相背离，但是交织在一起效果却不错。我们知道他晚上总会出去喝一杯，经常要喝到凌晨3点。你很难不注意到他，他总是反戴着棒球帽，搞些头顶鸡尾酒杯之类的杂技，有时候干脆跳到吧台后边去“帮”着倒酒。以主教练的关系网，他当然对此有所耳闻。他总是说：“我知道你昨天夜里去哪儿了。”不过只要约克持续进球，主教练在那个赛季基本是睁一只眼闭一只眼。

科尔和约克的“黑风双煞”组合对球迷来说是种享受。科尔总是很安静，很多人把这点理解为自大或者脾气恶劣，不过只要你认识他就会知道他是更衣室里的好人。而现在他也很享受足球。约克帮忙挖掘出了最好的科尔。与此同时，每当谢林汉姆或者索尔斯克亚登场时，他们总是能吹响胜利的号角。

当约克以最快的速度融入曼联，斯塔姆看上去和长城一样坚固，基恩达到了生涯的顶峰，并且有六七个年轻球员同时走向成熟时，我们拥有了一套强大而又平衡的阵容。凭借吉格斯和贝克汉姆在边路的效率和勤奋，我们拥有了世界上最好的两翼，拥有了能够和欧陆豪强一较长短的本钱。我们大胆敢为，怀抱着自信，最好的对手也对我们刮目相看。

也许我们就是一群热血男儿，我们踢的不是最复杂的足球。我们没法假装自己重新发明了足球或者是在战术上完胜对手。大多数时候只是简单的4-4-2（或者4-4-1-1），但我们能打出不可思议的速度和质量。

不过我们也在学习怎么更好地控制比赛，我们做出了一两个战术微调。在欧冠1/4决赛对阵国际米兰时，我们很清楚，罗伯特·巴乔（Robert Baggio）作为一个游曳在肋部的拖后前锋，会不停地寻找空间。德尔·皮耶罗曾是这方面的大师，吉格斯也学会了这一招，漂移如入无人之境。这会让防守的球队面临两难抉择。是中卫出来，边卫内缩还是用一个中场来盯人？一个应对不善，只要你丢掉球权，像巴乔这样的球员一瞬间就能把你解决掉。

每次当我们开始进攻，我都会跑到中场去盯巴乔，而不是我通常拖后守的右后卫位置。这样踢显著地减少了我助攻的频率，比赛中我很少和小贝形成套边配合。不过巴乔在整场比赛中都没怎么碰到球，埃尔文在另一侧也是这么对付尤里·德约卡夫（Youri Djorkaeff）的。我们赢了个2：0，在上半场的闪击战中用传中击溃了他们。在比赛的最后阶段我们遇到了不小的压力，舒梅切尔在面对萨莫拉诺的头球时完成了不可思议的扑救——世界级的球星总是能带来不同。不过我们最终证明了我们能对付顶尖的意大利球队，而且在第3回合我们也会更聪明。

在圣西罗[①]，我们从赛前热身开始就不断地被看台上的球迷扔橘子。从遇到加拉塔萨雷以后我就没再听过这种等级的噪音了。主教练肯定在怀疑我们能不能顶住这样的压力，不过他对此早有准备。他在中场选择了罗尼·约翰逊而不是斯科尔斯，这被证明是神来之笔。约翰逊在场上无处不在，扫荡全场。

主教练特意叮嘱我和埃尔文要勇敢点儿，我们在抢球时要强硬，不然压力很快就会排山倒海般地压向我们。“抢球，抢球。”他在更衣室中一直这么重复，他让我们在这样艰难的环境中得到自信，非常有效。

尼古拉·文托拉（Nicola Ventola）换下了没有完全伤愈的罗纳尔多，并取得了进球，虽然险情不断，我们还是扛过来了，斯科尔斯在最后时刻扳平。我把球吊进了禁区——我不想自吹自擂说那是脚传中——斯科尔斯完成了接下来的工作，然后我们晋级了。

从战术上来说我们更像个团队了，作为个人我也感觉自己状态绝佳。在对国米的那个晚上我收获了对自己能力的完全信任，那就像我找到了我的乌托邦，我什么都不会做错。你感觉自己掌控着一切，一切困难都被抛到脑后，我的传球简直能自己导航到队友脚下。我感觉好极了，为什么不呢？我们在联赛中领先，并且在足总杯和欧冠中都打进了半决赛。

我们隐约感到了自己将要面临的终极挑战，尤其是吉米·瑞安（Jim Ryan），他现在正和麦克拉伦一起担任一队教练，还给我们做了一个倒计时——那是通往伟大的倒计时。“还有12场，孩子们。”他在我们又收获一场胜利后这么说道。然后我们又拿下一场，还有11场，然后是10场。10场比赛后我们就能创造历史，这时挡在我们路上的是强大的尤文图斯。

---

① San Siro，原文如此，但国米主场通常称为梅阿查。

过去两个赛季，我们和他们交手4次输了3次。我们得先克服自己的心理阴影。自从1996年那场基本就是大人踢小孩的比赛后，我们感觉自己正在缩小与对手的差距。因此这次交手大概意味着要么现在超越，要么永远无法超越。尤文图斯依然是支很棒的球队，他们有蒙特罗、佩索托、孔蒂、德尚、戴维斯（Davids）和齐达内。我们也赢得过冠军，也成长为优秀的球员。他们很棒，但我们绝不惧怕。

在主场我们再一次站到了悬崖边上，在上半场0：1落后的局面下我们继续战斗，并最终迎来了进球。吉格斯在最后阶段强有力的射门帮助我们扳平了比分，并延续了我们3个多月来的第21场不败纪录。

在回到阿尔卑球场（Stadio delle Alpi）的两周前，我们在足总杯半决赛对阵阿森纳的时候遇到了点儿小麻烦。当首回合0：0战平后，我们知道自己精神和体力上的储备将会受到极限考验。这时候板凳的深度就是无价之宝了，因为在维拉公园举行的重赛中，谢林汉姆、索尔斯克亚和布鲁姆奎斯特的首发让科尔、约克和吉格斯得到了休息的机会。

对于主教练来说，在重大比赛中把巨星放到板凳上不会是第一次，也不会是最后一次。这就是他的勇气，也是他为什么会如此伟大的原因。事实就是他率先在英格兰掀起了阵容革命，他充满远见地在联赛杯中让青年军练兵。在那时他为此饱受批评，不过现在每支球队都在这么做——因为理由充分。很多人在看到他的首发名单时经常会抱怨他的一些决定是疯狂的，但是主教练总能意识到球队对于球员需求的变化。他会做出改变，这充满勇气。

重赛的水准，一言以蔽之，就是我参加过的最好的比赛。两支伟大的球队都发挥到了各自的极限，在彻底干掉对手前都没有丝毫留手。当然能进入足总杯决赛很重要，但这场比赛的意义更为重大：在我们输给阿森纳这么多次后，我们需要向全世界和自己证明，我们才是更好的球队。

仅仅是想想就足以让我筋疲力尽了，小贝首开纪录，然后博格坎普利用一个折射扳平。在整70分钟的时候，基恩被罚下。然后比赛的最后一分钟阿森纳得到点球，博格坎普得到了杀死我们的机会，他能把我们淘汰出杯赛，毁掉我们三冠王的梦想，然后让阿森纳在赛季的收官阶段再度抢回势头。但舒梅切尔神奇地把点球扑了出来。

然后我们来到加时赛，维埃拉在中场的传球显示了他的疲惫。替补上场，精力充沛的吉格斯随之开始了自己疯狂的长途奔袭，并最终把球打进了球门的顶网。他跨过了英格兰足球历史上最好的防线之一，然后一脚怒射，越过了英格兰国门——这是足总杯历史上最伟大的瞬间，毫无疑问。而且那晚全世界都看到了吉格斯胸口上的艾可斯敏斯特地毯。

那是场神奇的比赛，我职业生涯中最富戏剧性的。随后球迷闯进场地的场景让人仿佛置身于20世纪60年代。我们被球迷淹没，他们中的大部分身上都带着酒气。“我的天哪，你们这些家伙是干吗来的？”我从来没接受过这么多亲吻，可惜全是来自醉汉的。

在挤出球迷们的包围后，我在球员通道的尽头看到李・迪克森（Lee Dixon）和托尼・亚当斯正等在我们更衣室的门前。他们在那里等了10分钟就为了说一句：“踢得真棒，祝你们好运。”这是种大方且高尚的姿态，让我想起了马尔蒂尼。这样的失败充满尊严。

在更衣室内，香槟到处都是，除了我们的喉咙里。基本上人手都发了一瓶，不过考虑到我们接下来足以令人窒息的赛程，最终我们一人只喝了一口。幸运的是，我的经验已经丰富到知道要提早用毛巾把西服遮住，这样我就不用在回程的巴士上一直闻着酒味了。

那些年我们在维拉公园球场经历过不少特殊的比赛，我也对那座球场情有独钟，到了仅次于老特拉福德的程度。那里有历史和传统，而且你可以一直把车开到那面巨大的砖制看台前——一座典型的英格兰足球场。那里永远会在我的记忆中有一席之地。

阿森纳是支很棒的球队，但是我们的前进已经无可阻挡了。每次在我们要输掉比赛的边缘，总会有人——舒梅切尔，贝克汉姆，吉格斯，基恩，约克——站出来把比赛赢下来。主教练在维拉公园球场的胜利后这样总结：“我们从不放弃，唯一能放弃的时候是当你已经不再活着。”

现在我们需要在一周后对尤文图斯的比赛中证明自己的恢复力，这又是一场顶尖球队之间的生死之战。现在每场比赛都像这样，即便是联赛也是如此。阿森纳正在和我们一样拼尽全力，在托尼·亚当斯的带领下，不难想象那些拥有大心脏的超级球员能展现出怎样的战斗力，因此我们不能有哪怕一丝的松懈。

我们的信心爆棚，不过在都灵的比赛开始10分钟后，我们就发现自己已经0：2落后了。我们如此奋力地爬到这里，峰顶触手可及，难道这一切只为原路再滑落回去？

第一个球是我的责任，齐达内一脚传中，我非常确信那球飞不到我把守的远门柱。不过球还真就飞到了这里，菲利普·因扎吉（Filippo Inzaghi）偷袭到点把球打进，进球的时候我正打算用橄榄球的动作抱住他。

随后因扎吉找到机会直面斯塔姆，射门，然后球在斯塔姆的脚上弹了一下，越过了舒梅切尔。在意大利客场两球落后于尤文图斯——99%的可能是完蛋了。不过几分钟后我们就制造了威胁，这让一切都看起来没那么稳当了。小贝转向我，捏紧了拳头然后说：“我们能做到的，你知道的。”

当几分钟后基恩把小贝的角球顶进网窝时，传统的曼联精神灵魂附体。回看录像，基恩在进球后立刻转身跑回了中场。没有庆祝，他只是摆手让大家迅速归位重新开始比赛。我们还有很多的时间，有1个小时。加油！我们能赢下这场球！

我们在半场前能扳平得感谢约克的鱼跃头球——非常精彩的回应，不过这还不足以让主教练感到满意。他在半场时试图挖掘出防守端的全部潜力：“我们踢出了精彩的足球，但是你们最好赶紧理清自己的状况。”他和我们其他人一样激动。

尤文图斯在下半场有过他们自己的机会，但当科尔打进那粒制胜球后，我沿着边线冲过去加入了庆祝。刚刚在上周踢完最伟大的比赛后就完成这样的逆转简直不可思议。我们在战胜了阿森纳之后又打败了尤文图斯，他们经验丰富，有世界冠军齐达内和德尚，有他们的意大利浪子，更别说还有斗牛犬般的戴维斯。

我最喜欢的照片之一就是那场比赛后，我和小贝一起展示着我们队服上的曼联队徽，然后不停地欢呼尖叫。我们终于在一次次恼人的挫折后打到了欧冠决赛。这么一想就让人兴奋莫名——这还不算足总杯决赛和在6场比赛后将会决定的联赛冠军归属。

不过这场比赛也让我们付出了惨重的代价：基恩和斯科尔斯领到的黄牌意味着他们将没法参加在诺坎普举行的决赛。按照记者的说法，基恩在吃到黄牌后展现了悲剧英雄的色彩——这令人想起1990年世界杯加斯科因在同一块场地上的哭泣——不过我不这么看，他只是完成了他的工作，杰出地完成了。感情并没有冲昏他的头脑。

这两个停赛让我们没办法尽情地庆祝，他们可是我们最好的两个球员。这对于他们个人和我们整支球队来说都是巨大的打击。我对他们说我能理解他们的感受，这糟透了，但我还能说什么？只要你参加职业运动，你很快就会学会这些——受伤，骨折，停赛。你得学着适应。

缺少中前卫对我们的主教练来说会是一个巨大的麻烦，不过在此之前我们还得在剩余的6场联赛中敲定冠军的归属。为了进一步考验我们，联赛冠军的角逐最终咬得很紧，悬念迭生。

在4月末我们1：1战平了利兹联——考虑到最近那些艰难的赛程，这不算个太坏的结果，但也已经不足以把我们留在榜首。阿森纳登上了领头羊的位置。剩下的就是终点前的冲刺了。在最后的一周，我们本来占据了主动。阿森纳在周二晚上输给了利兹联，尼尔森·维瓦斯犯下大错，被哈塞尔巴因克（Hasselbaink）抓住了机会。我在家里看电视时激动坏了。“只要明天赢下布莱克本，我们就搞定了。”我这么想。

不过在埃伍德公园（Ewood Park）球场我们只收获了0：0的平局。悬念延续。现在我们必须在收官之战主场击败托特纳姆热刺才能确保冠军。在所有的埋头苦干和所有的热血对决之后，我们依然没能把双手放到任何奖杯之上。

当莱斯·费迪南德的进球让热刺得到1：0的领先时，老特拉福德弥漫着紧张的气氛，这气氛也传染到了我们。诚然我们和三冠王的荣耀已只有一步之遥，但我们依然有可能一无所获。我们在焦虑中等到了贝克汉姆的灵光一闪，他打进了令人难以置信的一粒进球，射门直入死角。任何需要提醒贝克汉姆在曼联是个怎样水准球员的人，只要回放下这个进球就行了。在重压之下他用超凡的技术消弭了刚刚萌生的怀疑。

不过我们还需要一个进球，主教练在半场换上了科尔来寻求机会。下半场开场5分钟后，我用左脚把球一领，然后传出一脚越过了索尔·坎贝尔头顶的过顶球。科尔把球停下来后吊过门将，打入球门。于是我们2：1领先，冠军在望，不过我们还得度过心惊胆战的40分钟。我不停地看格拉汉姆·波尔（Graham Poll）并尖叫着："快吹那该死的哨子。"我从来都不知道时间能走得这么慢。

主教练总是说，在联赛的最后一天，在老特拉福德赢冠军的体验是无可比拟的。庆祝活动很宏大。我们没有搞砸这一切，还从阿森纳手中夺回了桂冠，解脱和绝对喜悦交织在一起，我们终于拿到了三座奖杯中的第一座。

6天后对热刺的足总杯决赛，是整个冲刺阶段最轻松的一场比赛，我们做得好极了。我完全筋疲力尽了，小贝和我踢了最多的比赛，那是我这个赛季为曼联踢的第53场比赛，这还不算英格兰的。主教练一直在问我们需不需要休息，不过他大概早就知道答案了，虽然我其实有点儿担心我的腹股沟。

幸运的是，在温布利对纽卡的比赛一切都很顺利，即便基恩因为踝关节伤势不得不提早离场，顶替他的谢林汉姆几乎一上场就进球了。

那天我的感觉好极了，我觉得我犯不了任何错误。阿兰·希勒一度想偷袭我，不过我切到内线做了个假动作，他吃了晃。现场的球迷爆发出了"Olé！"[①]的欢呼，这对于一个姓内维尔的家伙来说可不是什么

---

① 西班牙语的喝彩声，现在流传在各项体育运动的球迷中。

常事。我到了一种特别的境界，感到一切都很简单、自然。我相信这就是高尔夫球手们常说的“绝对领域”，在那里他们不需要考虑挥棒，只要让球自由地去飞就行了。要是这感觉能持续一辈子该有多好。

在拿到冠军之后，我们在曼彻斯特的一家万豪酒店彻夜狂欢，在我们家人的陪伴下闹到了黎明。不过在足总杯决赛结束的那晚我们没人喝酒——除了基恩和斯科尔斯，他们大概是想灌醉自己。我们得琢磨欧冠的决赛了，第二天我们就坐协和客机飞往了巴塞罗那。像去西班牙这种短途旅程其实用不到超音速客机，不过我们并不是每周都能踢这种档次的比赛。

我们的行李堆得像小山一样，我感觉我们在巴塞罗那待了好几年。我们有的是时间坐下来闲聊，并思考我们究竟参与的是什么。周一晚上，在酒店的天台上，我、菲尔、巴特、小贝、吉格斯和斯科尔斯一起畅聊再次回到这个地方的概率——不仅仅是欧冠决赛，我们是1985年以来第一支打到决赛的英格兰球队，还有诺坎普，还有三冠王。

接下来两天的空气中浸满了紧张和兴奋。我经历过在国内重大比赛前那种绷紧的感觉——就是那种输球就是世界末日的感觉。在巴塞罗那，比赛的意义已经不能更大了，但是我们却达到了前所未有的专注，我们不想输，我们讨厌潜在结果中的一个，但是我们并不为其后果感到惧怕。

不过，主教练肯定有他的担忧。他失去了罗伊——我们最有影响力的球员，再加上我们的进攻之源保罗·斯科尔斯。不过替换的人选不需要选择了。尼基会出现在中路，小贝也需要顶替一下。所以其实要做的决定只是边路，不过从过往来看瑞安（吉格斯）会在一侧，布鲁姆奎斯特会在另一侧。唯一的替换方案是用索尔斯克亚打右路，不过一整个赛季他都没被这么用过。

公平地说这套阵型打得不怎么样，不过我觉得主教练已经很难要求更多了。我们在对拜仁的时候再次展现出了我们的疲惫，我的腹股沟伤势恶化了，现在时刻都能感到它在抗议。作为一支球队，我们已经奋力冲刺了这么久，我们在努力拼凑起之前的优异表现——在缺少两个核心人物的情况下。

在诺坎普（Nou Camp），我在比赛还剩20分钟时抬头看了下所有到场的曼联球迷，比分板上显示0：1，我想："我们不能连欢呼的机会都不给他们，就这么回家。"我们的球迷甚至都唱不出歌了。拜仁踢得游刃有余，他们打中了门柱、横梁。比赛看起来毫无悬念了。

主教练在半场休息的时候对我们讲话：如果我们输了，我们将列队走过奖杯，却不允许碰触。这些话语很能激励人，很多人觉得这改变了比赛。不过，诚实地说，我觉得这些话并没有立竿见影，它的效果是在主教练做出换人决定后才显现的。

我们需要一些火花。当谢林汉姆换下了布鲁姆奎斯特，吉格斯回到他最熟悉的左路，小贝回到右路后，火花出现了。约克回撤补到了中路，转眼之间我们开始像一支真正的队伍一样流动起来。我们提升了一档。

我们绝对不可能用那样的阵型首发，那只会是有勇无谋的自杀行为。不过在比赛最后20分钟里的放手一搏就是另一码事了。转瞬之间我们开始在边路配合，拜仁感受到了压力。然后奥莱换下了科尔，又一个生力军来参与围攻了。

谁都知道结局了，不过我愿意在我这辈子的任何一天重温一下那个时刻。时间刚刚过去90分钟。我知道这个时间，因为那时我刚好回头看到了第四官员站出来，举牌示意将会补时3分钟。那个时候我们在诺坎普球场左侧的远端赢得了一个界外球。

我累极了，我们都经历了严酷的考验，不管是体能上还是精力上，都绷到了极限。我不知道用从哪儿得到的力气，一路从右后卫的位置冲刺到左边锋，来掷这个界外球。

我好几次为这个决定感到困惑："我为什么要这么做？我干吗要跨过全场去掷那个球？"答案很简单，从我在曼联当学童的那天起人们就在教我这么做。不断去拼，不断去尝试，不断去冲刺，到死为止。

在左路的边线我掷出界外球，然后当球被解围出禁区的时候我留在了那个位置。这是我生涯中第一次也是唯一一次客串左边锋，我沿着边路下底传中，踢在了一个后卫身上赢得角球。这就是我对足球史上最著名的逆转的贡献。在那个角球中，大彼得用他的身体和力量在禁区里制造出混乱，解围不远的球落在了吉格斯脚下，他的射门误打误撞飞到泰迪脚下，后者把球打进了。

庆祝的混乱只持续了几秒。我们重新回到比赛，现在我们要赢下它。

又是一次进攻，然后奥莱赢得了一个角球。这个时候我们感觉自己的体力比赛季的第一天还充沛，小贝助跑传出了一道弧线，泰迪前点一垫，奥莱在后点伸出了他的球鞋。我瘫倒在地上。

其他的球员都飞奔向奥莱要把他压在身下，奥莱则是朝向球迷的方向滑跪庆祝，但是我没去。毫不夸张地说我真的已经跑不了那么远了。我只能瘫在中场线附近，躺在地上想："我的天哪，我们做到了。"我的脑子里只有纯粹的、彻底的难以置信，我们刚刚赢下了比赛——而且是用这种方式。

我为自己激动，为我的俱乐部激动，为每一个和曼联有关的人激动。我也真的为奥莱激动。你挑不出一个比他更配得上在欧冠的决赛中打进制胜球的人了。11年来，在更衣室里他就坐在我的旁边，斯科尔斯在另一侧，他是我见过的最纯粹的天才之一。他做的每一件事都是为了球队，很多射手做不到这点——而奥莱是他们当中最棒的一个。他的无私让他配得上那个最荣耀的瞬间。

我真的不是很确定有多少赛后庆祝的画面是我自己记住的，还是说它们是我在一次一次看集锦中记住的。我记得萨穆埃尔・库福尔（Samuel Kuffour）——拜仁的后卫——焦头烂额得好像他刚到家就发现家里被洗劫一空了。我记得大卫・梅（David May）在领奖台上爬到了其他队友的头上。我记得全队在场上列队唱詹姆斯的《坐下》（*Sit Down*）。我们列队让罗伊和斯科尔斯拿着奖杯跑过，我们想让球队的每一个成员和工作人员都参与到这场难以置信的胜利中来。

我记得很清楚我根本没睡觉，在巴塞罗那清晨的第一缕阳光升起时我还在街头漫步。谁会希望这样的一个夜晚结束？早上6点的时候我依然和几个朋友一起在大街上溜达，一点儿都不想回床上睡觉，我不想看到这天结束，也不想让我的兴致有所流失。从没有英格兰球队（在那个时候西班牙和意大利的球队也是）赢得过三冠王，这真是令人难以置信的奇幻之旅，其中遍布着绝境中的逃亡和史诗般的胜利，我觉得没有任何球队能复制这个成就。这是独一无二的壮举，不仅仅是那些奖杯，更在于那些跌宕起伏、荡气回肠的过程。那充满戏剧性的体育盛宴在难以置信的紧张刺激中一直到最后几次触球才揭晓答案。

那个赛季意味着永不放弃，意味着死里逃生。人们总会提到我们的进攻质量，我们进了大概100多个球，但是最终能赢下三冠王靠的是战斗精神。如果我们3：0轻松战胜了拜仁，那这段故事恐怕就连一半的精彩都没有了。

有太多的回忆值得珍藏了：吉格斯在对阿森纳打进的那粒神奇的进球；基恩在都灵挺身而出，只手引领了逆转；欧冠决赛本身，大概是足球历史上铭刻的最伟大的逆转。我们配得上三冠王吗？我们在巴塞罗那并不在最佳的状态，但是在比赛的前89分钟我没浪费一秒钟去担心我们的表现。

我们赢得三冠王依靠的并不是赛程的眷顾——正好相反：对手们是如此棘手，我们必须持续提升自己。在足总杯我们得击败利物浦、切尔西、阿森纳和纽卡斯尔，而不是考文垂或者普利茅斯。在欧冠联赛我们在小组赛就得对阵巴塞罗那和拜仁慕尼黑，然后是罗纳尔多领衔的国际米兰和齐达内领衔的尤文图斯。在联赛我们得一直战斗到最后一天，因为身后拥有亚当斯、基翁、佩蒂特、维埃拉和博格坎普的阿森纳一直紧追，那支阿森纳是我在职业生涯中遇到的最好的国内对手之一。

至于在巴塞罗那的胜利，我想不出任何更好的方式了。那是完美的。那场比赛汇集了曼联这支球队的一切。我们永不言败。

第十二章

宿醉

无法否认曼联并没能在三冠王的基础上更进一步，至少从欧冠的角度是这样的。这真是糟透了——大概是我在曼联生涯中最糟糕的事情之一。我能理解为什么大家普遍认为我们不需要在转会市场上再买些球员。我们是英格兰和欧洲的双料冠军，但是我们曾有机会建立一个王朝，而我们浪费了这个机会。

我们曾和几个显赫的名字联系在一起，比如加百列·巴蒂斯图塔和罗纳尔迪尼奥（Ronaldinho），不过他们都没来，有好几个赛季谁都没来。对俱乐部来说，在性价比不高的顶级球员市场理智消费是件好事。不过任何一支球队都需要足够的竞争来保证球员的新鲜感。罗伊在公众面前说了一些三冠王之后球队松懈的情况，他可能是对的。如果我们能得到一些新鲜血液的补充，那么发生这种事情的几率应该会被降低。我们需要一两个大牌来保证我们在竞争中的领先位置。而我们再次回到欧冠决赛的赛场，已经是9年后的事了。

事实上，历史记录展示了想同时在国内和欧洲取得成功是件多么艰难的事情。在我那个年代，没有一支球队能够成功卫冕欧冠。各大豪门都无法像以前那样连续两三届赢得欧冠了。但这并不意味着我们已经做出了足够的努力来卫冕我们拼死得来的欧冠冠军。

我们门将位置的错漏百出是全队水平下滑的一个显著信号。彼得·舒梅切尔在诺坎普的胜利后带着荣耀离去，随后我们经历了几年的动荡。两个门柱之间的问题整整困扰了我们6年，直到2005年埃德温·范德萨（Edwin van der Sar）加盟后才算解决。

马克·博斯尼奇（Mark Bosnich）是第一个试图接彼得的班的，虽然我和博兹关系不错，但是他和其他人总是摩擦不断。以曼联的标准而言，他在后边的确显得太散漫了。在季前的第一天，他明显比之前胖了不少。主教练直接走向了他。

“博兹，你这体重是在搞什么？”

“老大，我觉得我现在的体重挺合适的啊。”

“我不觉得你的体重合适，给我减掉点儿。”

我不是在说博兹不够刻苦，不过他总是按照自己的想法训练，自己独自一个人训练，而不是和大家一起做拉伸运动和跑圈。他是一个喜欢独处的人，不过在曼联你必须牛到一定程度才有资格这么自我。

我们在积分榜上一骑绝尘，但我们非常怀念彼得——任何一支球队都会，因为他在当时是显而易见的世界最佳门将。他是无可比拟的，而且我们不仅仅怀念他作为门将的技术，还有他足以感染全队的自信。

在曼联这种顶级球队，一个门将最重要的特质就是安全感。我是指一个门将就算站在场上一个小时完全无事可做，也不需要急于证明自己的特质。对于门将来说，如果你焦虑得非得参与到比赛当中，那就太危险了。这会让门将变得急躁、鲁莽。埃德温就算整整90分钟都碰不到球也毫无问题，这是少见的特质。

博兹在如何集中和分配注意力方面有不小的问题。于是法比安·巴特兹（Fabien Barthez）加盟了，他总是急于成为焦点。马西莫·泰比（Massimo Taibi）和里卡多（Ricardo）也是如此，他们急于立功，来表现自己配得上曼联的1号。任何想要赢得冠军的球队都需要一名顶级门将。

门将以外，米凯尔·西尔维斯特（Mikael Silverstre）和昆顿·福琼（Quinton Fortune）是1999年仅有的引援。从短期来看这不是问题，因为在国内我们赢得太轻松了，对手们被打得落花流水。他们精神上就不知道怎么应对我们持续不断的进攻。我们对纽卡斯尔连进了5个，对埃弗顿也是5个，然后对西汉姆联进了7个。这些比赛都很享受，尤其是对于锋线球员而言，但问题是我们没有受到任何挑战。

紧迫感是顶级体育竞争的重中之重，但这种感觉不是你随便按个开关就能有的，你必须达到自己的极限。在三冠王的赛季中，每场比赛我们都必须证明自己。我们在终点线前完全喘不过气来。每场比赛都是我们人生中的最大挑战，然后下一场我们会觉得挑战更大。但是在1999—2000赛季我们赢得太轻松了，2000—2001赛季也是，当你发现自己领先了这么多的时候，很难不产生自满。

如果说这样拿到联赛冠军让人感觉沉闷的话，那么在三冠王后的两个赛季，我们都是如此的沉闷。在1999—2000赛季我们领先阿森纳达18分——这荒谬的分差充分展现了我们的水准拉开了对手多少。那是我踢过的最差的联赛赛季，我自己的状态也因此受到了影响，我依然是俱乐部和英格兰队的首选，但是我个人的噩梦就发生在那个赛季。

诡异的是，三冠王后的那个赛季是我整个职业生涯中最不稳定的时期。那是我第一次在很长一段时间找不到状态。而且这种失魂落魄在2000年欧锦赛达到了顶峰，那是我、我弟弟和我整个家庭对于国际大赛最痛苦的回忆。

赛季之初的几个月我因为腹股沟的问题缺席了。三冠王赛季那些勉强撑下来的比赛最终影响了我的健康。我在欧冠决赛后就被迫立刻接受注射，试过缓解一下病痛，但是在回到球队后问题依然没能解决。我归队的时间被大大延后了，但是我还是为归队感到很开心，而且自己的状态也不错，不过这一切都在随后的巴西之旅中改变了。

那是为了参加世界俱乐部杯，那趟旅程从一开始就命运多舛。首先赛程上就和1月开始的足总杯第3轮撞车，到处都在说曼联选择飞去南美是对英国最古老的赛事缺乏尊重，这让我烦心不已。事实上主教练和整支球队坐在一起，询问我们想不想留一支球队参加足总杯，哪怕是预备队。我们都说：“没问题，就这么办吧。”但最终的决定权被英足总从俱乐部的手中收走了，因为当时他们正在竞标2006年世界杯的主办权，不想得罪国际足联。所以他们强迫我们把重心放在巴西的赛事上。这一切都是政治，和曼联无关。

然后我们沐浴在了里约的艳阳下。那是第一届世界俱乐部杯，所以我们谁也不知道将会发生什么，不过这也不足以成为我们一塌糊涂表现的借口。我们的第1场比赛抽到了墨西哥的内卡哈，小贝在那场比赛被罚下。然后一切都变得很糟糕。在第2场比赛我们1∶3输给了达伽马队，那可能是我在曼联全部生涯中踢过的最差劲的比赛。

我先是在第一个丢球中做出了一个可怕的回传，真的很可怕，直接把球拱手送给了艾德蒙多（Edmundo），后者轻松助攻了罗马里奥的进球。出色的巴西前锋们从来不会放过这种送到嘴边的大礼。没过多久之后我就又送了一个，胸部停球直接停到了罗马里奥的跑动路线上，他可是足球历史上最好的射手之一，可能是我对阵过的最好的。两球，两个低级防守失误，还都是我干的。

我完全失魂落魄了，下场后还看到手机上收到了来自斯科尔斯的揶揄，他正在英格兰因伤休养，在电视上看到了我的拙劣表现，他的短信写着："达伽马大胜利"。

其他的伙计们对我们的提早出局只是耸了耸肩，然后尽情地享受着里约的阳光。我们在接下来的几天闲到可以到处飘，对于巴特和基恩来说这可以理解为字面意义上的飘，因为他们干脆跑到面包山上去体验滑翔了。当这两个疯子从我们的上空飞过并冲我们大喊大叫的时候，我们都不敢相信自己的耳朵。主教练则是坐在游泳池边晒着太阳半梦半醒。

我听到他喃喃自语道："这些白痴怎么会是我队里的成员。"

我笑了出来，不过这也是那些日子里仅有的能让我笑出来的事了。我从来都不是世界上最好的球员，不过我一直觉得自己拿到球后能干净利落地传出去，不停地移动，保证球队的运转。不过现在，我这辈子第一次开始思考："我到底应该做什么？"在一些比赛中我只是单纯地希望哨子赶紧吹响，让比赛彻底结束。过去也会有个别比赛发生这种情况，但绝不会像现在这样连续几周乃至几个月。

我非常清楚地认识到了自己的焦虑。我会站在场上思考："原来这就是过于紧张，这就是愚蠢失误后的自责和代价。"但是我却没有任何策略来应对。我从没经历过这样一段完全失去自信的时间，我连在做最简单的短传时都无法相信自己。

史蒂夫·麦克拉伦认识比尔·贝斯维克（Bill Beswick），一个被请来和曼联球员进行集体或者个人交流的体育心理学家。我决定独自去拜访一下比尔——这是我唯一一次需要找心理专家寻求帮助。

比尔是个很好的人，如果要从他的建议中挑出一条，被我深刻记在心中，并且自那以后就不断告诉后辈的，那就是在你漫长的体育职业生涯中，这样的低谷是无法避免的。你必须时刻准备好，不要被击垮。不过即便我很清楚比尔说的都很有道理，我还是需要很多时间来重新振作。我在离开他房间的时候感觉好多了，但当我再次站到场上时，我依然觉得自己没有自信，表现欠佳。

那段时间我真的无法享受自己的足球，不过那却没带来太多糟糕的后果，因为作为球队，我们当时在英格兰足坛的统治力达到了荒谬的程度。我们在前往巴西前只和联赛榜首差了几分，当我们回来的时候情况基本没变。

我们是英格兰最好的球队，而且遥遥领先，这在心理上支配了我们的所有对手。不过这也意味着在欧洲的失败让我们更加难以接受。我们当时状态正佳，进球不断，联赛中在一波11连胜中打进了37个进球，这时我们在欧冠1/4决赛遇到了皇家马德里。

不知怎么搞的，反正我在伯纳乌的首回合比赛中踢得还算不错。事实上主教练难得单独夸奖了我的表现。我是不是已经走出低谷了？但愿。

可在第2回合的老特拉福德，噩梦全回来了。一个简单到任何业余球员都能轻松截断的长传球莫名其妙地越过我的头顶，然后罗伯特·卡洛斯就能轻松加速开始进攻。我到底怎么了？我甚至连最简单的起跳时机都掌握不了。

球场的气氛从开哨起就像电光石火般激烈，但是皇马击溃了我们，1小时内就3：0领先——先是基恩的乌龙，然后劳尔进了两个。亨宁·伯格（Henning Berg）在边线附近被雷东多（Redondo）的脚后跟狠狠地戏耍。那次过人真的很精彩，不过却出现在我的防区，如果我在状态的话，我应该出现在伯格身后保护他。

我们依靠斯科尔斯和小贝扳回两球，但我们的欧洲桂冠还是付之一炬了，尽管这支皇马确实超群绝伦，并且最终登顶，但这并没带来什么安慰。我们的错误暴露了。我们本需要新鲜的世界级天才来增强球队，并以此确保没人会躺在功劳薄上睡大觉，我们为没有重量级引援付出了代价。

在皇马击败我们的3天后，我们前往南安普顿，3：1击败对手后提前4轮敲定了英超冠军归属，不过我得说我并不享受那段经历。有一张我们在卡灵顿训练基地一起庆祝的照片。我在那当中跳上跳下的，不过那只是演技，我假装自己很兴奋，事实是我的内心完全空落落的。1999年的三冠在一年后变成了一冠，而且我在其中的贡献远远低于我应该做到的。我只能把这一切归结于三冠赛季后的宿醉难消。

在我陷入挣扎的时候，小贝也和主教练起了摩擦。和辣妹在一起是爆炸性的新闻，这也让他的名气突破了天际。

小贝和维多利亚是1999年在都柏林（Dublin）附近结的婚，我为此感到激动，也有点儿恐惧，因为我要做他的伴郎。我真的不觉得我还能比那次更紧张了。我从来没在人群前发表过演讲，尽管这次只是婚礼的嘉宾，但我知道我说的每个字都可能出现在报纸上，一旦搞砸了我就会成为全英头版头条的笑料。

我自己写了那篇祝福讲话，不过我还是在婚礼的前一天找到婚礼的组织者——佩里格林（Peregrine），让他帮我过一遍。我对自己抖的包袱还是挺满意的，不过他好像觉得关于乔治·迈克尔（George Michael）在厕所里的那段有点儿粗鄙过头了。所以为了保险起见，那段被删掉了。他留下了关于辣妹可能会希望拜仁慕尼黑全队出席婚礼的那段。哪个女孩不喜欢有男人能坚持90分钟，结果最后还得服软呢？呃，总之当时挺好笑的。

小贝总喜欢跟人说在婚礼那天早上，他找到我时我正站在一面全身镜前一脸焦虑地拿着一罐除臭剂，假装那是话筒。我没法否认。

婚礼在一个小花园里举行，有大概30个亲戚朋友参加，气氛非常美妙。那也是一个很动人的时刻，很多人都哭了。然后我们坐到一起参加晚宴，那就是我要出场的时候了。我在那一刻临时来了灵感，然后我向维多利亚借了一条围裙。小报曾经抓拍到大卫穿围裙的照片，所以我在登上讲台前也套上了它。至少一个包袱搞定了。

小贝最亲密的伙计都是他从小就熟悉的那些人——我、戴维·加德纳（Dave Gardner）和特里·布莱恩（Terry Byrne），后者曾是英格兰队的按摩师，后来成了他的私人经理。他们都参加了婚礼。然后还有一些著名的流行歌星，这都是维多利亚邀请的。这个场合无疑会成为公众关注的焦点。

随后，在2000年2月，小贝有一天早上给俱乐部打电话说他可能晚点儿才来训练，他说他得照顾生了病的布鲁克林。但是前一天晚上维多利亚在一个派对中被人拍下了照片，因此主教练觉得小贝前晚回他在伦敦的房子了。当小贝最终出现在训练场时，老大直接把他赶了回去。

那个周末对利兹的客场比赛很重要，小贝也随队去了利兹，但他甚至没进入替补名单。他不得已只能坐在看台上——这当然只能给他带来更多的关注，埃兰路球场里的每一个摄像师都拍到了小贝是怎样在他的椅子上坐立不安的。

那场比赛后我们就直接去参加英格兰队的比赛了。我们周三要在温布利打阿根廷，这至少提供了几天的缓冲来冷却事态，我和小贝也有机会聊聊怎么解决这件事。最终我们商定让我来居中调停。

当我们周四回到俱乐部后，我找到史蒂夫·麦克拉伦对他说：

“你看，我和小贝已经交流过了，他想和主教练澄清误会。不过我觉得我们得帮帮他们来找到解决问题的办法。”

于是我们开了个小会——我、史蒂夫、小贝和老大。为了确保事情不会失控，我和小贝在会前坐在一起，在一张A4纸上写下了一系列的保证，一些他以后要遵守的承诺。老大最不爽的事情是通勤，因为小贝总在曼彻斯特和伦敦之间的高速上来回穿梭。所以我写下了小贝不会在比赛日的前3天内去伦敦，如果他去伦敦一定会通知主教练，还有他会控制去伦敦的次数。我太熟悉主教练了，我估计那张纸还在他抽屉里的什么地方。

那个会议进行得很友好，每个人都松了口气。他们两个人后来握了手，并同意把这件事揭过去。主教练可一点儿都不糊涂——小贝对我们来说是一名重要的球员，他是世界上最好的右翼球员之一，而且工作态度无与伦比。对小贝来说，他正为自己梦想中的球队效力，而且每个赛季都有机会夺冠。他们当然会把这件事揭过去。

第十三章

凯文·基冈

这是首球迷歌曲，《如果内维尔能为英格兰效力那我肯定也能》（*If the Nevilles can play for England so can I*）。这首歌在那时很有名。在凯文·基冈担任英格兰主教练的那段最坏的时光里，我其实完全愿意和看台上的那些小丑换个位置。

我为英格兰效力时总是充满自豪，虽然曼联依然是我心中的第一位，但在凯文的支配下，事情一度的确坏到了让我觉得被弃用或者受伤会是种解脱的地步。

这不全是凯文的错。他执教的时期正好赶上我作为球员最挣扎的时候。我自信全无，在俱乐部和英格兰队都踢不好球。不过最根本的原因还是，英格兰主教练这个位置会残忍地暴露任何教练的缺点。他的问题会被媒体无限放大，然后接着就是来自球迷的口诛笔伐。对凯文来说，就像他最终不失体面地坦率承认的一样，他的水平不够。

我们在2000年欧锦赛的预选赛中就见识了他缺乏战略并偶尔做出诡异决定的一面，比方说在对苏格兰的附加赛中用索尔·坎贝尔（Sol Campell）打右后卫。他不断地改变他在防线的安排和人选，有时候还打翼卫阵。最后闹得我们没人知道我们的最强首发和阵型是什么。

在我们已经动身前往位于比利时的基地参加决赛圈的时候，我们依然充满迷茫。我的直觉从一开始就告诉我会出问题。我知道能代表英格兰上场是个荣誉，你不能抱怨。但我们被安排在了斯帕小镇中一间死气沉沉的老旅馆里。我的心情本来就不太好，当我把行李放到房间里时，情绪变得更糟了。“这将会是难熬的几周。”我这么想。而比赛甚至根本还没开始。

我的状态很糟，整支球队也缺少想象力的火花。我觉得凯文的主要战略就是把我们变成一支传统的英格兰队，靠力量和高节奏去踢。但是只有年轻人和体力狂才能做到这点，而我们的特点太单一了。很多球员都像我一样——很稳健却很平凡。我们有因斯和巴蒂在中场，但他们两个都没什么创造力。小贝确实有实力，但是左路却是丹尼斯・怀斯（Denis Wise），让他在菲尔前边简直就是自杀。我们整支球队没有一个左脚球员，根本没人能从左路渗透。

凯文的运气也的确不怎么样。史蒂夫・麦克马纳曼在开打后没多久就受伤了。史蒂芬・杰拉德（Steven Gerrard），虽然那时还小，但已经是巨星的料子了，不过他也受伤了。那个本应该是激动人心的年轻天才——迈克尔・欧文——正和主教练闹得水火不容。我们从他们之间的只言片语中就能看到矛盾。迈克尔从1998年世界杯归来后成为巨星，但他完全无法认同凯文对他比赛方式的解读。本来这是一个就事论事的矛盾，最终却演化成了私人仇恨。凯文想让迈克尔回撤一点儿，多用背身拿球。迈克尔觉得这么踢简直是暴殄天物。

我们有的不光是一脸怨气的迈克尔，还有英格兰历史上最慢的一支球队。两个内维尔、基翁和亚当斯，巴蒂、因斯、怀斯和贝克汉姆，然后欧文和希勒在前边，其中希勒在参加完这次欧锦赛后就直接退役了。我们用这套阵容踢30年也不可能赢得什么。我们根本不够好，差的得有十万八千里。我弟弟因为被罚下而遭受了大部分指责，不过这也只是帮剩下的人逃脱了罪责而已。

和球队场上的糟糕表现遥相呼应，我对场下弥漫的赌博风气也嗤之以鼻。任何事情过头了都会变成坏事，他们花在赌马和扑克上的时间让人难以忍受。这都是一些旧习气，和我在曼联被教导的纪律、专注和备战方式截然不同。就算我们只坐10分钟的大巴前往训练场，也总会有人把扑克拿出来。就算球队输球了，他们还是照赌不误。

总会有球员喜欢赌博，不过这里真的过头了。在曼联，我们也会打扑克，但从来不会下重注。就算我们想赌大钱，主教练也会立刻发现，然后掀翻赌桌。赌博就是更衣室里的癌症。

我印象里只有一次我参与了数额比较大的扑克游戏。我们在曼联的季前赛前往了马来西亚，最后我和约克、基恩、巴特、吉格斯、斯科尔斯和泰迪一起玩牌，一局几百镑。以我的标准而言那就是很大的赌局了，而且那也影响到了我。我在床上不停地想着红桃J、黑桃K，赌博确实会改变一个人。我能理解球员为什么会陷进去，他们有太多的钱和太多无聊的时间要在酒店里打发。不过输掉5万镑，还连续玩10个小时直到凌晨2点对任何人的专注度来说都不会有什么帮助。在2000年欧锦赛期间，我们的球员在赌博上明显缺少节制。

从社交的角度来看这也会造成不和。如果有10个人只待在房间里看赛马或者玩牌，那这个团队就分裂了。在1996年欧锦赛期间，一些老球员也组织了一个小竞猜，不过那是关于足球比赛的。我们坐在一起看比赛。那是很好的社交场合，而且大家学到了东西。不过在比利时的那间旅馆里，有的球员只是把自己锁在房间中，在扑克牌的世界里数以千计地输钱。任何事情做过头了就肯定会变成坏事。公平地说，如果是格伦·霍德尔在，他绝不会允许这一切发生。

当我们在2000年欧锦赛首战中很快就取得了对葡萄牙的2：0领先时，很多人产生了这支球队有望最终登顶的错觉。这已经是那一届我们表现最好的时刻了。下半场他们就压着我们打了。路易斯·菲戈从30码外打进了一脚世界波，直接穿过了托尼的腿，那是扳平球。然后第3个球我的站位有问题，没保护好托尼，这也是我在过去5个月里常常遇到的问题。最终我们能从2：0的比分只输到2：3已经很幸运了。

德国，我们的老冤家，在下一场等着我们，我确信这两支球队的交锋史中绝对不会有比这更糟的比赛了。我们偷到了一场1：0的胜利，不过说实话，我不知道怎么偷的。在赛后的更衣室里球员们高兴极了，凯文提出如果我们能赢下下一场比赛，就能狠狠地回击媒体对我们的批评，让他们都闭嘴。不过后来我们只是得到了更多的批评。

我当时已经开始考虑我们还会在斯帕困多久了。我不想承认这点，不过我知道我们的球队不够好，而且我自己的状态也是我职业生涯中最糟糕的。很明显总会有人最终揭穿这支球队的真相。

作为一个以人为本的教练，凯文在屈尊降贵和球员交流这方面做得相当不错。当他从格伦手中接手球队时，球队的士气的确非常低落，但他很擅长一对一地处理问题。他是个好人，很有热情也对足球充满热爱。但他缺少战略，他的脑子里没有怎么才能踢好足球的概念。如果你能把凯文和格伦各自的优点融合在一起，那你应该会得到一个很棒的英格兰主教练。但是，从不同的侧面，这个职位的需求最终选择把他们两人都淘汰。

在凯文治下，我们什么都没学到。队内有七八个教练，都是很好的人，如彼得·比尔德斯利、德莱克·法扎克利（Derek Fazackerley）、亚瑟·考克斯（Arthur Cox）和莱斯·里德（Les Reed），但是根本没有成型的战术理念被传达到球队。

那一切可以很好地被这一幕所总结：有一天莱斯在给我们上课讲解下一个对手的时候，凯文睡着了。他坐在前排，我们都能看到他的肩膀耷拉着，脑袋一晃一晃的。然后他突然一下子惊醒了，所有人瞬间爆出了笑声。现在回想起来感觉令人难以置信，但当时觉得真的很好笑。

我们在小组赛最后一场对阵罗马尼亚时，只需要一个平局就能确保1/4决赛的席位，但是我们在一片混乱中败北。我们先丢一球，阿兰在点球点上扳平。随后欧文帮我们反超了比分，然后我们又丢了一个。我们被紧张的感觉束缚住了，传球根本没法顺畅起来。我们完全掌控不住比赛。然后维奥雷尔·摩尔多万在第89分钟在边路突然起速，菲尔伸出了脚。那个铲球糟透了，他不应该轻易下脚的。约安·加尼亚打进了点球，我们出局了。

赛后菲尔坐在更衣室里完全崩溃了。我一遍又一遍地告诉他没什么可难过的。“我们差劲透了，菲尔。无论如何我们都会早早回家的。”

我和其他人一样应该被狠批，我踢得糟透了。不过英格兰球迷喜欢找替罪羊，我在看到那个铲球的瞬间就感到了世界的崩塌，这不仅仅是因为对英格兰队的绝望，也同样饱含了对我亲弟弟的维护之情。我见过小贝在1998年世界杯后遭受到的可怕待遇。菲尔肯定无法忍受那种程度的辱骂，不过他的情况也够惨了。当他回到家后，他的门口有一件点着了的球衣，他花园的墙上也被写满了涂鸦。这可能是哪家报纸故意做的，因为我不相信在罗森代尔（Rossendale）会有这么蠢的人。不过不管真相怎样，这都过分了。

我希望是我而不是菲尔做出了那次铲球，不过不管是我们之中的哪一个都能确保对内维尔兄弟的嘲讽会上一个新台阶。我在2000年欧锦赛之后总和菲尔开玩笑说我们会被嘲笑都怪他，不过他有足够的理由说其实是我才是让他在接下来几年还备受嘲弄的元凶。

在俱乐部层面，我一直相信你肯定无法避免敌对情绪——尤其是当你像我那样宣泄情绪时。我从没抱怨过，不管有多噎人。只要我们能在场上赢球，一两首球迷歌曲是伤害不到我和我家人的。

不过英格兰球迷辱骂穿着英格兰队服的球员这种行为就太白痴了。就算球迷不是在针对你，这也让为英格兰队效力这件事本身变成苦差了。作为年轻球员，这真的可能是巨大的伤害。从1998年起那首歌实实在在地流行了几年，很明显菲尔的那脚铲球让我们的声誉雪上加霜。

我本以为凯文在2000年世界杯以后会继续做下去。他很在乎英格兰，也在乎自己的职位，他肯定希望能离开得更光荣点儿，但是我的确看不到事情有改善的可能。

最终，这悲剧的高潮比我想象的还糟糕：我们在世界杯预选赛的第一场比赛中就输给了德国——在主场，在雨中，在老温布利的最后一场比赛，我们又一次糟透了。

德国其实也不怎么样，他们踢得像垃圾一样，只不过我们更垃圾。凯文让加里斯·索斯盖特去踢中场，而因斯就坐在替补席上，这没有任何逻辑可言。

我和其他人一样糟糕，体能上我就完全不对劲，所以当主教练宣布把我换下的时候我感到了解脱。我们需要更快的速度，而基伦·代尔

（Kieron Dyer）至少能带来点儿什么。

不过我们还是没办法找回状态，一切都很痛苦。赛后当凯文走进更衣室时这里一片寂静，我已经洗过澡换好衣服，但其他人只是呆坐着看着地板，然后他开始讲话了。他和往常一样，从比赛开始说起："伙计们，你们已经打出了全部，下半场踢得好多了，我没法抱怨你们的努力。"

然后，稍微暂停了下，他扔下了一颗重磅炸弹。

"无论如何，我已经做到了最好，我到此为止了。"

我们都震惊了。我是在球员通道里看的下半场，所以我能听到球迷们开始急躁，我听到歌声唱着："这都是些垃圾。"然后有的人在凯文下场的时候辱骂他。很明显他处在巨大的压力之下，但我并没预见到他会离开。

亚瑟·考克斯走进来："等等，凯文，你得认真重新考虑一下这事。"

托尼·亚当斯也试着说同样的话。

凯文并没受到影响："不，我已经做出了决定，感谢所有人的努力，你们都很棒，但我已经到极限了。"

在我们意识到以前，官员们就闯进了更衣室——大卫·戴维斯（David Davies）、亚当·克罗希尔（Adam Crozier），还有公关小组。他们都挤成一团，七嘴八舌地说话。又是一场英足总的灾难。

这充满遗憾的一天最终在悲伤的结局中落幕，那是我整个英格兰队队员生涯的谷底。在曼联一切都很棒，我们每年都能拿冠军，踢得很精彩，打进很多进球。但在英格兰我们的阵容不够好，并且不断饮恨。那天唯一让我松口气的事就是，我再也不用在这个早就该报废的老球场上踢球了。

我没预料到凯文会选择离开，不过他处理这件事的方式赢得了我的尊敬。承认自己不够好绝不是一件容易的事，尤其是在当着全国电视直播时。凯文也许是对的：他已经做了他所有能做的，但还是不够。有的是教练在他的位置上会为了钱继续下去，然后等着被开除。凯文则有那个勇气站到公众面前。

凯文已经走了，所以足总必须赶紧指派一个人在几天后带队前往芬兰。然后霍华德·威尔金森（Howard Wilkinson）就来了——这是他第二次当救火教练了。两次我都是在比赛前夜被排除出阵容。霍华德可能觉得我无所谓。并非如此，即便是他的训练方式的确让我一点儿为他踢球的欲望都没有。在1999年对法国的比赛前，他试图让我们训练中场线附近的任意球。他的指示是把两个中锋和两个中卫放到大禁区线上，然后直接大脚往前传。在温布利对阵世界冠军，我们的策略就是开大脚到禁区里把水搅浑，然后碰运气。

我得说在曼联我从来没听说过这种做法。如果你看看过去10年间西班牙、法国、皇马和巴萨的水平，英格兰人在思考方向上的全方位落后早已暴露无遗。而霍华德正是英足总的技术总监。

第十四章

老大的留任

我曾听过这种说法：一旦球员越过白色的边线入场，教练就没有什么能做的了。这就是胡扯。这么说的人没有经历过好的主教练。

不论在比赛中的任何时间，我们头儿对球队都有着巨大的影响。你能在脑子里感受到他。潜意识里——有时还不仅是潜意识——你会想：“天啊，我得在中场休息时面对他。我最好踢得更好点儿，不然他可能会扒了我的皮。”

别误会，你并不是生活在恐惧之中。通常你是专注在比赛上的。但内心深处，你知道，你只是他的提线木偶。他掌握一切。他成就或毁灭你的职业生涯。他决定了这会是一个“干得好，孩子”的周六，还是一个无眠的周末。在赛后，你是能和家人在一起，举着红酒享受一顿中餐，还是沉坐在悲惨的沉默里，这都取决于他。他掌握着你的命运。

边线外无能为力的主教练？你不会从任何曼联球员口中听到这种说法，大家总是看到头儿在边线处大喊个不停。你会在余光中看到他，你会知道他的目光追随着你，你尽量让自己的注意力看起来在其他地方。你会假装没看到他——吉格斯这些年成为这方面的大师——或者跟队友进行完全没必要的交流，骗他以为你很忙。但你知道他不会就这么算了。你知道该来的半场或完赛后总会来，除非你能迅速扭转逆境。这样的想法对你有着巨大的影响。它会让你为任何一个失误悔恨，然后用加倍的努力来弥补。你可以不同意，但我认为主教练最伟大的才能，就是让球员无时无刻都感受到他的存在。

他一直都在。训练场上他从不是负责具体课程的那一个。我在俱乐部这些年，他负责训练的次数一只手就能数过来。严格意义上说，他一直是球队的经理，而非主教练。但他也设法不错过任何一个细节。

他会突然出现，沿着边线走来走去，跟教练组聊聊，或讲讲电话，但永远是警觉的。每个人都知道他是个工作狂，到训练场的时间比牛奶工还早。而在他离开之前，没有任何东西能逃过他的眼睛和耳朵。

他有一种持续的存在感，而在比赛日他就更加活跃。下午1点半开始到2点，是主教练的全队训话。这是属于他的时刻，他一周当中最重要的30分钟。他会告诉我们球员，今天应该怎么踢，对手的长处和弱点。后来我们有了比赛视频可以看，但主教练还是会根据他手写的一张笔记来讲话。纸上大概有五六个要点，一些是针对团队的，一些是针对个人的。他可能会提到对方的一位危险球员，或是需要避免出现的漏洞。他可能会说："注意打对方左后卫的身后，因为他跑不起来。"

他不会喊叫，他只是把信息传达出去，就像战斗前的将军，清晰而自信。每一个词说出来都有理由。这种训话往往是严肃的，尽管有时他也会活跃一下气氛，通常都是无意的。我们一直很期待踢阿斯顿维拉，就为了听他乱念乌戈·埃希奥古（Ugo Ehiogu）的名字。"注意牵制埃胡古，埃奥吉，管他叫什么。"我们总是会在这时笑起来。他从来都念不对。

在赛前的更衣室，他不会说太多，尽管偶尔他也觉得应该激励一下士气。球队的阵容由不同国籍、不同年龄、不同性格的球员组成，有来自巴西的孩子，也有像我一样的本地小伙子，而他想让我们所有人感觉是一个整体，都是球队的一部分。

每个赛季他会有三四次做同样的训话，屡试不爽。"看看这间更衣室，"他会说，"相互看看，为你们共同在这里而骄傲。"他会指向某一个人。"我希望他在我的队里，还有他，还有他。"当他结束训话的时候，你会感觉你后颈的汗毛都在立正，你的皮肤会起鸡皮疙瘩，你的心会砰砰直跳。

有时他可能会针对一个特定的事件，例如切尔西的球场管理员挥拳打向帕特里斯·埃弗拉（Patrice Evra）。"看看帕特里斯，他只有4英尺高（相当于约1.2米），他不怕任何人。他是个斗士。现在，你们其他人呢？”

然后，就在球员出去之前，他会站在更衣室的门口。每一个球员在赛前或半场时都会在他的目光中离开。你走过他的身边，他与每一个球员、每一个工作人员握手。他不必说些什么。他就是老大，可能也是英格兰有史以来最伟大的主教练。你还需要什么更大的动力？

头儿的这种影响力和激情从未有过一秒的黯淡，甚至是当他步向70岁的时候。所以，想到他曾打算在2002年退休，这仍让人感到惊讶。那将会是多大的浪费，想想他会在这之后错过的冠军和奖杯，数数他在那之后将要告别的所有对手。

当我们步入2001—2002赛季的时候，无疑已经在倒数他退休的日子了。他已确认这是他最后一个赛季，尽管此前我们取得了三连冠。在这之前，我们像机器一样碾压对手，但现在，每周都会有新的故事，关于俱乐部的未来，关于谁会接任，主教练未来将扮演什么角色。

我不能准确描绘这种揣测是如何侵蚀了球队。多数讨论都是在俱乐部之外进行的，但这种让人不安的影响却是无可争辩的。主教练的权威并没有衰落——一点儿也没有——但我想，潜意识里，你已经开始浪费精力，去考虑未来会发生些什么。而在追逐冠军奖杯的过程中，你负担不起一分一毫的分心。

在这种“如果主教练离职未来将会怎么样”的恐惧中，史蒂夫·麦克拉伦去了米德尔斯堡，而他的职位在那个赛季并没有被妥善地接替。在球队过渡时期，我们本可以利用一下他对战术的深刻理解。

雅普·斯塔姆被卖了，这和当初“火花”马克·休斯离队一样具有爆炸性，即使在球员中也是这样——尤其是在球员中。我们像所有人一样不解。由于雅普的离开发生在他的自传风波之后，各种阴谋论像漩涡一样扩散。但我一直觉得，自传只是次要原因，甚至可能并不相关。我知道主教练没有被那本书激怒，被骂“忙碌的×××”的我也没有。雅普曾好几次当着我的面这样骂我，而我知道这是一种热情的表现。但当这些话流传在《每日镜报》（*Daily Mirror*）的封面上的时候，就没那么动听了。

雅普非常歉疚，他是个心软的人，就像一只顽皮的大熊。菲尔、巴特和我过去常去挑衅他，弹他的耳朵，拍他的后脑勺，这样他就会来追我们，像父亲追逐淘气的孩子。在这个只字片语会被炮制成爆炸性故事的时代，他并不想用自传去伤害什么人，只是没有全面考虑接下来的连锁反应。正如我向他解释的，当范尼斯特鲁伊在门前的时候，你可以说他“独”，但当这话变成头条的时候，就传达不了这种“独”正是他的一种卓越才华。

关于雅普的离开，人们编造了各种阴谋论，但全部的原因不过是教练对他失去了信心——这是个错误，正如教练此后承认的那样。他觉得雅普的速度已经慢下来，跟不上了。但即便这种看法部分正确，他在我们的后防线上仍有着巨大的存在感。他被错过了。

可以理解的是，当我撞到雅普从主教练办公室出来时，他处于震惊之中。

“我要走了。我今晚飞去罗马跟拉齐奥签约。”

“你的合同还没到期，你可以留下来。”

“不，他想要我走。当我不被需要的时候，没理由再留在这儿。”

这已经很奇怪了，而更加荒诞的是，劳伦特・布兰科（Laurent Blanc）来了，他是一名杰出的球员，但明显已经过了巅峰期，他来填补斯塔姆的位置。在主教练所做出的重大决定中，你能指着说“这个错了的”实在不多。而这是其中一个。

从积极的方面来看，我们做出了几笔重要的签约。比计划中晚一年，路德・范尼斯特鲁伊（Ruud van Nistelrooy）来了。就像和我合作过的任何优秀前锋，他证明了他有多么的出色。

然后胡安・塞巴斯蒂安・贝隆（Juan Sebastian Ver ó n）来了，花了2800万从拉齐奥买来。我和大家一样对贝隆的到来感到兴奋。他在意大利已经取得了成功。当我们努力重新征服欧洲的时候，也许南美的天赋加上我们的英式顽强，会是一个完美的结合。

遗憾的是，想象中的事情并没有发生。我们看见了贝隆在训练中是多么不可思议。他能传能射，有很好的视野和运动天赋，而且还非常勤奋。但事实证明，贝隆是无法融合进边路的。把他放在基恩旁边，就意味着把斯科尔斯推到更前方，作为范尼之后的第二射手。贝隆对要求他背对球门感到不太高兴。我们有一队伟大的球员，但却没能获得成功。

我能理解主教练的意图。在欧战赛场，我们需要更好地掌握比赛，主宰比赛，打出不同的节奏，而不是跟每个队硬拼。欧冠输给皇马和拜仁的经历教会了我们这一点，但现在我们进入了瓶颈。

我们的边路还在，但他们习惯把球传到前场中央，而范尼又不喜欢头球。我们本可以从中路渗透，但斯科尔斯和贝隆又阻挡了彼此的球路。我们需要进步，但改变习惯并不容易。到了12月，我们发现，三连败之后我们排在了联赛第九。主教练可不想以这样的方式说再见。

有流言说俱乐部这次试图把斯文·戈兰·埃里克森（Sven-Göran Eriksson）挖过来——以他给英格兰队带来的迅速的、积极的影响来说，这也说得通。也许另一个主教练，可能是斯文，能来曼联把我们带向更多的胜利。但我很高兴我们不必这样想下去。接替我们的头儿将是某天某人的一项重任——可能会需要这个主教练有何塞·穆里尼奥那样的历史战绩和自信——但我不能想象自己在其他任何教练麾下踢球。最终，头儿在2月份宣布他不会退休的时候，我激动万分。

他把所有球员召集到更衣室，告诉我们这个消息。双方之间都没有强烈的情感表达——这不是更衣室里的处世之道——但我们在内心深处非常开心。我说“所有人”，但约克的脸垮了，因为头儿不再重用他，而他本可能在新任主教练的旗下重新焕发活力。头儿刚跨出更衣室，基恩就高声叫道：“好吧，你惨了，约克。”

主教练决定留任是一个巨大的激励，终结了所有的不确定。但对于一个非常不稳定的联赛征程来说，这时拯救已经太晚了。我们的优势在于范尼的状态。在他的第一个赛季，他用32场比赛的23粒入球弥补了晚来一年的遗憾。他是个真正的得分手，迷恋于在点球点附近游荡，这既是他的强项，偶尔，也会造成很大的困扰。他是我唯一一个差点儿就狠揍一顿的队友。

当我们客场对阵米德尔斯堡的时候，我传了一个直塞球，他在空中一甩手，好像在说："这球我该怎么办？"

我跑上前去。"追上去，你这个懒惰的混蛋。"

我当时想，马克·休斯、安迪·科尔或奥莱·冈纳尔·索尔斯克亚都会追到不能追为止。但路德不是这种人，他想要把精力留在门前。

我把这事都忘了，但赛后当我坐在角落里把球鞋脱下来的时候，他向我冲来，咒骂个不停。"你别在球场上吼我！"

我站起来，试图把他推开。队友们跳了起来，分开了我们。

我们几乎动起手来了，真的，尽管路德及时刹住了车。事态很快弥漫了，但我们第二天还是握手了。

我多多少少懂他的意思。路德在18码禁区里踢球，这是他的优势，而他可能是曼联有史以来最伟大的得分手。从机会球的得分率上来看，他令人难以置信。他能和希勒相媲美，而带着那种他生来就是射手的钢铁意志，他可能还要在希勒之上。他身上有一股傲慢之气。他也许觉得我就是一个成年的英格兰后卫，而他却是范巴斯滕的继承者。接直塞不是他的长处，某种程度来说他是对的。在麦克莱尔和马克·休斯的时代，他们会满场追球，把球控制在前场，回传给后卫。但这一招已经变得太容易被识破了。足球比赛变了，在往好的方向变，变得更加先进了。

尽管有了路德的进球，2001—2002赛季仍然成了自1997—1998赛季以来，我们首次颗粒无收的一年。我们在赛季初始被阿森纳落下了太多，而在欧洲赛场后半阶段被淘汰的经历中，输给勒沃库森可能是最难以原谅的。

我们束手就擒地被一支队伍在半决赛中踢了出去——而我还在第二回合脚部骨折，错过了世界杯决赛阶段。当时我已经感觉到了脚部的疼痛，也确实在对勒沃库森的赛前去扫描了一次。他们告诉我那只是骨挫伤。在比赛过程中，我企图去断球，然后就有什么发生了。瘸着腿跑了几分钟后，我明白，我不得不下场了。一个小时之内我就到了医院的X光室，医生告诉我，第5根跖骨骨折。

“世界杯怎么办？”

“抱歉，没戏。”

伤愈需要8到12周。即使是我这么糟糕的数学水平，也知道赶不上了。这是场灾难，真的，因为我正处于巅峰时期。我从2000年的崩溃中恢复了过来，回到了最好的状态。

我已经下决心改变自己的生活方式。过去我习惯于看报纸，可能看得太过频繁了。我会记下所有的负面文章，我太紧张了。所以在2000年欧洲杯之后，也是我自己在曼联糟糕的一个赛季后，我决定放松下来，把自己从八卦小报中解脱出来。

我还搬了家，从曼彻斯特城外的一幢房子，搬到了市中心丁斯盖特（Deansgate）的一套精致的阁楼公寓。我想要多一点儿社交生活，并不是说加里・内维尔就变成了一个派对动物——还远远不是。我还是会在比赛前夜早早地上床。不过，在周四的晚上，我至少可以出去吃顿饭，喝一杯，而不是晚上9点半就躺在床上，想着对手。我在生活中找到了更多的平衡，在时间上也是。

我有意识地挑战自己成为一个更具有攻击性的右后卫，在进攻和传中方面，都下了苦功。我知道，要想留在曼联，我并没有更多的选择。我必须成为一个全能的后卫，能够做出有渗透力的跑位，而不仅仅是防守。想要提升的决心再次鞭策了自己，而我也确实收效颇丰。

所以，当要错过2002年世界杯时，我非常难过，不仅仅是因为我重新享受到了足球，也因为我们正在斯文・埃里克森手下发挥超常，他从凯文・基冈手上接手国家队后，做出的改善很快见效。一开始我就很喜欢斯文。我对他治下的最后时期有些保留，但开始的那几年，就和其他任何身着英格兰球衣的日子一样愉悦，仿佛被维纳布尔斯时代的英格兰精神与意志附体。我当然从未对英格兰的外籍主教练有过异议。我们都希望能有本土的领袖，但我更希望能有一个好的教练，特别是经历过此前的失望之后。我现在还相信这一点。英格兰人可能更被青睐，但最胜任这份工作的人才应该优先被考虑。

斯文就是一个好的主教练。他接手了一支被打趴的球队，几个月后就在慕尼黑带给我们5：1击败德国的狂喜。他带来的不是什么高深的学问，只不过在队员遴选上做出了合理的决定，维持着简单有效的沟通罢了。他让我们感觉一切都在掌控之中；只要我们保持斗志，一切都会变好。在那个我个人的状态和信心备受折磨的时期，他的冷静和宽松正是我所需要的。

在上任不久的那些日子里，他仿佛被佑护着。即使是我们在世界杯资格赛中艰难追平希腊的时候，那种混乱的表现也在贝克汉姆最后时间的任意球惊喜中被忘记了。当他正打算有所动作时，我正在附近。泰迪·谢林汉姆问他能否上场试试，但一个定位球之后，贝克汉姆就推翻了谢林汉姆的打算。

我转过身来，朝老特拉福德看台上高挂的时钟看去。补时结束了。小贝应该也知道了。这就是伟大的球员和其他人的不同之处：当情况危急、使命在肩的时候，他们能有所作为。

当球飞离他球鞋的那一瞬，我就知道这球能进。这个不可思议的进球，以得分作结。我从没见到他在场上跑动这么长的距离。小贝一直是一个勤奋刻苦的球员，但成为英格兰队队长无疑激发了他的最佳表现。

他热爱系上队长袖标，尽管在2002年4月当小贝错过一场对巴拉圭的友谊赛的时候，我也以为我有机会戴上它。在去球场的路上，斯文让我坐在球队大巴的前排。

“加里，今晚我会让迈克尔·欧文当队长。”

这就是典型的斯文，他总是想像外交官一样八面玲珑。事实上他告诉我，相比迈克尔来说，我更是一个天生的队长。他几乎要向我道歉。那么为什么不让我当队长呢?

我对迈克尔没有什么私人恩怨，但是队里的其他球员，例如里奥、史蒂文·杰拉德、弗兰克·兰帕德（Frank Lampard）和我，明显是队长更有力的竞争者。但迈克尔更有名气，而斯文可能在巨星面前有些软弱。这个决定不至于左右比赛的输赢，但这是个诡异的选择。我接受了这个事实，但我可能更应该强硬地拒绝。斯文身上这种软弱的微小标志也一再重复。

但我不会责怪斯文2002年世界杯输给了巴西队，我在电视直播室里看了那场比赛。丹尼·米尔斯（Danny Mills）得到了右后卫的位置。我从来不是他的狂热球迷，但从他们在那场1/4决赛的表现来看，我不会苛责他或任何一个球员。

的确，他们没能很好地控球，但他们可是在日本烘烤般的天气下对阵着一支顶级球队。他们追着球奔跑，累坏了。我在英格兰队中也曾多次被强力的对手击败，我不能对他们过于挑剔。

第十五章

再会，小贝

当卡洛斯·奎罗斯（Carlos Queiroz）作为主教练的左右手来到球队的时候，他会想要给众人留下点儿印象，整顿一下球队，我认为这在当时是理所当然的。

从2002—2003赛季初开始，卡洛斯会把我和贝克汉姆拉到一边做不同的训练，以尝试不同的踢法。他相当频繁地针对我们，特别是在那赛季联赛杯中输给利物浦之后。由于没能紧贴史蒂文·杰拉德，他对我们两人各发了一场火。第二天当他给我们展示比赛录像的时候，我们知道，他是对的。我们该被责备。

可能卡洛斯觉得，是时候改变了，是时候给右翼注入一些速度。他正尝试带领着队伍朝前走，这也是他被雇来的原因。想要改变的心情是不会错的。

尽管如此，在上赛季把冠军拱手让给阿森纳之后，作为一支队伍，我们还在重新出发的路上。我们敲定了一笔花费3000万英镑的转会，来自利兹联队的里奥·费迪南德，在夏天加盟我们。这一大笔钱花在了一个后卫身上，然而，这又是多么经典的一次转会。

主教练也已经解决了贝隆的问题，办法就是不再以他为中心排兵布阵。塞巴不得不接受他所能得到的位置——无论左边，还是右边，需要的时候就要接替。他没有令我们失望，但这还是象征着一种降格——他不是为了这个而被花费那么多转会费买来的。

把贝隆移出中路意味着斯科尔斯可以退回到他喜欢的更深一点儿的位置，而路德可以与索尔斯克亚或迭戈·弗兰（Diego Forlán）搭档，或是他独自作为队伍的尖刀组成4-5-1阵型，这种阵型对他来说愈发熟悉了。球队在进化——这就是卡洛斯影响力的一个标志。

我们看起来很强大，但无论教练多么强硬地驱使队伍前进，即使在那些最成功的赛季中，总还是会有一场一切都错得可怕的比赛。会有一场如噩梦般的比赛，提醒着你成功来之不易。就像是我们需要惨败一次，来教会我们，球队已承担不起任何一场失败。那个赛季的这样一场比赛，就是在11月的缅因路球场。

这场比赛是老球场的最后一次曼城德比，而那天我代替缺席的罗伊成为队长。多么荣耀。直到我们让比赛成为曼城队的狂欢。确切地说，是我。

1：1平的时候，球已经让我难以处理。我会说，100次的情况里，有99次我已经安全地处理掉了球，但那一次我磨磨蹭蹭地，决定把球回传给巴特兹，认为他能很舒服地拿到球。这是一场灾难。我的传球拖拖拉拉地，被肖恩·戈特（Shaun Goater）断球了。错误发生在任何比赛中都是件糟糕的事；而在曼彻斯特德比中，则是不可原谅的。对于这样的队长表现：主教练在一个小时后把我换了下来。

我们1：3输掉了比赛，当我们进入更衣室的时候，主教练正在发怒。你能看到他环顾四方，准备爆发，只是还没找到一个确定的目标。这时路德肩上挂着一件曼城球衣走了进来。他下场的时候被叫住换了球衣，脑子里根本没想一想。但教练可不是。

“不要把这些球衣给出去。永远不要。这是曼联的球衣，不是你的。你要珍视这些球衣。如果我看到任何人把球衣给出去，这个人就不用在我这儿踢球了。”

输球是糟糕的，混乱地输球更是不可接受，以这样的方式输给利物浦、曼城或阿森纳在教练的眼中更是死罪。这对球迷们来说也很难消化，他们会嘘我们，把在曼城球迷身上受的气撒向我们。

“我应该让他们（球迷）进来，让他们都进来。”教练接着说，“他们能告诉你们对这样的表现有何想法。你们一塌糊涂。”

我不需要球迷来告诉我。我在自己一生中最孤独的夜晚之一开车回了家。我打开前门，直接走向冰箱，坐在那儿，两瓶啤酒下肚。我需要酒精来遗忘。

大脑的一部分正提醒你，过几天还有另一场比赛。你也告诉自己，在职业体育的疯狂过山车上，注定会有不计其数的高峰和低谷，第二天醒来就会好多了。然而，漫漫长夜中，这样一个夜晚无论我看向何处，都找不到一丝安慰。

我在脑海中不断回忆这场比赛，而主教练也没打算让我赶快忘了它。几天后我们就对上了勒沃库森，但我已经沦为了替补。这个处罚非常严厉，我想。我犯了错误，严重的错误，但我之前踢得很好。壮着胆，我决定去找头儿，把这一点说明白。我本应该想得更清楚。他告诉我，他不能接受那样的表现，我必须有所进步。而等我回到正选球员的行列，已经是3场比赛之后的事了。

我在去安菲尔德的客场比赛中回归了——尽管迭戈·弗兰在曼联颇为挣扎，但那场比赛的表现，将会保证他给我们球迷留下持久的影响。在这场关键的胜利中，他进了两个球。接下来，击败利物浦的一周后，我们在老特拉福德主场面对的是上赛季冠军——阿森纳。一半的球员都缺席了比赛，所以菲尔被放在了中场——斯科尔斯旁边。他面对着拦截帕特里克·维埃拉的重任，但这样的安排却使我们发挥出了那个赛季到那时的最高水平。我们完全占据着主动，菲尔棒极了。小斯和塞巴进球了，我们就这样结束了这个下午，知道自己已经回到了争冠的老路上。

路德在那个赛季表现得极为出色。他在联赛中取得了25个进球，其中最精彩的是3月份对阵富勒姆帽子戏法当中的第2个球。他从中圈启动，甩掉了大概5个防守队员。那场胜利把我们带上了联赛第一的宝座，以我们的经验来说，冠军已经近在咫尺。“有什么事儿要发生了。”当我们离场时，贝克汉姆对我说。他指的是冠军归属，但是显然，他在曼联的生涯也可能在走向终点。

那年2月，我们在足总杯中被阿森纳淘汰了，然而比赛的结果并不是大动干戈的原因。在更衣室，主教练认为贝克汉姆要为其中一个失球负责——但小贝不这么认为。他回嘴了，而这往往都容易让事态升级。然后教练就爆发了，场面惊心动魄。

教练转过身去，看见一只球鞋在地板上，盛怒之中，他就像射门一般怒射了这只球鞋。他正对着贝克汉姆，但他不可能是有意把鞋往他脸上踢。我见过训练中的老大，就算他再练1000次，也不可能再踢中一次。但就是那只球鞋飞了起来，恰恰击中了小贝眼睛上方，踢伤了他。他把手贴上额头，摸到了血。于是他也突然站了起来，大叫着，暴怒着。

有一瞬间，老头惊呆了，这不像他。我想，他知道用球鞋踢一个球员，即使是无意的，也有点儿过了。他立刻道歉了："大卫，我不是有意往你脸上踢的。"

小贝不吃这一套。好几个球员不得不站起来把他们分开。

那天晚上我们离开球场，晚上一起出去。小贝明显在怀疑，这是否是他曼联生涯的终结。

如果是其他球员，这件事可能还没有被泄露出去。但是，他是贝克汉姆，这件事迅速占据了报纸的头版。一遍又一遍。他到哪儿都有记者跟着。

小贝继续参加了训练，保持着职业态度。但随着联赛进入后期，比赛变得越来越关键，而他却在这些关键比赛中被拿下了。媒体开始编排他的未来。他们把他和欧洲最大牌的俱乐部联系在了一起，从巴塞罗那到米兰，从米兰到马德里。

一场变故似乎在所难免。老大和小贝不和，而卡洛斯似乎认为，在一起8年的日子之后，我们即将走到尽头。他认为我们两个都不够快，即便小贝耐力惊人。也许我们俩的意图已经变得太容易被识破了。如果要起用路德作为单前锋的话，也许我们的踢法不符合他想要的。不论原因是什么，卡洛斯显然有了怀疑，而他正是主教练最亲密的顾问。

我想所有球员都能看到卡洛斯的优势和劣势。在帮助队伍进化方面，他无疑很有办法，他让球队在欧洲范围内变得越来越先进和有耐性。他让我们踢不同的阵型，摒弃我们传统的4-4-2阵型。他在战术上非常有眼光，但日常的训练却十分枯燥。有时候他会在细节上花费太多时间，例如停下整支球队，只为重新演练一个传球。雷内·穆伦斯丁（Rene Meulensteen）是近些年来曼联一队的教练，他的训练安排就流畅得多，史蒂夫·麦克拉伦也是。卡洛斯与我在曼联遇到的其他教练不同，他会坦白地说，不希望我们一直在踢小队比赛。他似乎不想让我们在周中享受太多乐趣，好像这样我们就会在周六更卖力一些。

当4月份我们痛宰利物浦，而小贝又被放在板凳上的时候，围绕他的转会流言到达了一个高峰。当我们做客阿森纳时，又是这样。当“皇家银河战舰”来到老特拉福德，捍卫他们在1/4决赛第1回合中取得的3：1领先的时候，他还是替补。罗伯特·卡洛斯、路易斯·菲戈、齐内丁·齐达内，特别是劳尔在伯纳乌给我们以重创。而在第2回合，就轮到了罗纳尔多。

尽管我被停赛坐在看台上，但是当伟大的巴西人完成帽子戏法下场的时候，我还是不禁为他起立鼓掌。当我们意识到自己正与20年来最伟大的球员之一同场竞技的时候，这真是一个独一无二的时刻。97场比赛中为巴西队踢进62个球，这是怎样的一种表现？这是怎样的一个天才！即便他屡受伤病困扰，这又是怎样的品质。我记得一场英格兰对阵巴西的比赛，那是在1997年，罗纳尔多和罗马里奥在中线附近开玩笑，突然大笑起来，而那时比赛正在进行中。我不知道他们是不是在搞笑，但如果我有他们那样的天赋，我也能有那样的自信。

罗纳尔多是当晚的明星，但是，不出意料的是，小贝不会被任何人从头条的位置挤下来。他上场后两次得分，此后在联赛中又帮助我们巩固了两场比赛的胜利，而我们正需要这两场胜利来牢牢抓住冠军奖杯。他的曼联生涯能以一个冠军作结，我为他高兴。2002—2003赛季是我们品尝过的最甜蜜的胜利之一，因为和某些人的预测相反，我们重新夺回了冠军奖杯。能夺回冠军总是一种特别棒的感觉，因为整年你都会感觉自己背负着更多需要证明的东西。这是很棒的动力。

我们夺回了奖杯，但对小贝来说，这就是最后了。当我们在最后一场主场比赛中击败查尔顿后，我们绕场向球迷挥手示意，小贝告诉我，不久的将来他将会转会。"他们已经会谈过了。"我们的悄悄话被《比赛日》（*Match of the Day*）节目的唇语者解读了出来。

这是他第一次正式向我表示他可能要离队。关于他的种种说法引起了皇家马德里和巴萨的注意。后者希望他去诺坎普，但他已心属伯纳乌。

尽管以这样的方式离开并非他的本意，但小贝一直有一种出国闯一闯的冲动。虽然这次的时机并不是他自己选择的，但这一场转会或许对俱乐部、对他都好。曼联能从一位出色服役过的球员身上赚得2500万英镑，而他来时没有花俱乐部一分钱；小贝则能够为或许是世界上唯一一个与曼联一样伟大的俱乐部踢球，在那里，他能与齐达内、菲戈、罗伯特·卡洛斯这样伟大的球员同行，成为巨星。

这件事以一场激烈的破裂流传多年，但我知道小贝对主教练有着无比的尊敬，而教练对他也是如此——你能从他们提到彼此时的那些温情的话里确定这一点。对小贝来说，离开曼联是痛苦的，不过在那之后他干得也不赖，先后为皇家马德里和AC米兰踢过球。

我知道我会想念我的兄弟。在这10年最好的年华里，我们住过同一间房，在球队大巴上坐在彼此的身边。对世界上的其他人来说，他可能是大卫·贝克汉姆，是巨星，但对我来说，他依然是那个我14岁时就认识的最好的兄弟。我们共同经历了如此之多。我们每周出现在俱乐部比赛、英格兰队比赛的右边，某种程度来说，在这块区域，我们几乎有着心灵感应。我们从孩提时起就在一起学踢球，能够本能地回应彼此。一旦我看到球传给在中场的斯科尔斯，在皮球离开他脚下之前，我就会迅速前插，确信球很快就会到达贝克汉姆的脚下。对手的边锋这时已经措手不及地被甩下了，而他们的后卫这时却不知道是该来跟我，还是该逼防小贝。这听起来如此之简单，但却还是能年复一年、日复一日地让对手陷入困境。

我们清楚彼此的踢球方式，也学会了如何应对彼此的脾气。我想我们几乎没有红过脸。我们不需要指着鼻子指责对方，因为我们相信，彼此都已经全力以赴。小贝在曼联期间的投入程度是出类拔萃的，他能够不断地奔跑，在体能测试中，几乎没有多少球员比得上他的耐力。我们训练中有一种邪恶的“哔哔耐力跑”测试，是一种让你不断爆发，直到跌倒的跑步练习。小贝和约克是那会儿唯一两个能坚持下来，并打败机器的球员。而我们其他人早已经累瘫在地了。

他在技术上的优秀已经不需要重申了。你可以说说看，在英超转制的20年里，有谁能更精准地把球送到队友头上。他具有这种我称之为很高“球商”的东西。坦白说，我想我们几个：我、小贝、巴特、小斯、菲尔都具有这样的素质。而具有这种球商，能很好地理解比赛，不需要谁告诉他应该怎么移动、如何传球的英格兰球员，并不太多。小贝是最最善于做决策的球员之一。我和他都没能拥有最快的速度，因此，我们从另外一个方面解决了这个问题。

此外，他有一种不可思议的大赛气质。他时时刻刻都想要球。这就是顶级球员所拥有的勇气——采取主动，缓解队友的压力，无论自己怎样被紧盯。他的特殊之处还表现在极强的护球能力上，而不仅仅是他闻名遐迩的传球和定位球。小贝从小就很有抱负，而当他离开曼联，这些抱负也在很好地实现着。他不仅是一个球员，更成了一个具有全球知名度的偶像。这为他带来了许多了不起的机会——从他的足球学校到帮助伦敦赢得2012年奥运会主办权。

他的职业生涯按照自己的想法展开，而回望这闪光的20年，不得不说他并没有让其他事影响到他的足球。想想他的成就，他所有的奖杯和他的115次英格兰队出场纪录。不像许多和娱乐圈牵扯过多的球员，大卫有他真正的资本。他是所有有追求的球员的楷模——才华横溢，凭努力走向成功。

小贝是曼联最伟大的球员之一，但我能理解为什么主教练——特别是我们的主教练，他是如此地习惯于控制他的球员——会被媒体将注意力聚焦在一个球员上激怒。是时候跟我最好的兄弟说再见了。

第十六章

罢赛！

这件事为我挣得了“红内”的昵称，而这个小插曲也似乎和我在场上的成就同样经常被提起。在为里奥进行的罢赛示威中，我总是那个承担责任的人。我永远被视为反叛的领袖。①

“这个国家最令人憎恶的球员”，《太阳报》（*The Sun*）是这样侮辱我的，这次罢赛示威登上了所有报纸的头条，甚至还上了《十点整新闻》（*Ten O'Clock News*）。天知道，如果我们真的坚持罢赛拒绝为英格兰上场，会有怎样的指责。

我应该站出来吗？我是否真的应该拒绝代表自己的国家出场，就因为某人错过了药检？现在我能够说，我比任何人都更清楚内情。

在那次交涉的巅峰时刻，我发誓我已经准备好了拎着包离开英格兰队的旅馆。我知道后果将非常严重。在28岁的高龄，我可能以后再也没有机会代表英格兰出场了。我将被媒体和全国上下的球迷指责。我绝对会变为英格兰最让人憎恨的球员——如果当时还不是的话。但我当时的感觉就有这么强烈。最终一通电话阻止了我。

从一开始我就深信正义在我这一边——我依然深信。我们可以争论一整天继续罢赛的危害，争论这是不是表达我们观点的最佳方式。但我依然相信，强烈地相信，英足总糟糕地处理了里奥的案子，而总有一个

---

① 由于“忘记”接受例行药检，曼联后防里奥·费迪南德被英足总处以8个月的禁赛处罚，为此他将错过2004年的欧锦赛。内维尔带领曼联多名球员在英格兰对土耳其队的预选赛前对足总威胁罢赛。

人要出来坚持这个原则问题。

里奥错过了一次药检，在曼联这不是什么大秘密。我们知道他搞砸了，他理应接受足总的讯问。我以为里奥能继续上场，会被罚款，会被警告，或者停赛。我以为公正自然而然就会出现。我错得多么离谱。

那是2004年欧锦赛英格兰队预选赛小组赛的最后一轮，我父亲正要把我和弟弟送到曼彻斯特机场，我们将飞到伦敦与球队汇合，这时我接到一个电话：里奥因为药检事件没有被召入英格兰队。我的第一反应以为这是开玩笑。“他们怎么能踢掉他？他都还没有接受讯问。”我是带着强烈的错与对的意识被带大的，从一开始我就认为这事搞臭了。

抵达机场之前，我给主教练打了电话。“我们得做点儿什么。里奥被排除在外了，他甚至都还没被控有什么问题。”

教练说，这件事前晚已经讨论过了，俱乐部敦促足总让里奥入选，但没有达成一致。

我给球员工会的首席执行官戈登·泰勒（Gordon Taylor）打电话，对他表达了完全相同的观点。我不会袖手旁观，任里奥被足总晾在一边。

这并不是要帮里奥开脱。他错过药检是错误的，最起码他粗心健忘了。他将为此受到惩罚。我的观点是——这也是我一直再三重申的——足总必须等到听证会之后才能处罚他。对我来说，这显然是审判先于证据了。他理应得到为自己辩解的机会。

我想英足总总干事马克·帕里奥斯（Mark Palios）对这些道理没什么兴趣。他履职时间还不长，就已经定下了整顿这项运动的计划。我想这事正是他的机会，来证明自己是个强硬的人。他不肯退让。

在曼彻斯特机场，小斯和巴特对里奥的缺席也有同样的感受。他们认为这是个耻辱。作为曼联球员，我们被灌输要互相支持，因此这也是我们决定要做的。

但这不仅仅是为了维护我们自己。那时，里奥跟我的私交还不是特别好。英格兰队有许多人——大卫·詹姆斯、基隆·代尔、弗兰克·兰帕德——都跟他更要好。我认为我会为任何一个陷入麻烦的球员做同样的事，无论他们是为阿森纳、利物浦，还是切尔西踢球。

我们来到思博温酒店（Sopwell House，英格兰队驻地），坚持要求我们这4个曼联球员与帕里奥斯会面。这是我第一次真正和他对话。

“你当过球员，”我对他说，“你在更衣室待过，你知道是怎么回事。你知道有些家伙有时候会做傻事，会稍微有点儿出格。你会怎样，将他们五马分尸吗？还是你会想他们应该受纪律处分？”

“我得做正确、妥当的事。”他坚持说，但这种做法并不是法律规定的，这只是他的观点。除了足总，似乎没人认为里奥应该被禁赛。斯文不这么认为，欧足联不这么认为，我们的对手土耳其人也不这么认为。他们都站出来，说不反对他继续上场。做出决策的是英足总。在我看来，这只关乎一个人的形象。做这样的决定，似乎因为是帕里奥斯需要看起来强硬。

“你又当法官，又当陪审员，”我对帕里奥斯说，“你刚刚来到这儿，就想大出风头，新官上任三把火。”

这触到了他的痛处，他反击了。就是那个时候，在那里，我意识到，他不具有那样的胸怀来承担运作英足总这样的重任。

足总在他的前任亚当·克罗希尔手下时，有一种感觉是，一切都有点儿漫不经心，特别是在花钱上。帕里奥斯是被请来量入为出的。他可能已经是一个顶级的财务专家，但这也正是他应该专注的——往计算器上摁数字。而作为英足总的总干事，这关乎管理人的能力、处理危机的能力——这意味着成为英国最大的体育组织的领头人。在我看来，他似乎力不从心。

“我们会找其他的球员谈谈，但我们希望里奥能归队，”我说，“全乱了。”然后我离开去找了小贝——英格兰队队长。

小贝在旅馆召集全队开会。斯文第一个到场。他表示了同情，并说支持我们的行动，但他不愿把自己公开放在足总的对立面，这令人失望。我能理解为什么他感到自己处在尴尬的境地中，但如果亚历克斯·弗格森是管事儿的，我想里奥就能上场了。斯文永远是个外交官，他不愿直面冲突。

所以就得靠球员了。会上大部分是我在说话："听着，下一个可能就是你。"我说，"这不仅仅是关于错过药检这件事，这可能在任何情况下发生。如果我们觉得里奥受到了不公平的待遇——我就这么认为，我们就得去捍卫他。"

我们的会正开到兴头上，帕里奥斯又召集了另一个会议，与会的有球员委员会的詹姆斯、迈克尔·欧文、索尔·坎贝尔和小贝——以及来自曼联的球员们。

帕里奥斯喋喋不休地说着"我们从没把这事泄露出去"和"我们从没侵犯里奥的保密权"。于是我也不断反驳："你根本就没闹明白。当你把他踢出英格兰队的时候，你还觉得你保密做得很好？你还不如在《10点新闻》（*News at Ten*）上直接宣布好了。"

帕里奥斯明确表示我们的协商不会取得任何进展，于是，我们决定在周二晚上举办一个无记名投票，来决定是否应该罢赛。这么做是否聪明？我从不认为任何人会觉得："是啊，这可太英明了。"但是，重来一次的话我是否会做同样的事？我想是的，而在那个时候我无疑也找不到其他的办法。我们得让足总知道，我们是认真的。我们也必须知道，是不是队里的其他人，也和我们曼联球员一样对此事抱有明确的态度。

我们聚集在一个房间里，把一张A4纸撕成足够多份，当作选票。"Yes"意味着罢赛，"No"就是接受里奥的禁赛。所有的纸条装在一个桶里，没人知道其他人的选择。

队里一共23个人，一个"No"也没有。一致通过。小贝和我站在前面说："好，每一个人都同意只要里奥不归队，我们就不踢比赛？"没有一丝异议。

到了周三上午，我们投票的事已经出现在了报纸上，事情传开了。我们在报纸头版和听众来电中被打上了耻辱的印记，我感到一些球员动摇了。现在罢赛的全部后果很清晰了。英足总称我们可能在2004年欧锦赛上全部被禁赛，这显然会让一些球员骂娘。而媒体当然不可能会为一群百万富翁威胁要继续罢赛而摇旗呐喊。我能感到一部分球员犹豫了。

他们有自己的理由，但我不想屈服，我愿意为此押上自己的名誉。形势像脱轨的列车一样难以阻挡。我不知道事情将如何收尾，但我觉得我已经走得太远，无法收手了。在我看来，我想不到任何其他可行的办法。除非足总退让，否则我就将走出英格兰队营地，即便这样的后果是极其严重的。

所有的会开完之后，我的大脑疲惫不堪，压力快让我喘不过气来了。但我想得越多，越觉得只有这一条路——离开。从英格兰队退役的念头在我脑中萦绕。我给父亲打了预防针："我想我得离开了。这样是不对的。"他知道我有多固执，他知道我是认真的。在英格兰队下榻的旅馆里，我在自己房间私下也对小斯、巴特和菲尔说了同样的话。我已经准备好要离开。

如果不是一个电话，一个来自我家庭之外、对我的一生有最大影响的人的电话，我会就这样走了。没有弗格森的话，事情就会走向完全不同的方向。

当我正为这个极为重要的决定坐立不安的时候，他的电话来了。当时我正和几个球员在一起。"上楼到你房间来，我们得谈谈。"他说。

我一进房间，他就开门见山。

"听着，你如此刻苦地训练，如此努力地踢球，你不能一走了之。你已经表明了自己的态度，你已经做了自己能做的事，现在是时候放下这些，专心踢自己的球了。"

"老大，这是不对的。"

"我知道，但你不能让它毁了你的职业生涯。"

"但我已经走得太远了。我无法退让。"

"你得冷静下来，想想你的英格兰队生涯可能瞬间结束。作为一个球员，作为一个人，这会对你有什么影响？这会不会影响到曼联？我不能让你这么做。”

当头儿提到这些对俱乐部、对英格兰队造成的后果时，我就知道，罢赛结束了。我知道我必须退让。如果我会把压力和可怕的恶果都带给自己的俱乐部，无论如何我都不能继续了，就这么简单。

那时的新闻说，里奥说服了球员们停止罢赛，但我想在整件事中，我只和他简短地聊过几句。是头儿阻止了把球衣打包、走出英格兰队大门的我。

我仍然希望自己能够坚持到最后，但我知道，教练让我做了对的事。作为一个职业球员，维持住顶级水平，这已经足够艰难了。他知道，如果让我就这么自己退出英格兰队，我只会得到一个痛苦的结果。这一个决定，将会和我余下的职业生涯联系在一起。他不希望他的高水平球员从此被争议声埋没。

我一个人坐了好几个小时，反思着教练的话，不情愿地认识到，我不得不服从他的指示。如果我现在离开，就是在违背他，就是在孤注一掷。

我去找小贝，说我们已经做了自己能做的事。足总不会让里奥归队，这已经相当明显了。还有几天就是英格兰队本赛季最关键的比赛——2004年欧锦赛出线地位依然很危险——我同意那些希望退让的球员的看法。

我们发表了一则声明，尽管连这则声明也经历了大量的讨论。我自己写了一个版本，把它给了迈克尔·欧文和球员工会。迈克尔·欧文和小贝再把声明给他们的经纪人托尼·斯蒂芬看，而他拼命想要淡化这件事。我则试图再强调一下，至少给足总和帕里奥斯留下些什么。

这则声明最终发布于周三晚上。部分内容如下：

我们认为，我们所在的组织不仅令我们的一位队友失望，更令整个英格兰队及其教练感到失望。我们感到他们严重地辜负了我们。我们的队友在未曾享有他应有的权利、没有受到赛事主管部门指控的情况下，

被处罚了。

里奥·费迪南德有权在一个公正的独立委员会面前被讯问，并享有保密权。我们相信负责做出此决定的人没有给予里奥·费迪南德正当的程序，此举分裂并损害了英格兰队队伍，而这与主教练和球员所希望的正相反。

如果说声明里还有哪句话我不同意的话，就是这句暗示罢赛示威只是虚张声势的话："我们对是否应该上场比赛从未存在任何疑问。"这句话对队里的某些人来说可能是对的，甚至可能是大多数人，但对我来说，显然不是这么回事。

现在我们得背负着整个国家的重担继续干活，要2004年欧锦赛出线，就得打平土耳其。由于赛前的麻烦事，球迷们被禁止前来观赛，而对手也不是草包。

更糟糕的是，周四上午的训练一团糟。"我不确定还能不能赢下来。"小贝说，"每个人都筋疲力尽了。"我也有同样的担忧。小伙子们累坏了。我们连续两个晚上开会到很晚。而我们没在商量的时候，我就在盯着天花板，想着我们做的事可能导致的后果。

到头来，离开我们自己的国家可能正是我们需要的，逃离那种环境使我们能专注于比赛本身。周五的训练情况好了些，而在周六的正式比赛中，大家贡献了精彩的表现。我至今不知道那种力量从何而来。这真是一种巨大压力下的团队效应。小贝踢飞了一个点球，半场时球员通道里还干了一架，但我们保住了0：0的平局，这场比赛也是我最满意的英格兰队比赛之一。

如果说有什么倒胃口的事，那就是当帕里奥斯来到更衣室祝贺球员的时候。他在那儿坐立不安，甚至不敢直视我。

我不知道他是否认为他以强迫球员退让的方式，取得了将里奥排除出英格兰队的"胜利"。但1个月后的阿兰·史密斯（Alan Smith）和詹姆斯·比蒂（James Beattie）事件，使得他后院起火，这证明了我们对他的挑战是多么正确，也证明了他作为足总领导人是多么不合适。

在对土耳其的比赛1个月后，我们在老特拉福德踢一场对阵丹麦的友谊赛。在球队本该集合的那天，足总突然宣布，阿兰由于被逮捕而被排除在外。“逮捕”是个可怕的词，它会让你联想到“犯大事了”。但事实上没什么事。有人往球场上扔了一瓶水，他把水扔了回去。作为程序性事项，警察拘留他进行讯问，但这还远称不上指控。

而这就足够让帕里奥斯趾高气扬了。他认为阿兰已经不配再穿英格兰队球衣了，所以阿兰出局了。在阿兰的位置上，足总召入了比蒂，当时他正处于酒驾禁令①之中，而等帕里奥斯知道这事的时候已经太晚了。这下可糗了。

当帕里奥斯在里奥事件中蹚浑水的时候，我就告诉他，这是自找麻烦。他标榜自己为政比雪还要白，而对里奥事件的处理即使在最好的形势下也并不明智。后来，他因一则私事②登上了各大报刊头版。

在通常情况下，我绝不会认为人们应该为私生活事件辞职。但从他的行为来看，一切都是他咎由自取。一个前来净化足球运动的人，除了辞职之外，没有给自己留下余地。此后，他再也没在足球圈待下去了。

里奥被罚款5万英镑，禁赛8个月，这不仅使得他赶不上2004年欧锦赛，也极大地削弱了曼联的实力。我认为这样的处罚过于严厉。这绝对是矛盾的：曼城的一名球员，克里斯蒂安·内古维（Christian Negouai），同样是错过了药检，却只被罚2000英镑，没有禁赛。为了此案引起的巨大争议，里奥付出了高昂的代价。

他在所有炮口猛烈开火之下走进听证会，他的律师没能帮上忙。在

---

① 2002年9月4日，南安普顿球员詹姆斯·比蒂被查到酒驾，被处以吊销执照两年半、社区劳动100个小时的处罚。

② 帕里奥斯因被曝与足总女秘书法莉亚·阿拉姆短暂交往而宣布辞职，后者亦被曝出与英格兰队主教练埃里克森有染。

明知足总要立个典型的情况下，我对里奥说，他应该和母亲一起进去，带上一则简要的手写道歉声明。“听着，我搞砸了，我做错了，我不知道这有多严重，我忘记了。”但他听从了他昂贵的大律师的意见，并因此受到了惩罚。

我从没怀疑过这一点：里奥是真的忘记了药检。我厌恶药检，而如果里奥或任何人被检出阳性——请记住他的毛囊检测显示他是清白的——我会是第一个主张让他终身禁赛的。我个人相信，足球是一项相对清白的运动。我没有任何理由怀疑我的任何一个对手。

但我也能理解药检的必要性。由于发生了里奥事件，这套混乱的系统被彻底改造了，所以，至少这事还产生了一点儿好的结果。从那一刻起，球员已经不可能忘记药检而离开训练场了。我们和田径运动员一样，在嘘嘘的时候会有药检人员跟着。

几年后，当我们在对阵阿森纳的最后时刻丢球输掉比赛时，大家看到了这套新系统的僵化之处。你能想象得到，当我们甚至还没走进更衣室时，就有3个药检人员等着要尿样，球员和教练的心情会有多糟。我们好几个人都对他们一通怒骂。这对他们不公平——他们只不过是在完成自己的工作——但这在曼联却总是一个让大家情绪失控的问题。

在里奥事件上，我并不后悔，在其他事上出头也是这样——就像另一次发生在2001年的罢赛示威，当时的英国职业足球工会正为了从英超联赛的数十亿英镑中保住分成而抗争。本应如此。

当时的联赛试图撤销职业球员工会的收入分成，而那个时候，他们赚的钱比任何时候都多。包括我在内的工会管委会决定，我们必须让他们看见，我们是认真的——罢赛是唯一的手段。就像我对曼联的球员解释的：“我也许不需要球员工会，你们也许也不需要。我们不需要慈善基金或社区支持，但英国有那么多球员和退役的球员，他们需要。”

我们不是为了鲁尼或内维尔而争取，我们是为了那些18岁就受伤梦碎，需要再受训的年轻人，以及那些往日为足球奉献了一切，如今却饱受疾病困扰的前球员。我们正想办法保护这个100年前比利·梅雷迪斯就为之奔走的工会。这是件值得为之抗争的事。

在这件事情上我直言不讳，就像我在里奥事件上所做的，就像我在这项运动中关注的一系列问题。不是所有的人都喜欢我这样。把“加里·内维尔”和“下流坯子”输进谷歌（Google），你能得到上万条结果。

坦白说，我不能理解这样的敌意。我们不断地听到这样的说法，球员已经失去了与现实生活的联系，只关心金钱；但是当球员有主见的时候，又遭到大众的批判。我并不是说你一定得同意我，但我想我们都希望球员对自己的俱乐部抱有热情，对这项运动抱有热情。

为自己坚信的东西站出来，这永远是我的天性。我是带着强烈的对错意识被带大的，我永远愿意去理论——无论这会给我自己揽上什么样的麻烦。

我想这部分来自于当哥哥的天性。我永远愿意承担责任。在曼联当学徒的时候，我就是班长。后来，我成了队长。我愿意帮年轻球员去协商合同问题。我是非官方的社交秘书。我喜欢去组织，喜欢自主，或者说喜欢掺和，就像那些批评我的人所说的。

当我是对的的时候——或者说当我觉得我是对的的时候，这两者并不总是一致——我会绝不退让，我会抗争到底。这有时候也给我自己惹来麻烦，但我情愿被看作顽固，也不愿被看作是个不可靠的人。

偶尔我也会停下来，想想事情为什么会到这一步，但我从未有过什么担忧。我本可以过得更加轻松，但我很高兴自己能为他人、为俱乐部、为我相信的东西站出来。

渐渐地你就会厚脸皮了。要想成功，特别是没被好皮囊或天赋庇佑的时候，就得这样。你得振作起来，直面怒骂的侵袭，特别当你是同时为曼联和英格兰队效力的一名高水平球员时。当球迷在街上经过你身边的时候，可能会说：“你昨天就是屎。”你打开收音机，可能听到：“加里·内维尔大失水准。”你捡起一张报纸，可能看到：“内维尔，九大丑人的队长。”还有听众来电、报纸评论、电视节目……你为世界上最伟大的俱乐部之一踢球，就会被放在显微镜之下观看。你得学会让他们一边儿去，自己站起来再出发。这可能是我最大的优点之一。我从不让自己被任何人太过激怒，这是生存下来唯一的办法。

说句实话，当主教练已经把你撕碎过几次，又有个像基恩一样的队长让你滚回老家去几次之后，你就能应对来自球迷或媒体的任何事了。世界上只有一小部分人需要你去取悦。从经验中学习是非常重要的。

第十七章

英格兰队，又玩砸了

没人能否认，里奥·费迪南德遭受了过重的处罚，他被迫停赛8个月，错过了在葡萄牙举办的2004年欧洲杯。而原本我们在这届比赛里真的有着很好的机会。

我们有了“瓦扎”韦恩·鲁尼。尽管他只为埃弗顿踢了屈指可数的几场比赛，但当斯文·埃里克森在2003年4月征召他上演英格兰队处子秀、对阵土耳其时，鲁尼就已经在英格兰打响了名号。不过在那以前，我已经私下见识过了这位英格兰足坛当红炸子鸡的天赋。

6个月前，在名不见经传的韦德尼斯（Widnes）霍顿球场（Halton Stadium），正伤愈复出的我参加了与埃弗顿预备队的比赛。有个壮如牛的小孩，刚刚16岁，球在脚下无比自如，感觉他才是场上的主角。半场休息时，我直接跑去问教练组：“那是谁啊？”他踢得相当好。他不仅技术好，身体壮，还有在场上那股舍我其谁的自信。他一度把我们一个孩子撞到爬不起来。我忍不住想问他要护照，他不可能才16岁。

如我所说，埃里克森招他入队时，他连英超都还没怎么踢过，却在国际赛场上表现得如同一员经验丰富的老将。第1场对阵土耳其，那是一场充满火药味的艰难比赛，但他在球场中路踢得闲庭信步，几乎像在捉弄对方。看到他就像看到了鼎盛时期的加斯科因。

“瓦扎”的横空出世是那届英格兰队在欧洲杯预选赛征程中的亮点，尽管并非一路坦途，尤其是主场2∶2被马其顿逼平的比赛，但我们还是带着冠军有力争夺者的自信进军了2004年欧洲杯。鲁尼赋予我们进球和不可预见性；弗兰克·兰帕德也已成为切尔西的主将；我们还拥有小贝、斯科尔斯和史蒂芬·杰拉德。

如果说我当时还有什么担心的，那就是埃里克森制订了一套固定的首发阵容。全世界都知道我们会派出詹姆斯、内维尔、科尔、费迪南德、坎贝尔、贝克汉姆、杰拉德、兰帕德、斯科尔斯、鲁尼、欧文。虽然阵容稳定的确有好处，但却无助于让球员们保持积极性。

由于埃里克森不愿变阵，也并不信任替补球员，这个问题变得愈发严重。无论任何情况他都坚持使用那套固定阵容。当然他需要大牌们在场上压阵，但他对替补的使用上本可以再好得多。基伦·戴尔整届比赛一共只踢了7分钟，乔·科尔（Joe Cole）更是把板凳坐穿，1分钟没踢，即便他本可以多赋予球队一些多样性，我们需要他，特别是在斯科尔斯对自己被挤去左翼不太高兴的情况下。

在本菲卡的光明球场，我们与法国队的首战开局相当的光明。这是一场与亨利、齐达内交手的重大比赛，一个极大的考验。我们在上半场非常出色，鲁尼成为西尔维斯特和年迈的图拉姆（Thuram）的噩梦。兰帕德头球破门，随后我们还有将比分扩大为2：0的极好机会，可惜巴特兹扑出了小贝的点球。

紧接着，英格兰队的老毛病又犯了，我们自寻死路。

我们毫无必要地送给对方一个任意球，齐达内上前主罚，他打了詹姆斯一个措手不及。比分变成1：1。之后杰拉德一个回传失误，詹姆斯无奈放倒亨利。比分变成2：1。法国人欣喜若狂，满场飞奔庆祝。我们又一次坑了自己。

最终我们还是小组出线了。韦恩两场打进4球，赢下瑞士和克罗地亚，巩固了作为欧洲足坛明日之星的地位。他踢球时拥有一切皆有可能的自信。他所向披靡。

然而，和本可能发生的轻松晋级相比，我们在小组赛中过度地使用了最好的几名球员。我觉得那是错误的做法，并且向助理教练史蒂夫·麦克拉伦表达了这种意见。我认为应该在第3场比赛对阵克罗地亚时采用轮换，让小贝、斯科尔斯和杰拉德这些关键球员休息。

这样做也许有风险，但如果我们想在1/4决赛中击败东道主葡萄牙——这支球队在“大菲尔”斯科拉里（Scolari）的治下充满威胁，就必须保持充沛的体能。我们从来不是一支能控制球权的队伍，被动地跟着球跑会很快地消耗我们的体能。我们应该勇于轮换，但在我看来，英格兰队在大赛中从来没有过这种勇气。

没能让球员及时得到休整是一个重要因素，但并不是我们出局的首要原因——对阵葡萄牙第27分钟，鲁尼因脚部骨折离场才是转折点。而队中那些能够决定胜负的关键球员，在我们最需要他们的时候，已是强弩之末。

我们对阵葡萄牙的比赛开局足够好，但鲁尼离场后立刻陷入苦战。中场只有兰帕德还在最佳状态，斯科尔斯在左路踢得不开心，小贝在皇马的赛季后期状态一般，杰拉德也承认因为可能转会切尔西而分心。我们在中场被全面压制。

随着比赛的进行，我们开始失去掌控，被迫退守在大禁区边缘，疲于奔命。埃德尔·波斯蒂加（Helder Postiga）在英超毫无建树，他是那种在俱乐部赛事中毫无存在感的球员。但我们却让他在无人防守的情况下头球为葡萄牙扳平比分，把我们拉入加时赛。

我们对他们的边锋防得不错。路易斯·菲戈被牢牢控制住，克里斯蒂亚诺·罗纳尔多则不停换边，希望找到突破口。但我们没能坚持到最后，就如同对法国那场比赛一样。

斯科拉里做出了三个富有进攻性的换人调整，德科最后都在踢右后卫，而我们的换人则非常保守。欧文·哈格里夫斯（Owen Hargreaves）换下史蒂芬·杰拉德，这无助于向对手施压，而我弟弟又换下了斯科尔斯。菲尔自己也承认，他不是一个能决定比赛胜负的球员。

在国际大赛的细节处理上，我们再次落在了后面——不够多的顶级球员，一些错误的决策，以及罚点球的无能。这样的组合无比耳熟。

点球大战中小贝和达瑞斯·瓦塞尔（Darius Vassell）不幸罚失，我们5：6告负。赛后，史蒂夫·麦克拉伦来找我马后炮：“为什么你不去罚第7个点球？”他问到，“为什么你和菲尔没去罚？”

“好吧，史蒂夫，因为我不是个前锋。如果下次你要我打头阵，跟我说我照做。罚进与否，后果我都能承担，但那不是我最擅长的。送球入网——那是射手的活吧。”

我这辈子从没罚过点球，一个赛季下来我大概能有5次射门。请不要误解：如果斯文安排我，或者命令我去罚点球，我绝无二话。但在我看来，过分强调勇敢就和愚蠢无异。1998年世界杯与阿根廷一役，大卫·巴蒂去罚点球，你可以说勇气可嘉，可他不是一个点球手，从他助跑时你就能看出来了。事后他承认此前从未罚过点球。既然如此，决定我们世界杯去留的那个点球，为什么让他主罚呢？

也许我能罚得比瓦塞尔更好，但事后诸葛亮总是简单。如我所说，和巴蒂一样，我在职业生涯中从没罚过点球。

2004年欧洲杯结束后第二天，斯科尔斯宣布退出国家队，我认为这对于英格兰足球来说是个巨大的遗憾。那天早上，他下楼来说：“就这么地了，我受够了。”典型的斯科尔斯作风，绝不哗众取宠。他在经过深思熟虑后发现，自己无法享受比赛。

埃里克森对于斯科尔斯的使用并不恰当。虽然赛事期间他忍气吞声踢左路，但他清楚那不是他的最佳位置。我还认为他开始抵触英格兰队愈演愈烈的娱乐化趋势。太太团开始成为焦点，但真正被媒体炒成负面还是在两年之后。

和我一样，斯科尔斯也无法忍受那些破玩意儿。他讨厌娱乐圈疯狂作秀那一套。在他看来，除了在球场上的表现，其他所有都跟球迷毫无瓜葛。

我试过劝他收回退队决定，因为他是那种适合国际赛事的球员。如果说他没有在国家队中拿出本应有的表现，那是因为球队的战术打法不对。我们应该更多地踢4-3-3，这样小斯就能完美地融入而不是被挤到边路。我们的中场布阵应该更加紧凑。

他被挪到边路是为了迁就兰帕德。但是，绝非对兰帕德不敬，斯科尔斯在各方面都处于一个更高的水准。过去20年内，他的视野在英格兰可能无人能够企及。问问世界上的顶尖球员，齐达内或是亨利，他们也会这么说。现在人人都垂涎于哈维（Xavi）和伊涅斯塔（Iniesta），这也是理所当然的。而小斯就是那种能很合拍地融入巴塞罗那的人。

我们典型的英格兰队总是输在无法掌控球权和比赛节奏上。斯科尔斯本应在这20年的时间里解决这个问题，但我们从来找不到合适的中场组合。于是，在还剩7年足球生涯的时候，他就早早地退出了英格兰队。

当他说要退役时，我知道成功劝说他的可能性不大。他就是那么强硬。在曼联，有一次因为觉得头儿处罚不公，他拒绝出征一场联赛杯比赛。如此直接地拒绝主教练，真有种。

我跟他说等1个月再做决定，但他不为所动。我很难过，我不只会在球场上想念他，在那些长途跨国旅行中，在酒店里，在球队大巴和更衣室里，我都会想念他。

人们以为斯科尔斯安静害羞，但他其实是我认识的思维最敏捷的人之一。举个例子：有一天曼联媒体部的戴安娜·劳（Diana Law）在和球员们聊天。

“加里，不知为什么，你让我想起我兄弟。”她说道。

“为啥？”斯科尔斯灵光一闪，迅速接茬，“他也很牛吗？”

斯科尔斯其实有着很多看法，只是他从不浪费口舌。现在他正式退役了，我毫不怀疑他会成为一名顶级教练，传授他的知识与经验。他懂球，看球员眼光很准。他不说则已，一开口就必定值得一听。

不过，他也是个烦人的家伙，总是偷偷顺走你的车钥匙、结婚戒指、手机啥的。我找他藏的那些东西绝对花了不少时间。

斯文·埃里克森也试过让他回心转意，但他仍是毫不动摇。退出英格兰队时，他才不到30岁。之后他再也没有回来，即便是卡佩罗

（Capello）最后关头请他出征南非。

斯科尔斯就是不想掺和了。但我觉得在2004年欧洲杯后对英格兰队不应失去信心。我对埃里克森仍有信心，我们队中有很好的球员——里奥、小贝、阿什利·科尔（Ashley Cole）、杰拉德、韦恩，他们都在当打之年。如果不是韦恩对葡萄牙时受伤……我们多少可以把失利归结于运气不佳。

然而，后来的事实证明，我完全是在自欺欺人。

第十八章

击沉无敌舰队

赢得一场足球比赛有各种各样的方式，即便是拥有众多天才球员的曼联，有些胜利的得来也得依靠暴力美学。激烈的身体对抗是足球运动当中必不可少的组成部分，不过阿森纳的伙计们似乎并不这么认为。

那支被称为“无敌舰队”的阿森纳的确是一支才华横溢的球队，但他们的态度着实让我心烦。在他们看来，全世界其他球队都应该老老实实地坐在小板凳上欣赏他们的华丽足球。不好意思，我可不这么想。我们的任务是用尽一切规则内的手段来阻挡他们。

上赛季[①]，已经在阿斯顿维拉踢球的罗伯特·皮雷斯（Robert Pires）接受采访时，居然还在唠叨我有多么烦人。他说我在防守时给他下绊，挑衅他，踩他，各种伎俩层出不穷。“整场比赛我都无心踢球，只想跟内维尔干一仗。”这是皮雷斯的原话，在我听来就像音乐般悦耳。

他还想让我怎样？当阿森纳状态鼎盛的时候，我要面对他和阿什利·科尔在左边路的轮番冲击，蒂埃里·亨利也习惯在这一侧上演他的奔袭突破。盯防这些家伙感觉就像在盯防红箭队[②]。

想要阻挡阿森纳的进攻，后卫球员需要使出浑身解数。尤其是在2004年10月的那个下午，无敌舰队驶入老特拉福德，期望在这里创下连续50场不败的纪录。

当时我们承受着巨大的压力。2003—2004赛季阿森纳凭借着不可

---

① 指2010—2011赛季。下同。

② Red Arrows，英国著名特技飞行表演队。

思议的不败战绩，以15分的优势从我们手中偷去了联赛冠军。他们整个赛季保持不败，而我们输了9场，最终排在切尔西之后位列第三。

不过，我们在加迪夫（Cardiff）以3：0战胜了米尔沃尔，夺得足总杯冠军，并且大肆庆祝了一番。主教练总是告诉我们，冠军就是冠军。英格兰的绝大多数球队死都想处在我们这个位置。然而，即便韦恩·鲁尼从2004年欧洲杯受伤后恢复归队，曼联的下滑势头也已经非常明显，球迷们开始变得不安。

毫无疑问，无敌舰队此次造访老特拉福德，我们需要证明某些东西。我们无法承受又一次的羞辱。如果阿森纳在我们的后院庆祝英超连续50场不败，那种场面简直无法想象。一切都为这场后来被称为“比萨门”或“自助餐大战”的比赛做好了铺垫。

这是我职业生涯里唯一一场事后被指责“动作粗野”的比赛。所以首先我必须澄清一点，在效力曼联的近20年里，主教练从未指示我蓄意伤害对方球员。我不知道其他主教练是否要求自己的队员“废掉”对手，但我可以保证这绝不是我们头儿的风格。但如果你要问，他有没有要求我们加强紧逼、下脚凶狠，让阿森纳感到这是一场战斗呢？那是当然的。

主教练认为很多球队给予了阿森纳太多的空间，让他们自由发挥，让他们在场上闲庭信步。我并非否认这支球队的伟大，他们的确才华横溢。单从技术角度来说，在我的职业生涯里，他们是全英格兰最出色的球队。但是足球也包含着很多其他元素。一旦身体对抗升级，那批阿森纳球员们就非常不适应。相反，1998年的那支阿森纳完全不惧怕身体对抗。我们都知道虽然“无敌舰队”脚下技术无比华丽，但却有些外强中干。

赛前，主教练告诉我们：“如果让他们自由发挥，你们就死定了。所以必须对他们步步紧逼。这是场足球比赛，铲球不犯法。其他球队没有做到这一点。我们得让皮雷斯先生和亨利先生明白，这是场艰难的比赛，今天可跟平常不一样。”

但这并不表示矫枉过正，不代表我们要满场双脚离地飞铲。谁愿意被罚下？那无异于自毁长城。但我们知道很多阿森纳球员非常讨厌空中对抗。于是，这场比赛中，阿森纳球员们在空中被撞飞的画面频频出现。

我的任务就是防守安东尼奥·雷耶斯（Antonio Reyes）。我的想法很简单："这家伙踢得不错，是个有速度、脚下花哨的边锋。如果我不对他贴身紧逼，就会被牵着鼻子走，看上去像个傻子。他的技术更好，速度也比我更快。也许我的体能更好，但如果前30分钟就被玩弄于股掌之间，体能再好也是白搭。"就像一个拳击手，你必须选择何时在移动中快速出拳，何时贴近对方实施搂抱。虽然我可以仰仗经验和位置感拦截给雷耶斯的传球，但我清楚更重要的是紧逼他、加强身体冲撞。我必须摧毁雷耶斯的自信。事实上，当时对于雷耶斯的最大怀疑，就是在气质方面。他的英超生涯只持续了很短的时间，也证明了这种质疑。我必须利用他的这个弱点。

有些人觉得我做得太过分。开玩笑吧？雷耶斯在第70分钟被换下，并不是因为需要受到保护。他腿上没有任何的伤痕。是，上半场是有那么一次，我被他穿裆过人后，在回追时从身后把他铲倒。那的确不是个干净的铲球，但任何一个后卫每个赛季都难免几十次使出这样的犯规动作。要犯规就尽量在中前场下脚，否则在禁区附近贸然出脚会带来更糟糕的麻烦。

有人说我们合伙儿起来针对雷耶斯，但菲尔和他的那次碰撞是个再正常不过的抢球动作。雷耶斯先拿到球，菲尔冲上来推倒了他，仅此而已。我不否认其中有恫吓的因素，但那是因为雷耶斯的确会被震慑。克里斯蒂亚诺·罗纳尔多每场比赛都会被侵犯，但后卫们很快意识到这种恫吓没有任何的效果，反而让他愈战愈勇。拥有这样的勇气，是成为一名伟大球员的重要部分。看看迭戈·马拉多纳（Diego Maradona）和贝利（Pel é），他们有勇气面对对方的犯规，而雷耶斯不行，这也是温格最终把他卖回西班牙的原因。他有出众的技术，但在困难面前缺乏意志力，因此无法成为一名顶级球员。

尽管那支阿森纳才华横溢，但很多球员的心理却很脆弱。说实话，今天的枪手仍然如此。温格总喜欢抱怨对手踢得过于强硬，但那只是酸葡萄心理作祟，因为他的球员们在场上被击垮了。他一度给达伦・弗莱彻（Darren Fletcher）扣上了“反足球”的帽子，简直是无稽之谈。

激烈的身体对抗是足球运动的一部分，我们的头儿一直很清楚这一点。曼联人不能理解那些对于斯托克城和布莱克本球风硬朗的抱怨。持这种观点的人，同时暴露了自身的弱点。我们从诺比・斯蒂尔斯和埃里克・哈里森那儿学到的第一课便是：在球场上你必须习惯对抗。曼联拥有很多个性强硬的球员，如休斯、基恩和巴特，但队内每个人都不会在对抗中吃亏。你见过吉格斯被哪个后卫吓倒吗？他经常挨踢，但他绝不会在身体对抗中完全处于下风。他不会允许那样的情况发生，主教练也不会。上赛季对伯明翰的比赛，吉格斯在被鲍耶（Bowyer）粗暴犯规后，用一个凶狠的铲球还以颜色，潜台词是：“别以为我们会被吓倒。”

每支球队都有技不如人的时候，但被对方肆意欺凌后走回更衣室——那简直不可想象。从这个意义上来说，我们早期和尤文图斯的几场比赛的确很艰难。1998赛季的阿森纳、穆里尼奥手下的切尔西，这两支球队的高大强壮让我印象深刻。空有一身蛮力肯定不够，但很显然这支阿森纳过于轻视身体对抗能力的重要性。他们觉得自己那套华丽流畅的传控打法只能被仰慕，而不能被挑战。如此清高的态度必然来自他们的主教练。亨利看着你的那种眼神，仿佛在说：“你居然敢铲我！”

曼联从不容忍软蛋的存在。被踢倒了，站起来继续比赛。看看罗纳尔多是如何改掉假摔的习惯的——就是因为我们告诉他不要再满地打滚。在英格兰踢球的经历让他变得更加强悍，最终受益匪浅。

最终我们2：0战胜阿森纳，其中包含一个有争议的点球：鲁尼碰到索尔・坎贝尔的腿后摔倒。但我们配得上这场胜利，我们逼迫阿森纳失去了他们的节奏。而他们赛后的表现，证明他们没弄明白足球比赛是技术与勇气并存的较量。这帮人根本输不起，上演了一场闹剧。

当更衣室外开始火星四溅时，我仍然还在退场。我向球迷们鼓掌致意，尽情享受在老特拉福德见识过的最棒的氛围之一。与此同时，客队更衣室内飞出一个比萨，其中一片正好砸中我们的主教练，他的夹克上溅满了番茄和香肠。

据说事情随后演变为一场比萨香肠大战，可惜我错过了如此搞笑的场景。当我回到更衣室时，我们这边的几个哥们儿正在抄家伙准备发起一波反攻。但主教练果断阻止了他们，闹剧告一段落。

一切都为4个月后我们做客海布里（Highbury）做好了铺垫。赛前已经是硝烟弥漫，而比赛当天也的确没有让人失望。这次在开球前双方就差点儿打起来。我在热身结束后走回更衣室，这时我听到维埃拉跟了过来。我不确定他是不是专门等着我，但他的心情显然不大好。

“内维尔，今天你在场上休想踢伤任何人。”

“你冲谁发火呢？哥们儿，比赛还没开始呢，冷静点儿行吗？”

话音未落他已经向我冲过来，整个人罩住我。一名警察介入，把我们拉开。

回到更衣室，坐在我身边的是罗伊·基恩。

“见鬼了，维埃拉疯了。刚刚在通道里他直接冲着我来了。”

罗伊的怒火瞬间被点燃了，本来他就很受不了维埃拉这个人。

当我们在球员通道里列队时，维埃拉又开始纠缠我，告诉我别想吓倒他们，一时间通道内剑拔弩张。一名警察试图介入，但这时罗伊已经听到动静，从队伍前端冲了过来。

“你，维埃拉，有种冲我来。”

维埃拉将手里瓶中的水泼向基恩。这下子罗伊被完全激怒了。

我知道我们都是成年人了，但在几个月前的“比萨门“后，一场水战又隆重上演。如果你的孩子做出如此幼稚的举动，你肯定会大声喝止。但现在，在一场至关重要的比赛之前，我们不会有任何退缩。

罗伊开始用手指戳向维埃拉。通道内的火爆气氛达到沸点，随时可能失控。所幸的是，主裁判格拉厄姆·波尔和其他裁判员及时介入，阻止事态进一步升级。他们将两队球员分开，重新站成两列准备登场，但罗伊仍然在嘴上对维埃拉不依不饶。他开始指责维埃拉是“两面派”，指责他动不动就谈起在祖国塞内加尔的慈善事业，事实上却选择为法国国家队效力。

登场后，当维埃拉走过来和我握手时，我用双眼死死地盯住他。在曼联踢球的经历，教会我从不惧怕任何的威胁与挑衅。

尽管维埃拉早早地为阿森纳取得了领先，但我们没有感到丝毫的畏惧。庆祝这个进球时，阿什利·科尔跑过我身边时冲着我挑衅地大声尖叫。真是难以置信，他们简直失去理智了。

最终，即便西尔维斯特在终场前20分钟被罚下，我们依然以4：2完胜。之前发生的一切让这场胜利显得更加令人满足，而他们应该倍受打击。说实话，我觉得比赛还没开始他们就已经输了。同仇敌忾和心态失衡可是两码事。在我看来，维埃拉做得太过分了。

我也有过不少热血上头的时候，但无论雷耶斯怎么说，我从来不是一个肮脏的球员。2004年2月的曼彻斯特德比战中，我被认定用头撞击史蒂夫·麦克马纳曼而被红牌罚下，但事实上我根本没想撞他。

当时我摔倒在对方禁区内，他像疯了似的冲过来，怒斥我假摔。他看上去怒不可遏，我认定他会把脸贴过来，和我“顶牛”。我和他从来就不是哥们儿。于是我主动把头向前倾，以为他也会顶过来。不幸的是，他突然选择向后退让，这样看上去是我主动撞他。主裁判把我红牌罚下，也没什么可抱怨的，至少我们最终赢球了。

作为一支球队，曼联也曾经出现过怒气过盛以致集体情绪失控的情况。但如果你听信某些人的描述，会以为曼联在主教练的治下拥有噩梦般的纪律记录。但事实并非如此。当然，的确有几次不那么光彩的“著名”案例，尤其是围攻安迪·德乌尔索（Andy d'Urso）的那次事件[1]，我们确实越界了。那是很不恰当的举动，也造成了恶劣的影响。主教练批评说我们做得太过分了，的确如此。

然而，在最顶尖的职业竞技运动中，有时你难免失去理智。每个人都希望生活在完美的世界里，但是作为职业球员，我们要在场上战斗、博弈，赢得每一次拼抢，争取每一个有利判罚。这种思想和心态早已根深蒂固。尤其在年轻的时候，你觉得自己在与全世界对抗。即便事后追悔莫及，却也免不了偶尔头脑发热。

我很肯定很多裁判受不了职业生涯早期的我。那时的我总是念念有词，令人生厌。这坏毛病让我在2001年惹火上身，那年迪卡尼奥（Di Canio）的进球将我们淘汰出足总杯。那球太荒谬了。迪卡尼奥足足越位了半英里，所有人都停下来，眼看着他把球送入法比安·巴特兹的球门。在我看来，这简直太不公平了，于是将怒火一股脑地发泄在裁判身上。我记得当时的用词是“你们真丢脸”。那个漏判让人震惊，这还不够，随后足总决定给予我停赛两场罚款3万英镑的追加处罚。这绝对是量刑过重了，后来我通过申诉将罚款减到了7000英镑。

慢慢地，我对裁判的态度逐渐缓和，尤其是在成为队长之后。同时，我认为裁判的水准也有所提升，或者说，至少那些吹得最烂的被淘汰掉了。

现在，球员们都意识到摄像机无时无刻不在盯着他们，每一个细节都会被记录。我觉得将来有一天，球员不再会被允许跟裁判交流，也许这并不是件坏事。当然，现在我退役了，站着说话不腰疼。老实说，当球员们在场上搏命的时候，真的很难要求他们时刻保持头脑冷静。

虽然我们与裁判之间发生过不愉快，但曼联从来都不是一支肮脏的球队，也不靠欺骗谋利。和大多数球队一样，我们在规则允许的范围内比赛，但也会将规则使用到极致。如果有人不这么想，那只能说他

---

① 2000年1月29日英超联赛，曼联1：0米德尔斯堡。当值主裁德乌尔索在下半场判给客队一粒点球，引起曼联球员不满并遭围攻。

们太幼稚。有时我看到媒体大肆炒作一些球场上司空见惯的事，实在觉得很可笑。小贝承认自己在为英格兰效力时故意申请黄牌，引起轩然大波——相信我，太多球员这么做过，包括我在内。如果近期有场很重要的比赛，那么你会在之前的某场比赛中故意伸脚绊人，主动领牌提前停赛。如我所说，如果谁不认为这是球场上的家常便饭，那就太幼稚了。

某种程度上来说，每支球队都会或多或少地耍些小聪明使本方获利——矢口否认的一定是在撒谎。比如，球员一碰就倒骗犯规。或者说，你是一名后卫，站在后门柱，发现对方前锋马上就要力压你顶到头球。于是，在感觉到背后有轻微身体接触的那一刹那，你应声倒地，希望博到一个犯规。与之相对的是，前锋也会在最轻微的对抗中倒下来赢得点球。这不是明显的假摔，但只要他们觉得有可能拿到点球，就一定会倒地。如果我说他们是骗子，那就有点道貌岸然了。

这种行为已经成为潜意识，就像是向裁判申诉一个你明知是正确的判罚。“边裁！这球越位！”即便你知道对方前锋根本就没越位。欺骗行为？只有迂腐守旧的人才会这么想。每个运动项目里都已司空见惯——板球击球手明知出局却不会主动下场；橄榄球比赛出现勒克时，球员会趁裁判不注意时用手拨球。

你在竞技体育里水准越高，就越会感受到寸土必争的重要性。因为即便你不向裁判员施压，对方也会这么做。这些听起来并不那么美好，但在顶尖竞技体育的世界里，胜利才是王道。

第十九章

队长

当我们和阿森纳拼得你死我活之时，切尔西已经超越了我们。2004年，何塞·穆里尼奥穿着招牌式的大衣来到英超，带来了独特的性格魅力，以及“特别的一个”的名头。老实说，这个称号的确名副其实。

我从不觉得阿布拉莫维奇（Abramovich）砸钱有什么不对。作为曼联这样的豪门，我们才不惧怕新势力的挑战。金钱的确可以为切尔西带来成功。穆里尼奥搭建了一支完美的球队，他们身体强壮，拥有迪迪埃·德罗巴（Didier Drogba）、弗兰克·兰帕德和约翰·特里（John Terry）等顶级球员。穆里尼奥早期治下的那支球队，踢着以达米安·达夫（Damien Duff）和阿尔杨·罗本（Arjen Robben）作为两边翼的4-3-3阵型，简直无坚不摧。我认为之后他们再也没有达到过那个水准。

切尔西引进了一个顶尖的主教练和一群顶尖的球员，阿布拉莫维奇的财力给我们制造了一个全新的劲敌，我们必须接受这个事实。但我并不会因此担惊受怕，也不会忧心曼联在足球世界里的地位。任何金钱都买不到我们的历史、我们的传统、对球迷的吸引力和声望。这根本不可能，就算过100年也做不到。

彼得·肯扬（Peter Kenyon）似乎并不这么想。他从老特拉福德转投斯坦福桥。现在，这家伙时不时就在高谈阔论，什么切尔西将如何成为世界上最大的俱乐部。简直是胡说八道。

不过我们必须承认，他们的确进步神速，在穆里尼奥执教的第一个赛季只输了一场球。赛季末的倒数第2场比赛，已经提前夺冠的切尔西做客老特拉福德，我们列队鼓掌欢迎他们入场。这是我们应该做的，表达对对手的尊重，但也让我难以释怀。我尊重英格兰的冠军，无论他们是谁，但看到别人举起奖杯总是让我很心痛。

有人说当时的我看起来非常不爽。我记得有人写道，我看起来像在鼓掌欢迎一伙窃贼来自己家里作案。说得真对。在我看来，那奖杯就是我们的。难道我还得喜笑颜开吗?

阿森纳的“无敌舰队”和穆里尼奥的切尔西相继夺冠，我们在10多年以来首次连续两个赛季无缘冠军——事实上，这个数字很快变成三个赛季。2004—2005赛季，我们在欧战赛场再次折戟沉沙，在淘汰赛第1轮被AC米兰淘汰，而且还一球未进。而在足总杯决赛中我们又点球输给阿森纳。我们都很痛苦，对手们则虎视眈眈。

球迷们能看到的只有切尔西统治英超。你无法责怪他们如此悲观。曼联在过去树立了很高的标杆，现在，我们要为不够格的表现备受责难。

我们处在转型的阵痛期内，我给那段时间起了个有些刻薄的名字：“杰姆巴·杰姆巴时期（Djemba Djemba years）”。门将的问题日益严重。巴特兹连续出现低级失误后被出租，现在我们在罗伊·卡罗尔（Roy Carroll）和蒂姆·霍华德（Tim Howard）之间犹疑不决。这两人都是称职的二号门将人选，但绝对没机会成为新的舒梅切尔。

和杰姆巴·杰姆巴一样，克莱伯森（Kleberson）、弗兰、大卫·贝利翁（David Bellion）和利亚姆·米勒（Liam Miller）都无法达到争冠球队的水准。他们都不是很烂的球员，为人也很不错——其中一些后来在其他球队取得了成功——但作为曼联的一线主力，他们当时的确不够出色。对于他们，我并不觉得恼怒，更多的只是遗憾。

我们都知道克里斯蒂亚诺·罗纳尔多将会成为一位特别的球员，但他需要几个赛季的时间让身体变得足够强壮，从而完全展现出他在效力里斯本竞技时和我们在友谊赛首次交手时的潜力。

那场比赛我因伤缺阵，但在电视里看到他大秀脚法。队友们回来后也对他倍加推崇。曼联不可能错过这样的球员，但我们买下的是一个18

岁的小伙子，他需要时间去适应新的国度、新的语言和新的环境。

我们得到了“瓦扎”韦恩·鲁尼，全英格兰最棒的年轻球员。他的处子秀无比惊艳，冠军联赛对阵费内巴切上演帽子戏法。但鲁尼和罗纳尔多的青春朝气和无限潜力并没有让球迷们多些耐心，他们厌倦了一个又一个的尴尬战果。他们习惯的是战无不胜的曼联。

主教练大概能够看到鲁尼和罗纳尔多的巨大潜力，以及像达伦·弗莱彻这样的青年才俊。这些我在训练场上也能观察到。但随着我们被切尔西越落越远，球迷们愈加失望泄气，更衣室里也是如此。

我的弟弟也感到心灰意冷。2005年的夏天，他觉得自己受够了打不上重要比赛的日子。他甚至被排除在了足总杯决赛的16人名单之外。这种情况已经持续了两三个赛季。他每年能踢上30多场比赛，但真正重要的场次却总被排除在外。他想要踢上更多的比赛，并且知道有些不错的俱乐部和主教练对他有兴趣——埃弗顿的大卫·莫耶斯（David Moyes）、米德尔斯堡的斯蒂夫·麦克拉伦。关于曼联是否会放走他的流言甚嚣尘上，这让菲尔心事重重。于是有一天我告诉他，我们要给主教练打个电话，要求面对面地解决这个问题。

“老大，我们能上你家来吗？”

半小时后，我们已经坐在他家的客厅里喝茶了。这仍然是我曼联生涯中唯一一次去到他的家中。

头儿开门见山：“菲尔，我不想把你卖走，但如果你希望踢上更多的比赛，如果有人愿意支付合理的转会费，那我不会阻拦你离开。”

我想双方都知道离开的时间已经到了，而且埃弗顿对于菲尔来说是非常棒的选择。和很多人一样，他很欣赏莫耶斯。埃弗顿同样地处西北，是一家颇有前景的俱乐部。菲尔还拥有足够的时间开始自己生涯的第二段旅途。但我知道自己会想念他，事实也的确如此。

我很怀念我们的那些小习惯——赛前几小时坐在一起聊聊比赛。能感受到这种家人间的温馨是件很棒的事情。他的离开让我很难过，但同时也为能和他，以及像小贝、小巴、小吉和小斯这样的好伙伴一起度过

10年时光而感到幸运。

对于内维尔家族的人来说，上班第一天要开车去默西赛德郡[①]一定是件很奇怪的事情。我从来不需要去适应新的环境、新的队友和不同的训练方法。但是作为史上最勤奋的职业球员，菲尔迅速地融入了埃弗顿并且很快成为队长。

菲尔全身心地投入到埃弗顿球员的身份当中，这值得尊敬。当曼联造访古迪逊公园球场，在他凶狠地撞飞罗纳尔多的那一刻，埃弗顿球迷对他忠诚度的任何质疑都烟消云散。尽管我希望自己的球队获胜，但也从心底里钦佩他。与以往一样，菲尔会为自己的球队拼尽全力。

如果说菲尔之前是失望泄气，那么比起罗伊·基恩心中的怒火，真的算不上什么。绝大多数时候，基恩都无法忍受那些表现不佳的球员。现在，他已经恼羞成怒。

在我的曼联生涯中，见识了两个完全不同的罗伊。我并不能准确地告诉你他从何时变成了另一个人，但毫无疑问，在1998—1999赛季的那段时间里，罗伊的身上发生了急剧的转变，这在他对待工作的态度上体现得尤为明显。

也许你很难从他的场上表现察觉到，但罗伊自己都会承认他到了一个需要更好地照看自己身体的时候——少喝酒，吃正确的食物，别四处招惹麻烦。他的身体脂肪含量绝对从12%下降到了一半，是整个俱乐部里最低的。举重、瑜伽，他似乎成了一台机器。

基恩成了一个榜样，不仅仅是球场上的表现，他在平日里对自己的要求也近乎苛刻。尽管已经是俱乐部里身体状况最好的球员之一，但他在训练中依然像狗一样拼命。我很享受和罗伊一起训练，因为你知道他会鞭策你去挑战极限。

他在球场之下也有所改变，毕竟即便是最严苛的人也会随着时间

---

① 埃弗顿所在的城市利物浦位于默西赛德郡。

而慢慢变得温和。罗伊在曼联的最初四五年，除了在赛前赛后或者训练中的简短交流之外，很少和我讲话。但在最后的几年里，我和索尔斯克亚、吉格斯经常能和罗伊畅谈，聊聊足球，聊报纸里的内容，以及谁又说了些什么。他的话总是值得认真倾听。和他相处，无论场上场下，都很有挑战性。只要你说了任何没有根据的东西，罗伊便会马上指出："你这是胡说八道。"他讨厌不动脑筋的人，就像他讨厌懒惰的球员一样。

但同时，罗伊这种眼里揉不得沙子的性格，成了最终的祸根。

无论是罗伊还是俱乐部都不愿看到双方闹崩，但更衣室内的问题已经日积月累。有一方必须付出代价。

队里的一些年轻球员——里奥、鲁尼、弗莱彻和奥谢（O'Shea）——都很惧怕罗伊，我觉得他们并不知道如何与后者相处。这不是罗伊的错。我和他一起踢了10年球，逐渐学会怎么应对他的心直口快，何时该回敬几句，何时该保持缄默。但这帮年轻人在罗伊身边小心翼翼，蹑手蹑脚。你可以理解他们为什么会畏惧这个硬汉。

正常的新老交替在酝酿之中，正如当年我、斯科尔斯、吉格斯和巴特接替因斯、休斯和其他那些大牌球员们。最初这些人也曾让我们感到害怕。年轻球员需要得到打破壁垒展示自我的机会。但真正改朝换代的契机一直没有出现，直到2005年10月，俱乐部自营的曼联电视台那档声名狼藉的节目的播出。

事实上那天的《你来做评论员》（*Play the Pundit*）节目本应是我去做。罗伊和我当时都有伤在身，但天意弄人，我俩互换了做节目的时间。这档节目是在周一早上回顾周末刚刚进行的比赛——那一周，我们被米德尔斯堡4：1痛击，联赛中再次落后切尔西。那天早上我第一个抵达，随后罗伊也来了。更衣室里就我们两个人。

我知道那场比赛惨不忍睹，也能从罗伊的言谈中猜到他将直言不讳地说出自己的看法。

罗伊迫不及待地要上那天的节目。他的情绪很激动，因为他觉得年轻球员们的表现完全不合格。平日里看到年轻人聚集在PS游戏机这类东西前，他完全不能理解。他没有时间去经历几个赛季的重建。对于罗伊·基恩，你不要妄想提到“转型期”这个词语。

罗伊之前也曾在曼联电视台的节目上直抒胸臆，抱怨一些年轻球员的自由散漫。但当米德尔斯堡这场球的节目被俱乐部撤销播出时，我们知道罗伊这次肯定说了些更加过头的话。出于对罗伊言辞的担忧，有人把节目递呈给了主教练和大卫·吉尔（David Gill）。他们决定撤销播出。

几小时之内，消息很快走漏了风声。当球队飞往里尔参加欧冠联赛时，我和罗伊因伤没有随队前往，媒体上的各种报道已经铺天盖地，其中不乏对于罗伊到底说了些什么的流言蜚语。主教练向来对球队的团结引以为傲，强调内部问题绝不外泄，杜绝敌人打探到我们的任何弱点。但罗伊公开表达了他的不满，而已经不爽球队表现的球迷们，在里尔把怒火指向了球队。结局不能更糟了：一场糟糕的表现，0：1输球，球迷们高唱“只有一个罗伊·基恩”。在球员们前往机场返程的途中，耳边充斥的都是这样的歌声。

局面开始走向分裂。

在俱乐部内部，罗伊和一些球员进行了交谈。我不认为有谁和罗伊为此发生口角。对于弗莱彻或基兰·理查德森这样的球员来说，和罗伊争执并不是该做的事情。

接下来，主教练把所有人叫到他的办公室，让大家开诚布公。我们都坐在那里。房内挤满了人，二十几个人有的坐在椅子或桌子上，有的只能站着。我们看了节目的录像。在罗伊看来，节目的部分内容断章取义，曲解了他的意思。而对于主教练来说，在球队举步维艰的时刻，这里面的一些话并不适宜在曼联电视台播出。

罗伊选择了直抒胸臆，但在他看来，这不过是他一直以来表达真实想法的方式。这次的不同在于，这些话被录进了节目，而且在球队备受压力、球迷们焦躁不安的当口，这的确让俱乐部很难堪。更糟糕的是节目被禁播而在媒体引起的轩然大波。

看完了录像，大家开始讨论——这时情况变得相当糟糕。很快，交谈变成了激烈的争论。火星四溅。

在双方的口角中，我意识到，一切都完了。现在罗伊自己当上了主教练，他应该能够理解，话说到当时那分儿上，已经绝无挽回的可能了。

以罗伊的个性，整件事没有什么可尴尬的。他甘愿口无遮拦，一人做事一人当。他说出了心中所想，一吐而快，无论后果多么严重，他也能够承受。

随后几天事情平静下来，而战胜切尔西又起到了分散注意力的作用，至少球迷们安分了不少。但平静只是表面的假象。罗伊和主教练形同陌路，事情不能就这么一直拖下去。

当罗伊准备和我一起伤愈复出参加预备队比赛时，被教练组成员告知，没有安排他出场。他肯定已经知道，一切都将很快画上句号。

第二天，头儿要求所有球员来到训练场，包括像我这样的伤员。开始前，他把我和昆顿·福琼叫到一旁："听着，罗伊已经离开了俱乐部。"

尽管目睹了之前发生的一切，但这个消息还是让我震惊："真的必须走到这一步吗？"

"是的，这样对每一方都好。我们已经达成一致，就这么决定了。"

罗伊已经离开，不会再回头。我给他发了信息："对于发生的一切我很遗憾。"这的确是肺腑之言，因为在我的曼联生涯中，没有任何一个人能够与罗伊的影响力相提并论。如果我是那个时代成长起来的曼联小球迷，我的偶像一定会是罗伊·基恩。能和他一起踢球是我的荣幸。

毋庸置疑，他是一名伟大的球员：一个拥有超凡韧劲的中场，具备禁区到禁区的活力，铲球凶狠，而且他机敏的持球能力一直被低估。但也许他最出众的天赋在于能够带动全队发挥出最佳水准。当你看着他在场上玩命奔跑时，会觉得如果自己不使出全力，就是对他的背叛。

在他成为主教练之后，有球员因为不守时而被他弃用，圈内一片哗然，但我反而觉得：“为什么不呢？”他又不是要求自己的球员都变成贝利，只是要求他们守时而已。而这也是曼联球员们对自己的基本要求。

当然，罗伊在曼联期间也卷入了一些麻烦，主教练也曾对他的言行进行一定的规范与限制。

罗伊并不是和所有队友都能友好相处。他和很多球员性格不合，其中就包括泰迪·谢林汉姆。他偶尔会做得太过分。有一次在米德尔斯堡，他盯上了菲尔。菲尔出现了一些失误，罗伊上去推了他一把，但至少事后他道歉了。罗伊是会说对不起的。他是个极易冲动的人，但绝不自大或傲慢。

他的这种性格并不常见，就像是一锅沸水，20年里一直处于即刻沸腾的状态，随时都有可能爆发。主教练也拥有类似的个性。我很敬畏这种人，很想知道这样的性格怎么可能不会经常心脏病发作。光是看着他们就足以让人筋疲力尽，但他们往往又是最成功的人。

主教练说过，他把罗伊·基恩视为自己在球场上的化身。但他们的相似之处并不仅仅存在于两人易怒的性格。他们都很聪明，从不停止进步和学习。他们都十分机敏，头脑保持着警觉。

罗伊拥有很棒的黑色幽默感，你永远想不到从他嘴里会蹦出什么话来，他总是能让我开怀大笑。有一次我在群发自己的新电话号码，罗伊秒回：“你告诉我干吗？”典型的罗伊式黑色幽默。

很多人说罗伊有时做得太过分。他曾用“大虾三明治[①]”的段子批评自家的球迷，也曾多次在重要场合将队友批得一文不值。但如果人们因此而震惊，那只是因为在当今足坛很难找到这样敢说真话的人。我并不总是同意罗伊的说法与做法，但无论是作为球员，还是在为人处事方

---

① 2000年在曼联对阵基辅迪纳摩的欧冠比赛后，基恩对老特拉福德包厢内的所谓球迷提出尖锐批评，认为他们是来球场啃大虾三明治的，对于比赛毫无认知感和参与精神。

面，我都非常地尊重他。罗伊·基恩是这个时代乃至任何时代，最为杰出的人之一。

几个星期后，主教练约我谈话，让我来接任队长——曼联队长。我从不喜欢夸张强调队长的重要性，它不会让我成为更好的球员，或是发生脱胎换骨的变化。但对于一个来自K看台的小伙子来说，这是一个巨大的荣耀。

作为队长并没有什么特别的任务，你并不需要在赛前发表什么演说，那是主教练的活儿。队长头衔更多的时候只是一个荣誉，一个巨大的荣誉。唯一让我遗憾的是我拿到袖标的方式。

于是我们继续前行，在曼联我们总是如此。又一个传奇巨星离开了。即便是最好的球员，也难逃这样的命运。

黎明前往往是最黑暗的时刻。我作为队长的首场比赛，是12月在欧冠中做客本菲卡，结果遭受重创。我们需要获胜才能留在欧洲赛场当中，但在那座嘈杂的球场里，我们1：2告负。罗纳尔多踢得奇臭无比，最终被换下。

那是自我加入曼联青年队以来，我们在欧洲赛场上踢得最糟糕的一场球。人们开始公开质疑主教练是否廉颇老矣，连我们自己都开始怀疑自己。吉格斯和我曾经聊到曼联是否会就此沉沦。我们并没有陷入恐慌，但当时的确很难预见到我们会再次夺回英超冠军，更不用说欧冠了。

2006年1月，我们再度遭到羞辱，在足总杯被伯顿队0：0逼平。①面对鱼腩对手，我们在场上踢得无比艰难，以至于主教练下半场不得不派上鲁尼和罗纳尔多。

唯一值得庆祝的是主场战胜利物浦，里奥在最后时刻完成绝杀，我冲向老特拉福德一角的客队球迷看台，疯狂地庆祝。那是一种压力释放的宣泄，我们得以在重重困境中得到缓解。可英足总并不这么看，以行

① 当时伯顿（Burton Albion）处于英非联（英格兰第5级联赛），属于半职业球队。

为不当为由对我进行了处罚。

这简直太荒谬了。从什么时候开始，庆祝进球也成了罪过？正如我在《泰晤士报》（*The Times*）的专栏中所写的："做一个毫无激情和精神的机器人，看起来才是现代球员发展的方向。"

整个事件的发展愈发可笑。我不得不在曼彻斯特的一间办公室里通过视频向英足总纪律委员会举证。足总的一个老家伙问我，当时我向利物浦球迷挥拳庆祝时，是否带有任何的性暗示。我简直不敢相信自己的耳朵。性暗示？

最终我被罚款5000英镑。

这个处罚简直是个笑话，但付再多的钱我也愿意一次又一次地体验那种忘情庆祝的感受。那才是我踢球的原因，感受那些让人欢呼雀跃的时刻。曼联在最后时刻的绝杀能够带给你难以置信的极度兴奋。

英足总可以随便怎么罚我，但我绝不会泯灭对阵利物浦时的那份敌意。我知道主教练觉得有几场比赛中这样的情绪影响了我的发挥，我在过度亢奋的状态下出现了一些失误。在2月份做客安菲尔德时，他在赛前布置会上专门嘱咐我要冷静："你想着《加里・内维尔是个红魔，他仇恨利物浦人》[①]这种东西无所谓，但如果你因此犯下错误导致丢球，那就没什么好处了。放松点儿，完成自己的任务，就像踢其他比赛一样。又没人会死在今天的球场上。"

在那次疯狂庆祝的1个月后，我们走上了安菲尔德球场。我知道会遭受无数的谩骂，却没想到居然是哈里・科威尔（Harry Kewell）一开球就冲上来把我撞倒。利物浦球迷一直没有完全接受科威尔，于是他决定在人生中第一次硬朗起来，取悦球迷。

"现在你都成威猛先生了，"我起身对他说，"是有人给了你颗大力丸壮胆吗？"

---

① "Gary Neviile is a Red，and he hates Scousers"，加里・内维尔专属的曼联球迷歌。

那天我们最终输给了利物浦，被淘汰出足总杯。之前我们首次在圣诞节前就被淘汰出冠军联赛，而联赛中切尔西则已向着穆里尼奥治下的两连冠绝尘而去。

如果我们不想整赛季一无所获，那么联赛杯是唯一的机会。以曼联的地位和期望值来说，短短几个赛季形成的落差也确实太大了。但现在回头看，在加迪夫4：0战胜维根竞技的这场比赛，正是曼联复兴的全新起点。

对于独中两元的鲁尼来说，这是他赢得的第一座奖杯。也许这不是他梦中向往的那座奖杯，但却向着新球队的重建完成迈出了一大步。接下来的9场比赛我们赢下8场，进步的迹象愈加明显。我们终于找回了期望中曼联应有的状态。

弗莱彻、奥谢和“瓦扎”这些年轻人逐渐有了话语权。他们成为队中的活跃分子，并且开始接管更衣室。像我和吉格斯这些老队员也得退居二线了。

年轻一代开始接班的另一重要体现，是范尼的离队。联赛杯决赛中，主教练把他放在板凳上，而起用了萨哈。这是一个时代结束的信号。

范尼在队里心神不宁也有段时间了，他经常在训练时发脾气。他对几个年轻球员发火，而且对罗纳尔多绝对有了负面影响。范尼经常对罗纳尔多不在第一时间传球感到懊恼，会双手高举表示不满。终于有一天事态升级，他在训练中推了罗纳尔多一把。对于这位表现缺乏稳定性的天才少年，无论范尼的抱怨如何有理，你都能够看到这件事影响到了罗纳尔多。

一直以来，范尼确实有些自私。他会明白地告诉你：如果球队4：0获胜但他没进球，他依然会很恼火。这是他性格中的一部分，也正是这部分让他成为如此伟大的一名射手。但罗纳尔多才是未来的中流砥柱。

范尼是我共事过的最伟大的射手。我认为他比希勒更强。这两人射门都很精准，绝少浪费机会，但我觉得范尼的脚下技术更好。即使他孤身突前，也能吸引对方一整条防线。不过以我对范尼的了解，也许他更喜欢一个人突在最前面，免得其他人来分享他的得分机会。

但现在，在罗伊·基恩离开的同一个赛季，范尼也走了，标志着球队架构发生极大的变化。主教练再一次证明，为了让俱乐部继续前进，他有胆识地做出了重大抉择。他为鲁尼和罗纳尔多的一飞冲天腾出了空间。但我们的进步是否足以撼动切尔西，从而结束3年联赛冠军荒，仍然是个未知数。

第二十章

斯文·埃里克森

现在回头去看2006年世界杯，作为我代表英格兰参加的最后一次国际大赛，还是令人唏嘘不已，难以释怀。为人所记住的，只有两件事：一是太太女友团（而不是足球）；二是又一次倒在12码点球点上。

我永远都不会明白我们是如何让太太女友团成为故事的中心的，但这确实是埃里克森治下一个可笑的问题。这个问题在2004年的欧洲杯时就有，只是在当时被忽略了——太太和女友们在葡萄牙的时候就频繁地造访球队下榻的酒店。如果说2004年的时候这还只是一个次要的问题，那么到了2006年的时候，这已经成为一个不可回避的大麻烦了。

这种名流太太的话题是我完全无法理解的。有的人竟然将世界杯视为拍照上镜的机会，而不是最重要的足球赛事。埃里克森最初只是想让球队有一个轻松的氛围，但是当我们到达德国的时候，情况已经完全超出了想象。

我从来都不喜欢*OK!*和*HELLO!*这种八卦杂志，但是那个时候我们却深陷其中。对于我这样一个在曼联长大的球员来说，主教练总是坚持要我们把工作和私生活分开，所以在德国巴登巴登[①]所发生的事情简直是个笑话。家属们和媒体住在同一个酒店，这本身就是荒唐的。

我在第一天去那个酒店晃了晃，就看见一群狗仔队在那儿游荡，于是我发誓我不会再去了。我去德国可不是为了连和家人吃个三明治都有镜头顶在眼前。

我看到的越多，就越恼火自己的家人居然也在那里。我告诉了家人

---

① Baden Baden，英格兰队小组赛驻地。

我的担忧，我还告诉他们，我对其他球员家属的动机持保留态度。作为主教练，埃里克森必须对失控的局面负责任。而对球员，或者他们的家属来说，“失控”已经是一种婉转的说法了。

即使是在没有干扰的情况下，代表英格兰队比赛也已经够难的了。你必须头脑清醒。虽然到最后伴随着这份工作而来的种种并不全是坏事，但是为国家队比赛确实是有它的缺憾。和家人长时间的分离就是其中一项。但是对于顶级球员来说，随之而来的回报也是巨大的。你经常性的背井离乡会得到补偿。

每次我听到球员们谈论起他们必须和老婆、女朋友，或者孩子见面时，我就忍不住要生气。我希望他们现在回忆起来会感到羞愧。是的，你离开了1个月，这不是件容易的事情。我可以理解人们会想念他们的孩子。但是每届大赛都有时间留给球员和来访的家人团聚，我个人认为每场比赛结束后的一个下午就足够了。

在1/4决赛对葡萄牙的比赛前几天，有个球员说那天是他女儿的生日，她会做个蛋糕，所以他必须去他家人所在的旅馆。另外有两三个球员也趁机偷偷溜了出去。这件事情影响非常坏，以至于我和其他几个球员跑去见埃里克森：“看，我们必须阻止这样的闹剧。我们马上就要踢世界杯1/4决赛了。”这种精神状态是荒谬的。在曼联绝对不会有这种事。

我对于球员注意力不集中的担忧终于在一天早上的按摩室被证实了。一个球员在抱怨一家无关紧要的报纸写了一篇批评他的文章。我是真的开始惴惴不安起来。如果我们最好的球员之一都开始害怕一份愚蠢报纸上的文章，那么当我们真刀真枪地比赛的时候，我们又有多少机会呢?

除了担心太太团，我还担心我们的队伍在埃里克森的带领下变得懈怠，停滞不前。我认为在2004年欧锦赛后留用埃里克森是正确的。我们的主教练轮换得太多太快了，从维纳布尔斯到霍德尔，再到基冈。他们中没有一个挺过了一届国际杯赛。所以英足总这一次希望保持稳定。至少在鲁尼2004年欧锦赛对葡萄牙伤了跖骨之前，一切看起来还在向好的方向发展。

我们始终太过依赖一成不变的首发阵容，埃里克森在挑选首发的时候看重名气胜过实力。例证之一，是在世界杯预选赛对威尔士和北爱尔兰的比赛中，他尝试让贝克汉姆打中前卫，来扮演类似于美式橄榄球里四分卫的角色。为了在首发中塞下那么多球星，球队的阵型被扯得七零八落。我对于三人中场完全没问题——事实上，我恰恰觉得我们应该打三人中场。但是这次埃里克森的尝试，在我看来，其实只是为了把贝克汉姆、杰拉德、兰帕德这三个大牌球员同时塞进首发而已。

虽然因伤错过了2006年世界杯的预选赛阶段，但是我在电视上看了比赛，可以看出球员们的困惑。在晋级决赛圈的道路上，没有一场比赛踢得好。相比起球队的组织运转，太多球员关心的是自己的角色。

我们在中场有贝克汉姆、杰拉德、兰帕德和乔·科尔的4人组，在前场有欧文和鲁尼，他们都想成为带领球队走向胜利的关键人物。他们可能自己都没有意识到这一点。这个问题一直没有得到解决，因为有这11人的首发名单在，而它又是不可更改的。

在世界杯准备阶段，我向助理教练史蒂夫·麦克拉伦表达了我的担忧："我们需要打造一支团队。我们需要让能进行团队协作的球员上去打比赛。我们不能个个都成为发号施令的统帅。"

这种对首发11人的过度依赖，可表现为全国人民对欧文和鲁尼火线复出的担心。欧文因伤长达5个月没怎么踢过比赛，而鲁尼在4月底跖骨骨折以后，本来也绝对赶不上第1场小组赛。坚持把他们两人排进首发，可以理解为主教练认为应该多给他们一些机会来恢复球感，但这也突出了他对替补球员是多么的没有信心。

埃里克森在球队大名单的决定上，也同样存在问题。而这次我觉得他是咎由自取。他弃用了杰梅因·迪福（Jermain Defoe）。这是一个奇怪甚至愚蠢的决定，因为迪福在赛前的训练营中表现得极好。代替迪福的是西奥·沃尔科特（Theo Walcott）。这个小孩的名字我当时根本没怎么听说过。他只有17岁，甚至还没为阿森纳打过一场比赛。我内心的一部分感到兴奋，因为一个早熟的有爆发力的年轻人加入了我们，这正是我们这支队伍需要的。但是在训练的时候，一切都清楚地表明他还只是个孩子。那时的他不该被带到世界杯这样的地方来。

不幸的是，我的大多数担忧都被证明并非杞人忧天。在开局对巴拉圭的比赛中，我们虽然赢了，但是场面很难看，踢得既缓慢又费力。接下来我们打败了特立尼达和多巴哥，但是整支队伍都很笨拙，鲁尼仍然没有完全伤愈。

我在训练中拉伤了小腿，这让埃里克森头疼谁该出任右后卫。他甚至考虑让贝克汉姆打我的位置，这绝对是一个糊涂得惊人的点子。整个计划在我看来就是“猪八戒照镜子，里外不是人”。他既想在右前场起用更有速度的阿隆·列侬（Aaron Lennon）——这当然是正确的想法，但又不想让贝克汉姆沦为替补。

埃里克森明显在担心，如果放弃任何一个大牌球星，无论是贝克汉姆，还是兰帕德、杰拉德，或者欧文，会有什么后果。但是如果这对球队有好处，就应该去做。我个人认为这是好事，可以让球队打起精神全力以赴。可是因为我们过去一直用这个首发打比赛，弃用任何一个球星都会引起轩然大波。

我认为我们该为首发阵容和阵型注入新鲜血液。中场放3个人，多用些队里其他的球员，比如迈克尔·卡里克（Michael Carrick）。即便他从支持他的曼联球迷中也没有得到足够的赞誉，但我感觉他会为英格兰带来成功，因为他是那样的无私。直到他退役的那天，人们可能都会一直争论他的水平高低，但是以和他共事的经验来说，我知道他在英格兰队里会干得很出色。他是像达伦·安德顿那样可以让你放心带去国际大赛的球员，因为他在比赛中总是很镇定。虽然很多人认为兰帕德和杰拉德比卡里克更有价值，但是他们俩的组合鲜有出色的表现。我们需要变通，才能打造出一支流畅运转的球队。

我们也应该给欧文·哈格里夫斯更多上场的机会。卡里克和哈格里夫斯的搭档会为我们的两个世界级的天才——鲁尼和杰拉德——打造更好的舞台。如果这意味着要刷下其他人，那么就刷下他们吧。鲁尼和杰拉德需要成为整支球队的核心，他们会为我们赢得比赛。

这些抉择做起来需要无比的勇气，这也是穆里尼奥、卡佩罗和弗格森这样超一流主帅的过人之处。他们从不因为担心失败而畏首畏尾。

在对这届英格兰队如此多的想法中，我把其中一些转达给了麦克拉伦，至于他有没有和埃里克森讨论过，我就不得而知了。这取决于麦克拉伦。尽管我忧心忡忡，但当面抨击主教练并不是我应该做的事。

接下来事情发展得更糟糕了。我们2：2打平瑞典后以小组第一出线，但是因为十字韧带扭伤，我们失去了欧文。现在我们真的得为没有带上迪福付出代价了。

我们在16强的比赛里艰难地以1：0战胜了厄瓜多尔。这次哈格里夫斯打了右后卫。但是接下来在1/4决赛里我们又一次对上了葡萄牙。我归队了，但是我对首发11人的阵容并无信心。在我们4-5-1的阵型里，鲁尼一人在前场孤立无援。杰拉德和兰帕德的状态和心态都很差。哈格里夫斯刚在中场的位置踢了一场好球，但也大费体力。我们既没有速度也没跑动。

沃尔科特整届世界杯没有踢过一分钟比赛，而埃里克森这个时候也没有想到该把他用上，即便在最后的20分钟里，我们都在渴求生力军的加入能带来一些惊喜。

接着鲁尼就被红牌罚下了。

从脾气这一点来说，“瓦扎”还是给对手留下了可乘之机。在里卡多·卡瓦略（Ricardo Carvalho）对他一个粗暴的犯规之后，鲁尼用鞋钉踩了对方。这是一个毫无争议的判罚。事后，媒体大肆炒作了罗纳尔多的那次眨眼，那个表情仿佛在说：“干得好，伙计。我们把他赶下场了。”我没看到那次眨眼，即使我看到了也不会有什么不同。没什么好抱怨的。不论罗纳尔多有没有眨眼，鲁尼都犯规出局了。

接着我们就进入了点球时间，再一次。低迷的状态加上过去糟糕的纪录，让我实在没信心。到了踢点球的阶段，要拼的是两个队的自信心。而我们过去败在点球上的噩梦还在萦绕。我已经猜到了比赛的走向。意料之中，我们射失了几个；意料之中，罗纳尔多一击即中。

结束了，我的最后一届世界杯。我一向在比赛结束的当时不会感到太沮丧，那种失望要在事后才开始发酵。但是，当我还站在盖尔森基兴（Gelsenkirchen）球场上的时候，我的内心就已一片荒芜。就这样了。又一个机会溜走了，再也回不来了。一切还是老样子。为什么我们总是找不到正确的方向？最令人遗憾的是，悔恨——比输球本身更多的——是我们告别德国的方式。

这是一种最差的告别方式，因为你知道你明明可以做得更好。在曼联，我们从不把悔恨留在更衣室，我们全力以赴。曼联也不是没有过惨败，也有过灾难性的夜晚。但是在我的脑海中曼联输球的场面，一定是10个球员在对方禁区拼到最后一刻，门将冲上来争顶角球，像《虎豹小霸王》（*Butch Cassidy and the Sundance Kid*）里的布彻·卡塞蒂（Butch Cassidy）和圣得西（Sundance），两位主角明知必死，也要在枪林弹雨中战到最后一刻。你可能最后还是会输，你可能含泪走上回家的路，但是你已经倾尽全力了。而英格兰队就是一只点不响的哑炮。当我走下盖尔森基兴球场的时候，我不仅是心痛，更多的是愤怒。

在我列出了这么多英格兰队的失误之后，不幸地，我还是要说我支持埃里克森，这听起来可能有点儿自相矛盾。我喜欢他，如果他能在英格兰队获得成功，我会为他感到高兴。他最后的那场战役让大众失望，而他本应做出更勇敢的抉择。我不赞同埃里克森应该一辈子背负着“辜负黄金一代”的罪名。三次将英格兰带入国际大赛的1/4决赛是一个让人尊敬的纪录，而且我也不确定以英格兰队当时的阵容深度而言，是否真能拿下一届国际大赛的冠军。

那些因为埃里克森的失误而抨击他的人，也应该为了他最初对我们的成功转型而给予褒奖。在他手下踢球，你很容易就能理解为什么他能享誉欧洲。球员喜欢他，尊敬他。但是就和球员一样，他的能力同样不够。

埃里克森让球队趋于稳定，而且也带来了不错的战绩。不能算好，却可以接受。三次打进1/4决赛——确切来说，我不为这个成绩感到骄傲，而且我认为在2004年欧锦赛的时候，我们的实力本应进入4强。但是要说埃里克森是一个失败的英格兰队主教练，这就太不公平了。

埃里克森在德国发表他的卸任演说的时候，眼眶有点儿湿润了。他不是唯一一个离场的，贝克汉姆也决定辞去国家队队长的职务。这对他来说是一个重大决定，因为他喜欢这份工作，他热爱这个袖标。实际上，担任队长让他成为一名更好的球员。可是到了这个分儿上，他也需要减压，需要释放。人们在问，队长袖标是不是让他变得无人敢动了。不能改变的一个事实是，以实力而论，他始终是一名伟大的球员。

我和小贝在比赛结束回酒店的大巴上讨论过这件事情。我让他给自己一些时间，但我想他辞去队长的去意已决。

在宣读自己决定的时候，他努力收住眼泪。贝克汉姆始终都关心着自己的国家，他是一个爱国者。

第二十一章

了不起的罗纳尔多

如果你问我，在我为曼联效力的那几年里，谁是球队最好的球员，我的答案将会非常主观。比如，我会毫不犹豫地告诉你，斯科尔斯是最好的之一，但是你又怎么把他出色的技术和吉格斯的长盛不衰的运动生涯、罗伊・基恩的求胜心、彼得・舒梅切尔的才华，抑或是埃里克・坎通纳的人格魅力来做比较呢？我是如此的幸运，能够和一些真正伟大的球员共事。但是，如果完完全全从决定比赛结果的能力上来说，克里斯蒂亚诺・罗纳尔多是我最终的答案。

克里斯蒂亚诺是一个优秀的年轻人。有些人说他是个自恋狂——这是真的，我从来没有见过一个男人花这么多时间照镜子。每次他进入或者离开更衣室，都要确定身上那件紧身的杜嘉班纳（Dolce&Gabbana）T恤看起来完美无瑕。如果他不踢球，一定会去做个模特。如果你要像他那样自恋，最好有足够的资本。而克里斯蒂亚诺，是一个非凡的天才。

在队友之间，他花哨的球技让所有人都抓狂了。大多数时候，他一天要花20分钟来显摆那些花活。老实说他有时候玩出的花活，我都看不出来他是怎么做出来的。比如说，他会假装把球往你脸上踢，当你忙不迭地要躲的时候，他又会用脚一下把球勾回来停在脚上，让你看起来像个傻瓜。再比如说他可以一边颠球一边蹦迪。他喜欢玩球，也热爱足球这项运动。他一下子就融入了我们这支队伍，因为他总是在兢兢业业地练习。如果没有如此认真的敬业精神，克里斯蒂亚诺・罗纳尔多绝不可能成为现在的克里斯蒂亚诺・罗纳尔多。

就拿任意球来说吧，他刚来曼联的时候还没有身怀任意球绝技，但后来，他发明了那种不可思议的脚趾向下、内脚背触球的电梯球踢法。

正是经过训练场上经年累月的反复苦练，这种绝技才能练成。

他也非常勇敢。他总是不停地要球，即使他身后死死地跟着一个防守球员。

唯一令我恼火的是，我给他套边了几千次，但是他从来不传球给我。有一次我跟他开玩笑说，他这样让我一次一次几公里几公里地来回跑，把对方后卫带出来，是不是想让我折寿，让我少踢几年？但是，当我看到克里斯蒂亚诺取得的那些成绩的时候，又哪里还抱怨得起来呢？

他的天分是毋庸置疑的。但是一直到2006年世界杯的那次眨眼门事件之后（也可能正是因为这次事件），他才踢出了他的最高水准。现在他的场外活动可能更多，但是我认为2006—2007赛季是他踢得最好的赛季。我们见证了他天才的绽放。

可能是世界杯上发生的事情让他更专注了，虽然我或者韦恩没有因此对他有一点儿隔阂。在“瓦扎”红牌下场，英格兰输给葡萄牙的赛后，我去了葡萄牙队更衣室，祝福克里斯蒂亚诺在接下来的比赛中好运。为什么不呢？他做错了什么呢？他使了个眼色，那又怎样？他只是想要赢得世界杯而已。

在曼联队中，大家也没有因此对克里斯蒂亚诺有一点儿苛责，除了媒体的胡扯和一些粉丝的骚扰。对这些，罗纳尔多用最好的方式来应对——在世界杯之前，他踢得有些太黏：触球过多，花活太多，一针见血的传球太少。但是突然一切都改变了。他对于传球路线的选择，对于过人或是传球的选择和平衡，一下子变得如此有效和协调。他在技术和心理上都更成熟了。他融入了一只争冠球队，成为其中强有力的一员，这也帮助他成长为一个移动的火力点。

他不再仅仅是一个边锋，而是一个可以和任何中后卫在空中争霸的前所未有的中锋。事实上，我认为我在曼联队中见过的最棒的一粒进球就来自克里斯蒂亚诺的一粒头球。你可能会对我这么说感到惊讶。

这粒进球来自于2008年4月1日欧冠1/4决赛第2回合在罗马奥林匹克球场客场对阵罗马的比赛。整个配合快速流畅，鲁尼的转移也很棒，但是最令人拍案叫绝的还是克里斯蒂亚诺打进这个球的方式。斯科尔斯将球吊向半空，说实话，这个球看上去不像是冲着任何人去的。但正在此时，克里斯蒂亚诺像一列出轨的火车一头扎进禁区，像迈克尔·乔丹（Michael Jordan）一样高高跃起，又像乔·乔丹[①]一样将球一头顶进了网窝。他原本离门前还有一段距离，在点球点附近，但感觉他就像子弹一样飞了出去。克里斯蒂亚诺把自己从一个花哨的边锋变成了可能是拥有世界上最强攻击力的球员。梅西（Messi）当然有他惊人的天赋，但是罗纳尔多在地上和在空中都一样有毁灭性的战斗力。

罗纳尔多最大的进步就是他更注重团队配合了——可能是因为他意识到，即使在他被外界谩骂攻击的时候，球队依然如此倚重他。这就像当初的贝克汉姆，当他在1998年世界杯上得到红牌，被全国上下唾骂的时候，老特拉福德的观众给了他温暖。当罗纳尔多被其他球迷为难的时候，他的拥护者只会更加珍视他。他们看到了他在球场上的回应，然后他们也回应以曼联球迷的支持，而这样的待遇只有极少数球员曾经享有。

克里斯蒂亚诺是一个值得以他为核心打造一支球队的巨星，即使他并不像鲁尼那样勤勤恳恳地回防。不像鲁尼，罗纳尔多对回撤协助防守一点儿都不感兴趣，即使是到了比赛的第90分钟。在曼联，进攻球员总是被赋予防守的任务。但是有时候，非常少见地，你也会碰到一个球员，值得被纵容一下。将罗纳尔多从防守任务当中解放出来以后，你会得到加倍的回报，那就是他能够将防守的精力完全地投入到更有效的前场工作中去。

早先，作为球队的一员，我们对罗纳尔多不按计划、招呼也不打一个就换边的行为感到很困扰，但是现在我们学会了利用罗纳尔多的灵活机动。他成了整支球队的核心。

在历经三个无冠的赛季以后，能够在2007年重新夺得联赛冠军，

---

① Joe Jordan，前曼联球星，1974年世界杯苏格兰队成员。

对我们意义重大。这个冠军头衔和我获得过的任何一个冠军一样有价值。对于俱乐部来说，能够在那么多年的质疑之后重回榜首是一个巨大的成就。对我个人来说，那个赛季的前6个月是我自己除了三冠王那年以外，能够达到的最佳状态。

整支队伍在各方面都人才济济，攻守平衡。内马尼亚·维迪奇（Nemanja Vidic）加入了我们，成为里奥·费迪南德的黄金搭档。来自法国的帕特里斯·埃弗拉是头儿的又一个强有力的引援。我们签下了一流的球员，我们队中太多有经验的球员急于在3年无冠之后证明自己，我们还有巅峰状态的鲁尼和罗纳尔多。经历去年那个动荡的赛季，我们最终还是没有获得冠军。在外界对主教练和球员的质疑声中，我们要重新开启一个梦幻般的新时代，一个在俱乐部史上最为成功的时代。

在这个赛季第1场对富勒姆的比赛中，我们狠狠地打了他们一个5∶1，迎来了开门红。这也让我们在多年以后再次让切尔西在赛季伊始就感到了压力。我对切尔西签下巴拉克（Ballack）和舍甫琴科（Schevchenko）感到高兴，这个说法可能会让人惊讶，但是我很高兴看到这两名由俱乐部主席阿布拉西莫维奇做主签下的球员对主教练穆里尼奥的排兵布阵产生了负面影响。任何能够扰乱切尔西这部机器正常运转的事情都让我高兴。

当那一年圣诞节来临的时候，我们总共只输了两场比赛——和以前几个赛季比起来是一大进步。我们正处于上升期，而切尔西已经不是以前的切尔西了。我们唯一的问题却是发生在场外——在约翰街大酒店，我们在一场欢庆圣诞的派对上喝高了。派对结束的时候，我们年轻的爱尔兰后卫——强尼·埃文斯（Jonny Evans）——被捕了。

按照媒体报道的说法，你可能认为整个派对就是一场无节制的纵饮。我承认这是一场狂欢派对，但是曼联的圣诞节向来如此。我为我自己的职业精神感到自豪，但同时我也为我们的派对传统骄傲。

近些年来，球员的圣诞派对慢慢成为这项运动阴暗面的一个象征——酗酒、狂欢，领着高薪的球员像小丑一样做些蠢事。但是我一直相信这也是一支球队的重要经历。

早些年，我们经常去曼彻斯特的格雷普斯酒馆（The Grapes），老板是维拉·达克伍兹[1]。我们会叫上我的吉他老师，然后唱一下午的歌。这是我的最爱，一下午都在这个小酒馆里和着一把吉他和一架钢琴的伴奏，翻唱一些歌。接着，大家就开始喝酒，并且互相起哄对方来唱一些球场上的经典段子。

这一切都是健康的、无害的娱乐活动。就算对一些外援队友来说，这不对他们的胃口。他们可能会去赌场赌上一下午，然后再来和我们会合。但是，对我来说，我可以为了这个下午放弃整个世界。

最近几年的派对我们搬到了一个更高级的地方——约翰街大酒店（the Great John Street Hotel）。我是整个活动的组织者，我想移师到约翰街大酒店可以让我们远离狗仔的镜头。确实，约翰街大酒店里出入的女孩更多，但那里也有不少优秀的单身男士。这个地方绝对不是一些报纸编造出来的那种污秽的场所。而针对可怜的埃文斯的报道纯粹是一场炒作，我们从一开始就知道他绝没有做错任何事情，对他的指控简直荒谬。但是那个时候报纸上已经铺天盖地都是这件事情的报道了。

在主教练的眼里，伤害已经造成了。他把整支队伍集合起来，然后开始咆哮怒吼着要罚每个人一个星期的工资，从正式球员到后备役。我意识到俱乐部的名声被这次负面新闻损害了，但是作为工会的代表，我徒劳地争辩说，罚每个人是不公平的。我是派对的组织者，所以我应该是受罚的那一个，而且我知道埃文斯是被陷害了。

事后，我多次再和头儿去争取，但是他决心已下，不容更改。他还决定，今后再也不准办圣诞派对了。

这不是我在这个赛季和头儿的唯一一次争执。欧冠联赛的第1场

---

① Vera Duckworth，酒馆的实际拥有者是演员伊丽莎白·多恩（Elizabeth Dawn），维拉·达克伍兹是其在英国家喻户晓的肥皂剧《加冕街》（*Coronation Street*）中的角色名。

淘汰赛，我们对法甲的里尔，主教练和对方主帅——克劳德·普埃尔（Clauder Puel）——之间有些龃龉。比赛的气氛一开始就很紧张。那天的争议在于，吉格斯在对方还在排人墙的时候，就飞快地开出了一脚任意球。球进了。这个任意球完全合乎规则，是吉格斯的一记妙招，但是法国人简直是出离愤怒了。他们向主裁抗议无效后，就开始退场了。简直难以置信。

“哦，帮帮忙，回来把这场该死的比赛踢完！”我对他们的队长说，跟着他走向了场边。

接下来我就看到主教练冲向场边对我大吼：“内维尔，你在干吗！回场上去！”他简直是在咆哮了。

但我认为我的做法更合理，就是让大家都回到场上来把比赛踢完，毕竟我们正领先呢。但是主教练已经怒不可遏了。

所以我想也没想就喊了一句“滚开！”然后自顾自走开了。

我虽然对很多人都说过“滚开”这个词，但这还是头一次对主教练说。当比赛恢复进行以后，我意识到这次我是逃不掉了。

我们赢了比赛。赛后主教练在等着我。和我预料的一样，他看起来像已经气到中风了。

回到俱乐部以后，吉格斯试图让我道歉。我还来不及找个机会，头儿就已经把我叫到了他的办公室。我猜等着我的是又一顿臭骂，我一点儿都没猜错。他炮轰了我一顿，罚了我一个星期工资，把我踢出了他的办公室。

接下来那个周末是我们对战富勒姆。主教练千里迢迢把我带到了伦敦，又不让我上场，让我暗暗发笑。他甚至没把我排上板凳名单。我心里完全清楚这是为了什么——他要给我个教训。但是我们的主教练是那种总会给出理由的主教练，这也是他的一个优点。你听说过有一些球队，出场名单不到比赛前一个小时不会公布，他们的球员也要一直等到那个时候才知道自己被刷下了。在曼联，如果你前一场首发了，而这一场主教练决定不用你，他一定会把你叫到办公室然后告诉你为什么，从无例外。他在沟通上做得很出色。你可能不喜欢他给你的理由，但起码他是当面告诉你了。

“我需要派上更高一点儿的球员，所以我准备上韦斯·布朗（Wes Brown），让奥谢做替补。”他对我说，“对付富勒姆我需要高个儿的球员。”

我笑了起来：“教练，当年我还只有21岁的时候，你就在对温布尔登狂帮的比赛里让我打中卫了。在足总杯决赛里，我盯死了邓肯·弗格森（Duncan Ferguson）。”

“不，加里。富勒姆他们的定位球很危险。”

你可以想象当我们到达场地以后发现对方在左翼派上了阿列克西·斯梅尔京（Alexei Smertin）的时候，我感觉是多么好笑。这个家伙身高只有1.4米①，差不多就那样。

主教练在更衣室里看着他们的出场名单笑了：“我其实是可以让你上场的。”

3天以后，他又把我带到雷丁，还是把我留在观众席上做“第十七人”。“你把我带来干什么呢？”我问他，“我明明可以在俱乐部好好训练的。”

这一次客场征程对我来说完全是在浪费时间，但是主教练需要建立他的威信。我再也不会冲他骂脏话了，他让我狠狠地摔了一跤。对于任何敢对他出言不逊的人，他教训起来都毫不迟疑，特别是针对我们这些从曼联青训上来的人。

主教练总是对我们这些青训球员比对外面引进的球员更严厉，因为我们是他从小带大的孩子。可能当我们忤逆他的时候，他感觉更是对他个人的冒犯。我还是不觉得我在里尔犯有什么大错，但是我知道不值得为这事和主教练较真，除非我想继续游荡在大名单之外。

---

① 斯梅尔金身高1.74米，此处是加里·内维尔夸张的说法。

即使我很沮丧，我还是意识到队伍在我缺阵的情况下，对富勒姆的那场胜利是多么重要。在2月底，我们在卡尔文农庄（Craven Cottage）球场以2：1战胜对手，这可能不会被很多人当成记忆里的一场重要的比赛，但是它确实至关紧要。如果不是在比赛还有几秒钟的时候罗纳尔多独挑大梁打进了漂亮的一球，我们可能就会丢掉这至关重要的几分。伟大的球员往往在最关键的时刻打进最关键的入球。而这就是那个赛季中，罗纳尔多扭转局势的几个例子之一。

一个星期以后，主教练在安菲尔德球场的比赛中重新派我上阵了。这是又一场意义重大的胜利，是锁定我们最终联赛冠军的几场重要胜利之一。在顶住了利物浦无穷无尽的猛攻之后，约翰·奥谢在中场前打入一粒绝杀，帮助我们战胜了长久以来的死敌利物浦。值得一提的是，这粒进球还是在克普[①]看台之下打进的。就像我事后告诉奥谢的那样，他完成了我的梦想。

我们在积分榜上上升得如此之快，联赛冠军唾手可得，这一切都该感谢罗纳尔多。我从来没见过乔治·贝斯特踢球，但是我要说，在当时，我都怀疑他比不比得上罗纳尔多。罗纳尔多在2006—2007带领我们夺冠的那个赛季也是他个人最好的赛季。我觉得我能得到这个冠军头衔多亏了他，就像我们在1995—1996赛季能得到冠军是因为有舒梅切尔和坎通纳一样。

能够在2002—2003赛季以后，尤其是在外界对我们的诸多质疑声中重夺冠军，这种感觉实在太棒了。仅仅是在18个月前，每个人都在怀疑，是不是曼联王朝的统治就此终结了。有人呼吁主教练下课。有时候，甚至是在球员内部，我们都担心是不是一个长期的低谷要开始了。切尔西花了那么多钱，而且他们的优势看起来是压倒性的。所以在重回

---

① Kop，克普看台曾是利物浦最狂热球迷的聚集地，是欧洲最著名的站立看台。后来出于安全考虑，在1994年被推翻重建为座位看台。至今，死忠利物浦球迷仍自称为KOP。

顶点以后我们办了一个大型庆祝活动。在那一年得到冠军是不可思议的，那一年和我的1996年英超首冠，还有1999年的三冠王一起并列成为我职业生涯中最棒的3年。

唯一的遗憾是，在赛季还剩下10场比赛的时候我受伤了。所以领奖的时候我是跛着一条腿，由吉格斯扶着我上去领奖的。一开始，我只是难过于我的赛季就这样中断了。这个赛季我感觉良好，正在享受踢球和当队长的乐趣，我踢得很快乐。慢慢地，我才意识到这次受伤的严重性。

它发生在3月份对博尔顿的主场比赛中。我当时根本不知道情况有多糟糕。我只感到疼痛。比赛开始不久，里奥把球传到了我的身后，我勉勉强强控制住球，但是需要多做几下调整。我能感到加里·斯皮德全速向我冲来，所以我就把球大脚开了出去。然后，砰的一声！他把我放倒了。

这不是一个最好的飞铲——更像是冲着人去的而不是冲着球去的，但是他也只是在做我们很多人都会做的事情：在比赛开始的时候就拦截得凶狠一点儿，特别是当你踢客场的时候。然而他全身的重量都压在了我的脚踝上。我立马就知道我的韧带受伤了。

当天是我妻子的生日。我们原本计划那天晚上出去吃饭的，但是我完全动不了。我感觉糟透了。我把冰块敷在脚踝上来消肿，可是脚踝却变得更肿，而且更痛。最后我打电话给队医让他拿点儿止痛片来，“我感觉我的脚踝要爆炸了。”我忍着剧痛跟他说。

当时我还以为只要休息10~12个星期我就可以重新上场了，但是实际上我足足休养了17个月才能正常地上场比赛。我甚至想在足总杯对切尔西的决赛中上场，那场比赛是在新温布利球场举行的第1场比赛，最后我们输给了切尔西。5月上旬，我试图在一个理疗师的帮助下回场上开始训练，但我只坚持了3分钟。

我知道自己的脚踝里有一些东西不对劲，所以去做了一次手术。他们把里面的脓放了出来，还重整了两块骨头。我每天都在康复中心训练，渴望能在2007—2008赛季重回赛场。即使是节假日我都是在健身房里度过的。

但当我们开始季前赛的时候，我还是有些不对劲。我跑起来总是觉得和以前不一样，然后我开始不停地受伤——小腿、腹股沟、大腿，一个接着一个。我刚康复到可以加入预备队，紧接着就会有别的伤病发生。

当我还年轻的时候，曾看着大卫·梅（David May）、罗尼·杨森，还有路易斯·萨哈，想着："这不可能有这么严重啊。他们难道就不能克服这些伤吗？他们在我看来都挺好的。"现在我变成了那个在训练结束后需要一个冰袋、一个冰块浴，或者问医生要一卡车消炎药的人。

我以前从来没有对那些因伤病退出的运动员抱有特别的同情心，但这次我开始意识到，受伤以后要重返赛场确实是一件很困难的事情。它会侵蚀你的运动生涯，磨灭你的雄心。当大家都兴高采烈要开始新赛季的时候，一个留在健身房里的伤员总是孤独的。然后还很有可能你伤愈后状态会下滑。

在圣诞节以前，我参加了一些预备队的比赛。我开始正常训练好几个星期了。有天早上卡洛斯看到了我，对我说："加里，看到你回来真是太好了。"

一个星期天早上，我们正在打一场练习赛。开头20分钟我就感觉怪怪的。然后我做了一些跑动，接着我的小腿就砰的一声，肌肉撕裂了。我只好又休养了5个星期。这对我的士气更是一个巨大的打击，因为不算这5个星期，之前我已经受伤休养8个月了。

人们试图为我打气，说这只是一个小拉伤。但是我所能想到的都是我还没从上一次受的伤当中恢复过来。这就像我前进了两步，又倒退了四步。

我甚至想就这样不参加2007—2008赛季了，就算春天的时候我已经接近伤愈了。队伍没有我也踢得很好，而我不想这个时候回去当一个不稳定因素。没有一个教练在思维正常的情况下，会想要打乱一支争取三冠王的队伍，而三冠王恰恰是我们那个赛季在拼命争取的。

我为俱乐部感到高兴。我毫不怀疑，有些受伤或未能入选的球员，会希望球队输掉比赛，或者希望顶替他们位置的人踢得糟糕。我很肯定英格兰队里有些人就是这样。但是在曼联，主教练了解球员的性格，我们这儿没有心胸狭窄、嫉贤妒能的人。“不要自怨自艾”，当我们还是孩子，每当受伤或是落选名单的时候，就会这样被教导。所以我现在很高兴看到球队没有我也踢得很好。

当主教练把我排到替补球员席上的时候，我还真的不确定我已经准备好重返赛场了。那是在2008年4月，我受伤整整13个月之后，我在欧冠1/4决赛对罗马的第2场比赛中替补出场了。当时我们已经胜券在握。主教练对我说：“你去踢中前卫。”我完全没预料到这点，我也没料到当我走上球场的时候，整个球场都为我起立欢呼。

对这样的热烈欢迎方式我既窘迫又感动。这些都是为了我？我只是想重新回来打比赛而已，摸摸皮球，安抚一下我紧张的神经。这些可爱的球迷给我的欢迎太隆重了。我走过了一段艰辛的旅程，但是在那一刻，突然间所有在健身房里孤独度过的日子都值得了。

整个赛季我一共就上场了这9分钟。主教练很明智地决定，延续原先的阵容，并带领我们获得英超和欧冠的双冠王。如果不是因为足总杯决赛我们愚蠢地在主场倒在了朴斯茅斯的脚下，我关于“三冠王不可复制”的观点可能就要被推翻了。

在打败罗马以后，我们进入了欧冠半决赛，对阵巴塞罗那。对方阵中有埃托奥、伊涅斯塔、德科和梅西，这对我们是一个大考验。这要感谢卡洛斯，打败巴塞罗那是他作为助理教练所获得的最大成就。他的技术专长，他以前教我们的更灵活的欧式足球的踢法，在这场比赛当中都得到了回报。

这么多年来，赛前训练一直都是以我们自己的踢法为主。但这次卡洛斯专注于教我们如何对抗巴萨。我们从没有见过这样专注于细节的训练方法。他把用来做仰卧起坐的垫子放在训练场上，来标示他需要球员跑到什么样的位置上，精确到码。我们排演了好几遍，有几次甚至是把球拿在手里，按照他的战术安排慢动作走位。

指示非常简单。罗纳尔多顶在前面牵制对手，每次当亚亚·图雷拿球的时候，卡洛斯·特维斯（Carlos Tevez）就上去盯住他。让对方的中后卫拿球，他们对我们造不成什么威胁。朴智星（Park Ji-Sung）和鲁尼拉开两边，这样我们的后卫就有了两个尽职的边前卫，去帮忙阻截梅西和伊涅斯塔。但最复杂的部分落在斯科尔斯和卡里克身上，卡洛斯为他们两个人制定出了一整套详细的跑位，具体到当对方在什么位置的时候，你应该跑到什么位置上。他们必须互相协调。这需要极大的专注力，但是只有这样做才能阻止德科和哈维将球传给埃托奥。

巴塞罗那是一支打法复杂的球队，难以打败。我们必须切断他们每一条可能的进攻线路。他们在传接球方面比我们做得更好，所以扼杀他们的传球是打败他们的必经之路。

我们希望第1轮在巴塞罗那的诺坎普球场，罗纳尔多可以在防守反击中打击到对手。但不幸罗纳尔多射失了一个点球，所以这场球就彻彻底底变成了一出由卡洛斯导演，我们倾情演出的防守大戏。

主帅的二把手对整支队伍的影响是很大的。主教练非常信任他的助手们。我们从布莱恩·基德、史蒂夫·麦克拉伦和卡洛斯·奎罗斯那里都学到了很多。当我们新的助理教练水准不如他们的时候，队伍就踢不好。卡洛斯的训练有时候有点儿枯燥乏味，但是从他那里我们学到了如何控制比赛。

在诺坎普球场踢成0：0以后，我们信心满满地回到老特拉福德。第2回合的比赛扣人心弦，最后斯科尔斯打入一粒直挂球门右上死角的世界波，胜负就此分出。这是一粒关键时刻的伟大进球，来自一个伟大的球员。太经典了！我们两场比赛一共180分钟对阵巴塞罗那一球未失，这是近5年来很少有队伍可以做到的。9年以后我们终于又一次闯入了欧冠的决赛。

在莫斯科对阵切尔西的前夜，我感到空气中像有魔法一样。我猜到最后可能是平局，所以我就开始回顾我们每一个主罚点球的人。我想象过我们会有怎样的机会。不过现在事后想来，如果约翰·特里没有滑了那一下的话，结局可能就会非常不同了。

我非常确信我们会赢，但我实在找不出比吉格斯更适合的球员来打进制胜的那粒点球了——当晚是吉格斯代表曼联的第759场比赛，超过了博比·查尔顿的纪录。在曼联，你总是会碰到像这样令人难以置信的历史巧合，比如，1999年的欧冠决赛那天是马特·巴斯比爵士诞辰90周年。光荣的传统总是围绕着我们。

后来在那天晚上，我们送给吉格斯一只手表，以纪念他的出场纪录。我也曾想过他是否就该在那天那个场合退出足坛。你哪里还能找到比这个场合更完美的呢？他已经成了曼联获得荣誉最多的球员，是俱乐部最忠心的仆人，最后又在欧冠决赛中打入了决定胜负的一球。要怎样才能超越这一刻？

但是吉格斯之所以成为传奇，就是因为他从来不考虑退出。他还爱着足球，而且当你一周接着一周都踢得很出色的时候，为什么要放弃？

吉格斯的运动生涯是不可思议的，在英格兰足球史上无人可以匹敌。世界上的每个人都在颂扬保罗·马尔蒂尼出色的能力和常青的职业生涯。那么，吉格斯就是我们的马尔蒂尼。

吉格斯履历表里唯一缺少的就是一次参加世界杯决赛圈的经历，但他个人并不能改变什么。可以理解的是，以前总有人对他说："来为英格兰队效力吧。"他总会发怒。由于吉格斯曾为英格兰青年队效力过，所以人们老是抱着不切实际的幻想。但是吉格斯生在威尔士，是个百分百的威尔士人。

足坛的常青树不少，但是处在吉格斯这个位置，有勇气接下球并且不断与别人一对一，这是非常特别的。他很聪明，懂得不断地调整自己的打法。他学着去打中前卫、影子前锋，甚至边后卫。

回顾吉格斯生涯的开端，作为一个边锋一直待在边线附近，然后再想到现在，20年后，吉格斯是怎样从球场中心控制整场比赛的。他始终能拿出好的表现，让自己成为比赛的一部分。有一部分原因是因为他是个硬汉。吉格斯有一种钢铁般的意志，从场上到场外。我从来没有听到过他高声大喊，因为他根本不需要。他很低调，但人们知道他不是好糊弄的。

任何人，如果在37岁以后还想踢球的话，就需要祈祷自己不要受伤了，而吉格斯对自己的身体照顾得非常好。我、吉格斯、基恩一起上过瑜伽课，基恩和我很快就追不上老师的进度了。老师厌倦了我上课的时候一直在讲话。吉格斯把这门课一直上了下去，他一直在好好地打理自己的身体。

如果要说曼联的传奇人物的话，吉格斯绝对是其中之一，而且他是能被列入顶尖人物行列的。巴斯比、弗格森、查尔顿、吉格斯——这是坐在曼联荣誉巅峰的四人组。你可以轻易地将他们和一般人区分开来：他们的长盛不衰，他们打过的比赛和他们赢得的荣誉，曼联的伟大完完全全都体现在他们身上。

曼联是一个尊重球员、懂得忠诚重要性的俱乐部。和其他任何球员一样，吉格斯有过低谷，失去过状态和信心，但他总能设法克服这些困难。俱乐部也一直支持他走出这些低潮期。而他，也每次都能够走出来。

赢得欧冠这件事对主教练来说真是如释重负。不管是1999年之前没取得过欧冠的那些年，还是已经得到过欧冠的1999年之后的几年里，人们始终指责我们在欧洲赛事上无所作为。这种指责如影随形，一直在他的职业生涯中徘徊不去。但是在2008年，主教练终于跻身于少数两次获得欧冠冠军的主帅之一。只有鲍勃·佩斯利（Bob Paisley）能打败这一纪录①。在经过了这漫长的9年之后，主教练当得起每一份

---

① 鲍勃·佩斯利曾经率领利物浦队，分别于1976—1977赛季，1977—1978赛季，1980—1981赛季，三次夺得欧洲冠军杯。

赞誉。

我们更进一步，获得了在日本举行的世界俱乐部杯冠军，成为真正的世界第一的球队。这个奖杯对球员来说意义重大，但我也希望有更好的回馈球迷的办法。1999年，在洲际俱乐部杯的一场一战定胜负的比赛中，我们击败了南美冠军——巴西的帕梅拉斯队。但是比赛是在中立国家日本的东京踢的，所以感觉怪怪的。如果比赛能分两场踢，一场在我们的主场，一场在南美对方的主场，在敌对的球迷中进行，无疑会更有意思。在现代社会中，足球完全是一项世界级的运动，所以我可以理解国际足联为什么要把亚洲和其他地区的队伍都拉拢进来，但是比赛应该在世界各地举行，这样全世界的球迷就会更热爱这项赛事。欧洲的球迷根本不怎么看世俱杯，部分是因为比赛是在他们以外的时区进行的。这是一个很大的遗憾，因为成为世界第一的球队绝对是俱乐部的一个里程碑。对于球员来说这也是一个天大的成就，因为你需要先赢得本大洲的冠军杯比赛才有资格踢世俱杯。

2008年的这场胜利，其特别之处在于主教练让球队与时俱进了。如果说1994年的队伍有很明显的英国本土的强硬粗放的风格，那么1999年球队的踢法就比较细腻了，到了2008年我们已经承袭了欧洲的风格。我们可能仍旧是打4-4-2，但是这和10年前的踢法完全不能同日而语。多了这么多变化，有时候我们的对手根本搞不清谁是中锋。主教练以前被指责说带出了一支幼稚的大老粗队伍，现在他给我们灌输了新的理念。

那些不理解我们已经进化了的人，常常会指责我们缺少一个战士，特别是在中场。我老是听到有人问：“我们的罗布森在哪里？我们的基恩在哪里？我们的领袖在哪里？”可是，我不禁想问，巴塞罗那的战士又在哪里？需要一个能打硬仗的英雄的说法已经站不住脚了，你需要的是好的球员。我们可以在像弗莱彻和哈格里夫斯这样的球员身上找到我们所需要的强硬，同时我们还有像斯科尔斯、吉格斯、鲁尼、罗纳尔多和特维斯这样能决定比赛的球员。

当然如果能够有第二个基恩、第二个保罗·因斯，或者第二个罗布森，那自然好。但是现代足球比赛已经不同往日了，它要求攻防转换更快，战术变化更灵活，要求球员更成熟老练。我们有一支很强的队伍，我们有很好的竞技状态，大家都时刻整装待发，而且我们继承了每一代伟大的曼联人身上的冒险精神。同时，主教练在卡洛斯身上挖掘出的那些知识（即使有时候卡洛斯的战术真的是讲得太枯燥了），能与他自己的天生锐意进取和大无畏精神结合起来，打造出了一支伟大的球队。

虽然没有得到三冠王，但是这支队伍与当年获得三冠王的那支队伍也无从比较。如果一定要选择的话，我会说1999年的那支队伍更能够靠意志力赢得比赛，但是2008年的队伍更加才华横溢也更加全面。

我们既能按照自己的节奏踢，又能够有针对性地抑制对手。我们的适应力更强，这点恰恰就是阿森纳所缺乏的。2005年之后，我们再也不怕他们了，因为我们完全清楚他们的打法。主教练对阿森纳时的战术永远是这样：乱敌常势，破敌常形；以势治势，针锋相对；我势自起，他势自去。之后那个赛季的欧冠半决赛就是这样。我们打乱他们的节奏，然后再通过反击狠狠地教训他们。阿森纳人太天真了，除非他们能够适应对手的节奏，否则他们是永远拿不了冠军的。

之后的故事众人皆知，2008年我们又一次坐上了欧冠冠军的宝座。那个晚上，我想起了罗伊·基恩离队6个月之后给我发的短信："鲁尼和罗纳尔多会为你们赢下欧冠。"当时并没有太多人看好我们。但是他知道，主教练也知道，我们有一支出色的队伍，还有一个近乎于真正天才的克里斯蒂亚诺·罗纳尔多。

第二十二章

史蒂夫·麦克拉伦

我一共为英格兰队踢过5届国际杯赛，这是一件令人自豪的事情。但是有时候当我回想起这些征程时，仍然会觉得："唉，这还真是浪费时间。"

这么说可能听起来有些酸溜溜的，我最好的朋友贝克汉姆在1998年世界杯上成为众矢之的，到了2000年轮到了我的弟弟菲尔·内维尔。而在其他的比赛中，我们所有人都未能幸免，被骂得很惨。有时候这纯属是我们自己活该，但是为英格兰效力就像坐上了长长的过山车：有高潮也有低谷，更多的时候，你不知道自己是否在享受这趟旅程。

本来整件事情应该是很美好的，代表英格兰出战应该是你人生中最美妙的时刻。但是毫无疑问，有太多球员浪费了太多时间去害怕踢得不好。英格兰队那些最好的主帅——特里·维纳布尔斯、早期的斯文·埃里克森，还有某些时段的法比安·卡佩罗——有些时候他们能让球员抛弃这样的恐惧，但是要不了多久这种忧虑就又回来了。

史蒂夫·麦克拉伦有一次组织全队去看了一次心理医生，这名医生叫比尔·巴斯维克（Bill Beswick），是一个运动心理学专家。这次经历让我印象深刻。我看到年轻球员战战兢兢，被将要面临的比赛吓坏了。有些队员说为英格兰打比赛一点儿都不开心。球队没有赢球，他们也被粉丝和媒体批得体无完肤。

很多球迷会说球员本来就应该具有强大的心理素质，如果他们真的想要为英格兰出战的话。他们有他们的道理。在我代表英格兰队的第4场比赛——英格兰对挪威的比赛以后，我发现《太阳报》只给我评了4分（满分10分）。报上写着："非常紧张，完全无法适应。"其实我自我感觉踢得不错呢！我不是圣贤，尤其是那时还年轻，所以难免开始怀疑起自己来。特里·维纳布尔斯打电话给我说：“说老实话，加里，我不知道他们是怎么想的。别担心。”但是当你还年轻，没有经验，脸皮还薄的时候，就这么对它一笑置之是很困难的。

你不能小看媒体在全国范围内能造成的影响，特别是当你是代表英格兰队比赛，而不是为俱乐部出战的时候。批评声会侵蚀你的自信心，然后你的支持者们就会受到媒体的影响。我见证过这整套剧本。一开始你是一张新鲜面孔，你被粉丝们喜爱。接下来他们就开始挑你的错处。然后你的状态回升了，这一切就过去了，人们开始欣赏你的经验，这就算是结束了。为英格兰踢球你必须经得起这种考验，但是也有球员就此一蹶不振。如果你开局不利，那么他们就盯上你了。每当我们在国际大赛中失利的时候，这就变成了一场灭顶之灾。输球不能只是输球，总有个人必须背黑锅。

这一趟摇摇欲坠的过山车之旅在贝克汉姆的遭遇上得到了强烈体现。这一年他是超级英雄，下一年他就变成了千古罪人。嘘他，爱他，再嘘他。让他当队长，再把他的队长袖标扒下来。这就像是一场穿着英格兰队球衣的肥皂剧，简直让人害臊。在曼联，你可能会听到一些分歧，但这个，完全是歇斯底里的疯狂。

如果面临的是一场俱乐部的比赛，赛前你会有一点点紧张的情绪，这是正常的。但是在英格兰队的比赛，这就变成了一种恐惧，害怕万一你输了比赛，就是世界末日了。太多的球员对犯错误后，媒体会怎么说或者怎么写感到胆战心惊。在我为英格兰队效力的岁月里，我们始终没办法凑齐一队可以完全摆脱这个阴影的人。

我们离冠军最近的那次是1996年的欧锦赛，离奖杯只有毫厘之差。我们几乎已经达到了巅峰状态，我们的球队和主帅都完全有捧杯的能力。可能2004年的时候也是这样，但是我们真的是黄金一代吗？我们有些不错的甚至是伟大的球员，如安迪·科尔、里奥·费迪南德、贝克汉姆、杰拉德，他们可以在任何一支世界强队中踢球。

史蒂夫·杰拉德毫无疑问是一个世界级的球员，如果可以的话我希望他能为曼联效力。实际上在2004年欧锦赛的时候，在我得知切尔西想趁利物浦自顾不暇时签下他的时候，我试图游说他来曼联。

“来曼联踢球吧。”有一天我们在旅馆的时候我对他说，“我们的球迷会毫不迟疑地接纳你的。”

他只是笑了笑说：“你如果去安菲尔德的话，我就来曼联。”

他是一个顶级的球员，但是他在为英格兰队比赛的时候，从来没有踢出过最佳水平。是他的问题，还是主帅的问题，还是我们对他期望过高，还是因为球队的整体实力从来就不够高呢?

关于这个问题的讨论可以写一整本书，但我觉得，或多或少和这几个因素有关，球场上下都有。比如说，毫无疑问地，主教练的选择错误问题要归咎于足总。他们太轻率地放弃了维纳布尔斯，而又在格伦·霍德尔和史蒂夫·麦克拉伦没有准备好的时候就把他们推上帅位。但是试问，真的有主教练可以带领英格兰获得1966年之后第一座世界大赛的奖杯吗?

我们有好球员，甚至是一些可以称之为杰出的球员，但是我不确定我们有足够数量的好球员，或者够格的球员，能够使我们的英格兰队始终保持强大。因为我们为俱乐部获得了大量的荣誉，人们就认为我们在英格兰队的时候也应该赢才对。但事实上他们忽视了，在很大程度上，俱乐部的成就获益于在英超联赛效力的外援们。

我认为这种情况是在向好的方向转变的，但是我们现在还没有培养出足够多的拥有我们需要的那种技战术的球员。这一点，在对抗那些一流强手的时候就很容易看出来。1996年对荷兰队的比赛是一个例外，有它自己的原因在里面，我们暂且撇开不谈。1998年对阿根廷，我们针锋相对并且坚持到了最后一刻。在2000年欧锦赛和2001年的世界杯预选赛慕尼黑客场比赛中，我们两次打败了当时比较羸弱的德国队。在2004年的欧洲杯对阵法国和葡萄牙的时候，我们踢得不算差，但是没能将对方逼上绝路。除去以上我提到的例子之外，有太多次，和世界一流强队的交锋中，我们都处于下风，既控不住球也控不住节奏。有太多次，当我在为英格兰队踢球的时候，我在想：“这就是曼联的对手踢曼联的感觉吧。”

英足总本应对我们更有帮助的。我并不想一竿子打翻一船人，但就以杰夫·汤普森（Geoff Thompson）为例好了，我为国效力的大多数年头，他都是英足总的主席。他只和我谈过一次话。你觉得他是来征询我对备战世界杯的意见？还是英足总在幕后能做些什么？都不是。汤普森先生想知道为什么我开场的时候没有唱国歌！他说：“加里，如果你能和大家一起唱的话我们会不胜感激。”我必须礼貌地解释我并不是故意不尊敬国歌，而是就像我职业生涯里一向习惯的，我希望可以让我花这几分钟时间集中注意力到比赛上去。以上，就是我和英足总主席打交道的全部经历。

有很多英足总的工作人员在幕后尽了最大努力，使得球员们能够得到最好的后勤保障。我们从没对设施抱怨过。我们住一流的酒店，有自己的厨师。物质上我们无所不有。

但是当谈到战术的时候，英足总从来就不是一个与时俱进的领导者。英足总的高层总是解决不了大方向上的问题，比如球员和教练的培养。

我们一直没有一套培养球员的理念。而我们正需要根除20世纪80年代英足总训练部主任查尔斯·休斯（Charles Hughes）那一套足球理念对英国足球产生的危害。在海瑟堡惨案之后，我们就和欧洲先进的足球理念脱节，迷失中我们走上了一条歧途：我们过于沉迷于力量和直来直往的踢法。

霍华德·威尔金森是一个好人，作为俱乐部主帅是取得了一些成绩，但是他对于欧洲的足球理念和方法一点儿经验都没有，却在国家队的训练和青年队的选拔上发号施令。他的模式就是老式的英格兰模式。

我们虽然有特雷弗·布鲁金（Trevor Brooking）在英足总任职，但是他的努力好比蚍蜉撼树，也没法带领我们走得更远。在英足总里有一个像特雷弗这样真正的足球人，这是一件好事，但是他必须有更大的权力才能带来一些改变。要让英足总做任何一件事情似乎都要花一辈子的时间。最后他们终于着手于建立国家足球中心了，但这一项目也得花费经年累月的时间。

英足总必须迈入21世纪了。太久以来，它就像英国的上议院一样。当你想到英足总的时候，你能想到谁会站出来为国家队说好话？你能信任谁会真正为了获得世界杯而做任何事？

我在英格兰队的最后一场正式比赛中，进了1个球。但是太丢脸了，我射进的是自己家门。那是在2006年10月份的克罗地亚，一个糟糕的夜晚，是我们在这次2008欧锦赛预选赛上一败涂地的前奏。当时我将球回传给门将保罗·罗宾逊，就接着往前跑了。直到观众开始喧哗了我才意识到出事了。我转过身，只看到球慢悠悠地滚进了网窝。

整个比赛从开始到结束都一塌糊涂。教练突发奇想，在大战前几天突然要我们改打3-5-2阵型。我知道，特里·维纳布尔斯——史蒂夫·麦克拉伦的副手——一直想要在战术方面更灵活一些，但是我感到很不舒服。我们刚刚和马其顿王国踢了个糟糕的0：0，而且我们也没有足够的时间来准备换阵。

作为一个球员，你希望在赛前可以在脑海中想象出这场比赛，希望能理解你将要怎么踢，你要做些什么来阻止对手。但是我实在想不出来让我踢右翼卫的位置，到底需要我做什么。我有10年没打过那个位置了，我在赛前告诉菲尔我很担心这点，这绝不是在这样一场关键比赛前该有的心态。

我不清楚那个晚上，我有没有完成球队需要我完成的任务。而且非常明显的是，另外一些球员也和我有一样的疑惑。杰米·卡拉格（Jamie Carragher）踢了左中卫的位置，但是他在那个位置上整个晚上都踢得很不舒服。

我们最大的问题还是既没有速度，也无法渗透到对方前场。我和阿什利·科尔在翼卫的位置上，这个阵型让我们无法将克罗地亚分割开来。我们在前场进攻时没有足够的宽度来支持鲁尼和克劳奇（Crouch）。卡里克、帕克（Parker）和兰帕德在中场乱作一团。我们节奏又慢，传球路线还容易被预测。

这场比赛我们确实输得活该。而当克罗地亚来我们的主场温布利回访的时候，我因伤坐在家里观看了比赛，不幸的是我从电视上发现了更多用人上的错误。我不理解为什么欧文·哈格里夫斯不上。当对方有一个像卢卡·莫得里奇那样的球员在前场策划攻势的时候，哈格里夫斯简直是他的克星。史蒂夫结果用了加雷斯·巴里（Gareth Barry），完全没道理。

之后我又为英格兰队踢了一场友谊赛，那是在2007年2月，在老特拉福德对阵西班牙。我命里注定打不了2008年欧锦赛——就算英格兰2008年欧锦赛预选赛出线了，我的踝伤也不允许我再踢了。

我为麦克拉伦感到遗憾。我原本希望他能成功的，我知道他是一个好教练，而且我本认为他能在国际大赛中取得成绩。球员尊敬他，而且他邀请了特里来当助理教练，这是一件非常明智的事。但是，要带好英格兰队，简直难如登天。

我觉得当英格兰的主教练和当曼联的门将有些像。如果你没有百分百的安全感，如果你对自己的工作没有信心，这份工作会让你想死。我看过守门员在禁区里苦苦煎熬，因为他们有太多时间来思考，来烦恼他们到底应该怎么应对。做英格兰主帅也是一样的。

史蒂夫是一个好教练。但是有时候，当英格兰的主帅，教导球队只是这份工作中最微不足道的部分。这一点，对喜爱和球员在一起工作的史蒂夫来说，一定是很困难的。

在他第一次召集英格兰队的时候，没有选贝克汉姆、索尔·坎贝尔和大卫·詹姆斯也一样被证明是个错误。我们都能看出来他想做什么——他想开始一个新时代。但是刷下贝克汉姆是完全没有道理的。贝克汉姆从来不会带来什么负面影响——他不是那样的人。他不会成为更衣室的毒瘤，他只是想为国效力而已。

在得知没有入选国家队以后，小贝打电话给我，而我被这个消息惊呆了，完全目瞪口呆。这是史蒂夫的新官上任三把火。但是，我要马后炮地说一句，史蒂夫如果能够等几个月，看清楚他队里到底需要什么样的人，那时再做决定，可能会更好。最后史蒂夫还是把贝克汉姆召回了国家队，但那是因为他已经被舆论的压力逼上了梁山。

媒体舆论指责史蒂夫太温和了，但是我不这么认为。是的，偶尔他会组织全体队员一起吃晚餐，但这些都是有目的的。英格兰队比赛之间的间隔时间很长，而史蒂夫想要借用聚餐的契机告诉大家他对球队的想法，让我们大家都感觉没有被分开。我认为这是一个好主意，但是当你赢不了重大比赛的时候这些都变得无关紧要了。

之后，法比奥·卡佩罗在2009年6月又把我招入英格兰队，去打哈萨克斯坦。我跟着英格兰队飞了很远，但是最后却没打上比赛。我始终没有得到上场机会。几天以后，我坐在板凳上看到我们6：0痛虐了安道尔公国。

我喜欢我在训练基地里看到的一切。训练是专业而又专注的，卡佩罗绝不容忍任何形式的迟到和懒散。有些球员拉伸训练迟到了，他就一个个点名批评。有个球员在午餐的时候接了个手机，也被他大声斥责。在训练场上，一切都是“快点儿，快点儿”，即使是在热身的时候他都在敦促球员。整个训练是非常专注的。

我对他做的一切都印象深刻，所以他在2010年南非世界杯上的昏招迭出对我来说就更难以理解了。即使是他宣布世界杯的大名单的方式看起来都一团糟。

他带上了杰米·卡拉格，而不是韦斯·布朗（Wes Brown），后者速度更快而且更适应踢国际大赛。接下来他在公布英格兰队大名单的前一天打电话召斯科尔斯入队，而那个时候他已经两年没和斯科尔斯说过话了。他弃用了沃尔科特，因为后者之前的那6个月状态不好，即使沃尔科特仍然是队里的王牌选手。接下来他打给在埃弗顿的菲尔，完全让人摸不着头脑。他看起来是要孤注一掷了。

在世界杯的比赛中，他也没有走出这一团混乱，反而犯下了最大的错误。这几年来我一直建议英格兰队踢4-3-3，而我不理解为什么卡佩罗从来没有接受我的建议。他打了传统的4-4-2阵型，而这个阵型既过时又容易让人摸透。我不是说如果我们用了更好的战术的话就能赢下世界杯，但起码我们可以在世界杯上走得更远，就不会在对阵德国队时在中场被人碾压，起码还能有更多控球。卡佩罗在2012年欧锦赛预选赛的时候，一旦换到4-3-3阵型，整支队伍的队型瞬时看起来好多了。那为什么一年前他对这个阵型看也不看呢?

如果不是受伤的原因，我一定会亲身去打这些比赛，而我为英格兰队出赛的场次也能轻松超过百场。英格兰队右后卫的位置几年来一直是个空缺。而且，我可以毫不讳言地说，直到今天，那个位置还是没有合适人选。在出赛场次上，我比肯尼·桑森作为边后卫出场86场的纪录少了一场，虽然超过他对我来说意义并不大。

事实上，我为能代表英格兰出战而感到荣耀，而如果英格兰队所获得的成就可以更多一些的话，我作为其中一员会更高兴。代表英格兰队赢得世界杯应该是不可思议的美妙经历，整个国家会陷入狂欢，万人空巷，一片欢腾。

我自认是一个爱国者，但是说实话，代表英格兰出战也只是我职业生涯的附加一笔。为曼联赢得比赛永远是更重要的事情。如果你让我选，是要代表曼联赢得欧冠冠军，还是代表英格兰在欧锦赛上登顶，我一定每次都选曼联。曼联在我孩提时代就成为我心之所向、魂之所系。我会看曼联的比赛一直看到90岁那天，如果老天让我活到那时候的话。

当我还是个小孩子的时候，英格兰队对我的意义并不大。那个时候，在我眼里英格兰就是布莱恩·罗布森，他是我看1982年世界杯的唯一理由。英格兰队打动不了我。那时能在星期六去老特拉福德看球是我人生中的头等大事，英格兰的主场温布利球场仿佛远在天边。

这些都没有阻止我为英格兰队拼尽全力，也都没有让我在每一次英格兰大赛出局之后的失望少一分一毫。但是，经历了这一切以后，我几乎有些替现在的英格兰队球员感到难过，因为他们被夹在过高的期望和现实之间。现实就是，他们是一支好球队，有些时候甚至堪称优秀，但是，还没到能赢下一届国际大赛的水准。

杰克·威尔希尔（Jack Wilshere）是一个即使以国际标准来衡量都是天分出众的年轻人。但是，英格兰还需要一段时间的恢复，才能培养出更多像他那样的球员。我认为我们现在前进的方向是正确的。改制英超联赛以来，我们看到更多的既有技术水平又有战术思想的球员出现。我当年开始在曼联踢上球的时候，我们打的还是斜吊两肋的路子，这种带有原始气息的打法，现在在英超赛场上已经很少见到了。

孩子们也有了佐拉、亨利、博格坎普这样的偶像。在英格兰足球的高层，一些变化已然发生，而且这个变化也正在渗入大部分的俱乐部、足球学校，甚至影响到了在公园里的球场上踢球的小孩子们。

但这种转变是不可能一朝一夕完成的，需要时间。我们国家的足球文化还是扎根在传统的英式力量型打法里，而我不觉得在未来起码10年内我们可以在一届国际大赛里称雄。我们已经找到了正确的方向，但是恐怕还有很长的路要赶。

第二十三章

金钱万能

我是个幸运的人。我从未考虑过为曼联以外的俱乐部效力，也从未因考虑转会的下家或计策而夜不能寐。在老特拉福德，我的合同谈判也就需要5分钟，主要是因为从不需要考虑给什么经纪人分成。我会跟老爸一起去见彼得·肯扬或者大卫·吉尔，我脑子里的数字跟他们的预估基本差不了几块钱。扫一遍合同的措辞，来支笔，找到签字栏。

我唯一一次对合同感到不满，是有一次菲尔拿到的合同待遇不如我，因为当时他不是每周都在大名单内。我跟肯扬说这不公平，结果俱乐部同意加上些激励薪资条款，让我们平起平坐。

对于队友，我从不关心自己的薪水是不是和他们一样。我在老特拉福德踢球时对斯科尔斯和吉格斯他们拿多少钱一无所知，我只希望他们的待遇比我好。

关于钱和合同，我这方面考虑得很简单，我也希望能有更多的球员和我一样。但是寄生虫般的经纪人的影响力与日俱增，甚至还出现了所谓的超级经纪人。是超级在什么方面？计算自己的分成？

除了经纪人自己，足球界的所有人都认同现在从足球本身转移给中间人的钱实在是太多了，那我们就不能做点儿什么吗？英超联赛已经开始公布俱乐部支付给经纪人的报酬，希望羞耻心能让他们控制一下从足球本身流失掉的巨额财产——但率先踏出这一步的应该是球员才对。

许多球员现在对经纪人言听计从，这实在太荒谬。我绝不是在指责所有的经纪人，况且对于顶级球员来说，当然需要有人帮忙处理商业合同和赞助商事宜。曼联的一名大牌球员肯定也就蕴含着巨大的商机。重磅转会，尤其在异国之间，必须靠一个值得信赖且人脉广阔的人掌控。

需要一个出色的代理人，但现在太多的球员委托给经纪人的其实不过是些鸡毛蒜皮。球员不再为自己思考，越来越懒惰随意。他们把自己的生活全部交给经纪人，也无法判断经纪人提出的建议究竟是不是自己的最优选择。

数年来我一直致力于改变这种情况。我总是盼望各种足球组织——PFA（职业球员协会）、FA（足总）、LMA（联赛主教练协会）——和各俱乐部能够齐心协力尝试治愈这个顽疾。

球员自己能做到的事情更多。我经常对年轻球员讲，要雇一个有能力的会计或者律师帮你处理合同。重新谈判合同时，你就心甘情愿看着经纪人在你从6岁起摸爬滚打终于得到回报的血汗钱中分走一杯羹？经纪人凭什么是按比例收取报酬？你完全可以雇个会计或者律师，按他们提供服务的小时数支付，再多也花不到1万英镑——比付给某些经纪人的少得多了。

我无法理解俱乐部和球员怎么会同意付给他们那么多钱。运转一桩价值3000万镑的转会，并不是说它的工作量就有300万镑转会的10倍那么多。可俱乐部和球员都不在意这部分估价。

现在球员需要有所行动，我希望首先采取一项根本措施，公布这个国家里每个球员的工资。我们经常在媒体上看到某个球员拿多少薪水，那索性就像美国的体育一样来个彻底透明好了，把遮遮掩掩的面纱通通拿掉。

开始时一定会招致嫉妒——“你看他挣那么多钱！”——但是每个人很快都会适应的。这也会促进球员主动思考：“我不需要经纪人告诉我应该拿多少钱、俱乐部的薪水标准如何。”这样球员就会知道他们不需要去劳烦那些抽一成的先生们了。

我签过很多长期合同——我是觉得年限越长越好。2004年的合同是我最大的一笔，当时我担任队长，处在职业生涯顶峰。我有个公平合理而又简单的方法：联系PFA，让他们给我提供一个基于目前国脚级后卫的待遇推算出的大致薪水范围。

当时我是整个英格兰最稳固的右后卫。我很清楚有很多后卫拿的工资要高得多，包括我的队友里奥，但我从不会强求什么。钱对我而言没那么重要。

正由于我的合同谈判都很简单，一门心思为曼联效力，有时我就很难理解其他的球员会被死对头吸引走，想要离开老特拉福德。而2009年，克里斯蒂亚诺·罗纳尔多和卡洛斯·特维斯都认为自己找到了更适合自己的地方，选择离开。

对于克里斯蒂亚诺，从2008年夏天开始这桩转会就只是个时间问题了。他在更衣室里都会公开谈论马德里。他想去更温暖的地方，皇马的辉煌历史更是具有强大的吸引力。如果一个人有了坚定的梦想，那真的很难再去阻止他了。而克里斯蒂亚诺的梦想就是穿上那件白色战袍。

他说："这里太冷了，我要去个暖和点儿的地方。"

我则嗤之以鼻："那是你不知道你在这里有多舒服，离开之后你会多么怀念我们。"

他也会反唇相讥："我凭什么要听你的？你连放假时都不离开曼彻斯特半步。"

克里斯蒂亚诺毫不掩饰自己的野心，为这一点我们并没有起过争执，也根本不可能。他在2008—2009赛季离队倒计时的阶段依然表现得尽职尽责。也许他的状态不如前几个赛季，但他已经在这里待了6年——前3年俱乐部悉心培育，打磨这块璞玉，后3年他星光绽放，令人叹为观止。

当时我就确定他一定会怀念我们的，现在他一定已经在怀念我们了。伯纳乌年年兵来将往，如何能感受到我们在老特拉福德建立的战友情谊？而从声望来讲，罗纳尔多在曼联球迷中的地位已经达到顶峰。再说还有一点事实，我们一直在收获大大小小的荣誉，打进欧冠决赛。而皇马则要困难得多，别看那么有钱。

西班牙的月亮不见得比这里圆，但克里斯蒂亚诺的心已经飞到了马德里，他们的报价也让曼联无法拒绝。没有一家俱乐部面对8000万英镑的世界纪录身价不会选择出售。

而特维斯的情况则要复杂1000倍。2008年9月迪米塔尔·贝尔巴托夫（Dimitar Berbatov）加盟后，特维斯就落到了阴影中，在主力阵容中进进出出，位置越来越不稳定。他在第1个赛季表现出的渴望消失殆尽，在训练场上有时想敷衍了事。他总说后背痛，成了按摩室的常客。

再澄清一下，对于他，我是作为一个球员来评价优劣，作为一个人来讨论好恶。他离队之后我们之间是有过争执，但不提这些的话，他是一个优秀的前锋，在曼城证明了自己。但我只能依据他第2个赛季的表现来判断，而且对于我们曼联的每一个人来说，他的心似乎早已不属于这里了。

特维斯是一个需要关爱的球员，他对球队签下贝巴很不满。如果3场比赛里只能打1场，他肯定不会高兴。但就我们2008—2009赛季的锋线配备而言，主教练绝不可能保证他有一个首发席位，所以他开始灰心丧气，甚至煽动球迷站在他这边与主教练作对。这种做法永远不会有好的效果，于是他的经纪人就又有了大捞一笔的机会。

特维斯的情况非常特殊，他“归属”于某个第三方，我明白他们的套路，曼联不会心甘情愿地给经纪人付一大笔转会费。这笔几千万镑的交易完全没有可能。据说曼城为他最终掏出了一个天文数字的价码，而就他在曼联最后一年的心气而言，完全配不上这么大的一笔支出。曼联当时也很难做出决定，而当他离开时，更衣室里并没有多么意外的情绪。

对曼城而言这桩交易可了不得，一定得大书特书一下。他们张贴的海报上写着“欢迎来到曼彻斯特”。我倒不觉得有什么大不了的，有些人会让你不舒服，而最好的还击方式就是在球场上击败他们。曼联最精于此道，实打实的奖杯最能打击他们的嚣张气焰。

特维斯离开之后我们发生过一次口角。他对我一条无意的评论反应过激，曼彻斯特德比上他对我做了一个大嘴巴手势，我则伸出一根手指还击。当时如果我不以为意，也许一切就那么过去了，但当时那种火爆的气氛下，人都会失去理智的。接下来的几周，走在曼彻斯特的街道上，要么是曼联球迷戳我的脊梁骨，要么是曼城球迷对我恶语相向。但这些都不过是耳旁风，只有球场上的表现才有意义，如果特维斯真的认为他在曼城会比在曼联更开心更有收获，那是他的一厢情愿，在我看来则完全不可理喻。

没待多长时间，他又开始躁动不安地寻求下一次转会。我觉得他就是那种在一个地方待不住的人，我推测他在任何地方都待不上两三年。现在他又说想要离开曼彻斯特，而他正是在这个城市获得的冠军，成为了世界级球星。听到他说无法忍受这里，我非常惊讶，不要忘了他的一切都是曼彻斯特给的。

罗纳尔多和特维斯，再加上鲁尼和贝巴，让我们自1999年以来第一次有了这么强的进攻厚度——但这还不足以在2009年的冠军联赛决赛中战胜巴塞罗那，而这场比赛也是特维斯和罗纳尔多在曼联的谢幕之战。在罗马的这场决赛成为弗格森时代的灰色记忆之一，踢得完全没有曼联的样子，在战场上我们的弹药都没有上膛。

有评论说我们为保守的踢法付出了代价，但我们绝不是主动放弃球权的。队员踏上罗马奥林匹克球场之前，主教练还是像以往一样激励他们："加油，你们是欧洲冠军。把你们的能力展现在整个世界面前。"

我们为巴塞罗那这场比赛做足了准备，用12个月之前在半决赛中淘汰他们的方式。那场胜利让我们定下了战术模板：5个人在中场压缩空间，罗纳尔多制造威胁。

主教练给我们看了巴塞罗那当赛季所有失球的视频，我们试图从中找寻漏洞。我们对之前在曼联效力的赫拉尔德·皮克（Gerard Pique）很了解，禁区附近跟他一对一都很有信心。他身高体壮，面对速度强突并不占优，所以我们让罗纳尔多突前，希望他能利用速度在皮克这里形成机会。但我们的老队友皮克在比赛中表现得极为出色。

必须承认，比赛的前5分钟内皮克就展现出了与他年龄不相符的胆识。我们发疯似的逼抢巴萨，但他总能接到巴尔德斯发的球，顺利地从后场向前推进。有好几次他的传球极为冒险，但他对从小学习的踢球方式非常自信。那场比赛里，巴塞罗那作为一个团队，在压力下毫不慌乱，保持自己传控球的风格。这需要极高的天赋和出众的气质，同时这也让这几年的巴塞罗那队如此与众不同。在2011年温布利的那场欧冠决赛中，面对我们开场的闪电战，巴塞罗那依然是同样的踢法。

看到皮克成为如此优秀的后防中坚，还拿到了世界杯冠军，很多人不理解为什么曼联当年会把他放走，实际上这跟时机和文化有关系。当时他并不适应英格兰的足球思路。他的确能力出众，传球精准，力量上乘，头脑冷静，在更衣室里也极为活跃，但他在英超联赛经常找不到感觉。有一轮周六下午做客博尔顿，凯文·戴维斯横冲直撞的踢法对他打击很大，导致自信心受到重挫。或许返回西班牙，在本国的文化中成长会对皮克的球员生涯更有帮助。他在英格兰就仿佛鱼儿离开了水，而且球队中维迪奇和费迪南德都处于巅峰状态，他得不到上场机会。这个时机很不巧，但我们在曼联看到他在其他地方获得成功都感到由衷的高兴——只是他两次在冠军联赛决赛中对阵我们都表现得非常出色，这让人有些遗憾。

正是皮克的优异表现让巴塞罗那在2009年那场比赛中早早占据了优势。第一次进攻中萨穆埃尔·埃托奥就为他们首开纪录，让我们手足无措。之后巴萨进入了习惯的传球节奏，我们的控球率低得可怜。本来曼联在逆境中通常都能重新振作起来，打进1个球就会有第2个，有了第2个那么第3个也会水到渠成，这是曼联的气质。但那场比赛并没有按照我们的预想发展，巴萨完全掌握了比赛的主动权，我们甚至没有机会对他们进行骚扰。之后无人盯防的梅西头球破门，锁定胜局。

有人对阵容安排提出质疑，但我们用这个阵型和打法在一年前击败过巴萨。同样，很多声音批评罗纳尔多表现低迷。他永远是众矢之的，但他至少完成了自己该做的。那场比赛有很多队员表现不尽如人意，罗纳尔多当然不是无可指责，但我不会首先将枪口对准他，还有其他队员也知道自己的表现远远低于预期。

整场比赛我是在看台上看完的。当时我已经接受自己边缘化的位置，勉强在球队中有一席之地而已。决赛我连替补名单都没有进，坐在板凳上的是约翰·奥谢和拉斐尔·达·席尔瓦。我只能接受这个局面，毕竟当时伤病和疼痛已让我难以招架。

那个赛季我联赛出场16次，自我感觉对夺得又一个冠军做出了自己的贡献。我们和利物浦同样都获得了18次顶级联赛冠军，那种举起奖杯的感觉真是美妙。我们为此奋斗了很长时间，终于能在历史纪录上与他们平起平坐——看看起点有多么低就知道我们的成就简直令人难以置信。当然没有人会停下脚步，我们还要打破这个纪录。

第二十四章

瓦扎[1]和老大

① “瓦扎”是韦恩·鲁尼名字的昵称，同时，球迷称呼他为“瓦扎”也是将他的天赋和前英格兰球星“加扎”加斯科因相类比。

我们有多少次看到老大受到质疑？多少次他让这些质疑声显得苍白无力？我本以为人们应该明白些了，但当我们在俱乐部历史上首次连续两年打进冠军联赛决赛之后不到一年的时间里，老特拉福德又笼罩在了忧郁阴暗的气氛中。

特维斯和罗纳尔多的离开在球迷眼中象征着一个时代的结束。我们夺得了英超冠军，仍然是欧洲顶级球队，但突然人们对我们的未来显得十分悲观，球迷和媒体都认定曼联将走下坡路。而2009—2010赛季一无所获更是证明了这一点。

我们没有签下大牌球星来取代离队的两个前锋，这让支持者感到焦躁不安。2009年的夏天签下安东尼奥·巴伦西亚（Antonio Valencia）是一笔不错的交易，他也证明了自己，但他距离招牌球星还很远。我们考虑过卡里姆·本泽马（Karim Benzema），然而他以3500万英镑的转会费去了皇家马德里，主教练公开质疑转会市场价格虚高。球迷认为他是被老板束缚住了手脚。于是突然间，过往的辉煌都被遗忘，球迷组织起了“金绿色运动①”。

俱乐部内部的任何一个人都很难对格雷泽家族做评价。我从小是曼联球迷，但小时候我从来没有关心过董事包厢里坐的是谁。我只在乎球队、队员、球迷，以及氛围。我一直保持着这种天真纯朴的热情，绝不接受自己变得玩世不恭。

在作为曼联支持者的岁月中，我没有见过哪个老板能博得所有球迷

---

① 指曼联球迷反对格雷泽（Glazer）家族的运动。

的欢心，甚至俱乐部上市的那段时间里都有些球迷不买账。但在俱乐部内部，我们从没有受到所有权变更的影响，在格雷泽家族接手后也找不到什么东西有变化。大卫·吉尔和主教练在足球方面一直是完全自主，不受任何人干扰。而且毫无疑问，老大和吉尔都绝对是曼联最合适的人选。

回顾过去五六年间的成功，无论是俱乐部的稳定性还是球迷基础，我都敢打包票说99%的俱乐部会羡慕我们。有时会有报道说某些豪门受到老板的干涉，政治因素泛滥，但曼联在这方面从不会有问题。

这几年我们在俱乐部的历史上写下了浓重的一笔，但显然球迷们在2009年并不持乐观态度。里奥开始伤情反复，而维迪奇当时还未续约。克里斯蒂亚诺已经离队，而失去世界上最好的球员对任何一支球队都会有巨大的影响。卡洛·安切洛蒂（Carlo Ancelotti）率领的切尔西对冠军展开新的冲击，我们的脚步已经落在了后面。

曼联和切尔西这个赛季的表现都算不上出色。我们输了7场球，他们输了6场。我们有些比赛表现得非常拙劣，但最后也只是1分之差屈居第二。我很欣赏安切洛蒂，他是名非常有能力的教练，不应在夺得双冠王之后一年就被解雇，可是切尔西并不这么认为。

他们2009—2010赛季夺得联赛冠军也多亏有人帮了一点点小忙。很多人觉得联赛还剩几轮，而冠军归属尚有悬念的时候，切尔西做客安菲尔德会很艰难，但作为曼联我们知道利物浦一定会放掉这场球，这样我们就将无缘冠军——尤其是这可能是我们超越利物浦纪录的第19个冠军。那个星期我们听到有传言说有些利物浦球员告诉某个年轻队员："绝对不能让曼联拿到冠军。"我不知道这传言是真是假，但比赛的过程完全是利物浦赛季谢幕的散步表演，他们场上半数的队员已经提前在过暑假了。

我们也不能说什么，尤其是在公开场合。我们不应该让自己的命运落到别人手里。但利物浦的确做得不怎么样，或者说是拉法·贝尼特斯（Rafa Benitez）的这支走下坡路的利物浦。

那个赛季我们一无所获，所以就说曼联正在一步步落入深渊？这又恰好成为一个例子——我已经目睹过太多次了——俱乐部外部的所有人都倾向于得出老特拉福德已经开始腐坏的疯狂结论。一年之后我们就又打进了冠军联赛决赛，根据之前的舆论氛围又有谁能预测得到呢？

我再问一次，回溯到20世纪80年代，我们的俱乐部和主教练有多少次遭到质疑？我很奇怪人们怎么又老调重弹开始怀疑他。不过很快，他就证明了为什么自己是足球界有史以来最棒的教练之一。

2010年10月，鲁尼决定离开曼联，让所有人目瞪口呆。

我说的是目瞪口呆，但并非晴天霹雳。在赛季准备期，他不安定的心态就已经初露端倪，很显然他的心思已经飘摇不定。英格兰和鲁尼的南非世界杯之旅一塌糊涂，他在场上和场下的表现都饱受攻击，情绪非常低落。瓦扎本来属于更衣室里最活跃最聒噪的那一拨人，但世界杯之后他的这种热情和活力消失殆尽。我们当然也注意到了，但当他说想要离开的时候还是不免让人大为惊讶。

如果有球员想要转会走人，那是他自己的主意。我是永远无法理解怎么会有人想要离开曼联，不过他们有他们的想法。只是就鲁尼这次来说，不光是他的决定，包括整件事的做法都太糟糕了。而当一切过去之后，他自己也承认了这一点。

当时他的大脑一片混乱，状态低迷，他最需要的是中肯的建议，而绝不是破坏和争辩，公之于众是极为愚蠢的。球员也和普通球迷一样，主要通过报纸获取俱乐部的新闻，在这一点上鲁尼犯了个大错。曼联从不为球员的转会在媒体上煽风点火。最后，主教练没有办法，只能自己将情况公开。①

---

① 2010年9月，鲁尼陷入“召妓门”丑闻，遭到媒体和球迷的猛烈攻击。弗格森以鲁尼脚踝受伤为由，将他雪藏在大名单之外（一些球迷认为这是为了保护鲁尼），然而鲁尼在接受公开采访时却否认自己脚踝受伤，此后，关于鲁尼即将离队的消息开始蔓延。

在新闻发布会上谈到鲁尼时，老大的神态让人难以置信。我打开电视机，下巴差点儿掉到地上。一个在曼联度过了多年时光的球员掉转头来攻击俱乐部，老大显然很受伤，但同时他的目光中也饱含着蔑视。老大绝不会退到一旁，任凭某个球员诋毁曼联，不论他多么有天分。这就像是看一场公开转播的教练员训话，世界上所有人都能看到他是一个多么伟大且具有感染力的领导者。

主教练的讲话似乎昭示着局面已经不可挽回，我认为这也如实地反映出了俱乐部当时的感受。而在第二天，鲁尼就让局势再度升级。

当天我们有一场对阵布尔萨体育的冠军联赛比赛，提前一个小时左右走进更衣室，电视机仍然摆在屋里的一角。这时我们看到屏幕下面的字幕："突发新闻"。鲁尼发表声明表示将要离队，原因是俱乐部缺乏野心，阵容也不够强大。这种事情放在任何时候宣布都不是什么好主意，而在一场关键比赛之前一小时公布简直是精神错乱。他明知道当晚有一场比赛，他的发言人肯定也知道。鲁尼一直是个好孩子，不会故意捣乱，所以我们更加惊愕了。

我站在更衣室里，呆若木鸡。"哪个蠢货同意他这么说的？"

我知道他肯定被主教练在新闻发布会上的发言刺痛了，可是鲁尼需要把姿态放低。他自尊心很强，非常好胜，但给他出谋划策的人应该调整一下呼吸，而不是在媒体上大放厥词。

主教练走进了更衣室。他非常生气，但仍然完成了赛前训话。

这是一场考验。球队不在最佳状态，排名落后，当家球星又在闹转会。但这也正是主教练爆发出全部能量的时候，他完全被点燃了。如果有人胆敢挑战他，他一定会以全力回击，而这种魄力也传递到了球队身上。

这种斗志鼓舞着我们走上球场，以获取那场比赛的胜利，球迷也都团结一致支持我们。主教练在新闻发布会上表明了自己不畏困难勇往直前的态度，再一次证明没有哪个球员能够超越俱乐部，以后也不会有。球迷有自己的偶像球星，但也必须承认他不能凌驾于俱乐部之上。

第二天早上我在训练场上看到了鲁尼。

“你在这里干啥？”

“我不走了。”

“真的假的？你要是真不走的话，就得去道个歉了。”

我想这不需要我来告诉他。他的团队已经在着手收拾残局，同时跟大卫·吉尔解决新合同事宜。

在24小时之内，鲁尼就把队员叫到训练场上，向大家道歉。之后又对球迷表示了歉意。

这个决定对他和俱乐部都非常重要。当然，队友免不了又要拿他开涮。帕特里斯·埃弗拉说瓦扎肯定是被把自己房子围得水泄不通的球迷吓着了：“看见那么多大绒帽堵住门口你是不是吓坏了？”

说实话，看到他做出人生中最正确的决定，我很开心。他是犯了个错误，没有判断清楚情况，但我很好奇周围的人给他提供的是什么样的建议。

现在他已经死心塌地留在曼联，我也相信他可以成为新的基恩或者罗布森。他的位置并不一样，但他同样有力量、技术以及逢凶化吉的魔力。他的真性情还在，永远也不会消失。但他已经接近自己的巅峰期。我们看到过太多顶级球员一过了30岁就无法自由自在地发挥了，就从鲁尼对比赛的投入、跑动量、对身体的消耗来看，他不可能到了35岁还这么踢。他的足球生涯起步很早，18岁就成为了俱乐部和英格兰队的主力。接下来的几年应该是他的黄金期，我要坐在看台上好好欣赏他的精彩表现。

他在更衣室里也是活力四射，风趣而有亲和力，每场比赛都会百分之百地投入。有天赋又像他这样付出自己全部的球员总是令人期待的。曼联需要瓦扎这样特别的球员。球迷又一次接纳了他，大家都知道他有多么出色，对俱乐部的未来有多么重要。他一直都有这种成为曼联传奇的潜质。

他必然有负罪感，而从某个角度来说这只会给俱乐部带来好处。他最好的补偿办法就是表现得更为出色，帮助球队获得冠军奖杯。现在所有的流言蜚语都已过去，主教练可以信赖一个全新的、升级版的鲁尼。

只有我们的主教练能变害为利，让一场危机给俱乐部带来正面效应。要是换成其他队，肯定要经历数个月的动荡。看看雷伊·威尔金斯（Ray Wilkins）被解雇给切尔西造成的影响，过了好几个月事态还没有平息。但我们的主教练有绝对的权威，数日之内就化解了鲁尼这场风波。在所有的人都陷入混乱时他依然保持冷静，巧妙地解决了问题。

主教练经历过所有大风大浪，也知道怎样发挥自己的经验。埃里克·坎通纳在鼎盛期威胁走人时他一路追到巴黎，罗纳尔多提出离开时他又说服葡萄牙人再留一个赛季。

那24小时之内我真的以为瓦扎的事态已经恶化到无以挽回的地步，但主教练真的做到了，几个月之后我们排名积分榜首，未尝一败。鲁尼又找回了他世界顶级球员的状态，我们大步迈向另一个联赛冠军，并进入冠军联赛决赛，让所有讨论曼联危机的风言风语都苍白无力。

我们的主教练状态正佳，以69岁高龄展示了他为什么无可取代。以后曼联的主教练也许还会有非常成功的，但像他这样在巅峰保持如此之久，25年不间断鼓舞年轻人为曼联全情投入，让俱乐部渡过一个又一个危机，一次再一次用奖杯还击舆论的批评——这样的教练可能我们再也不会看见了。当老特拉福德外面矗立起他的雕像，驾车经过的球迷会驻足欣赏，对他的丰功伟绩感到惊奇不已。

他能彻底地激发别人的忠诚心，我终生都会完全信任他。有时我希望诋毁中伤他的人能到俱乐部看一看，他是怎样照顾工作人员的。正是由于他的存在，我们才会有那么多接待人员、后勤人员为俱乐部勤勤恳恳工作20年。他能让每个人感觉到自己有多么重要。

他对待俱乐部就像对待自己需要保护的家人一样，所以他必然拼尽全力。

很多外部的人攻击他一味地忠于自己的俱乐部、自己的队员。但如果从他的角度思考，曼联一直是他生活的中心。他把每一天每一个小时都奉献给了俱乐部。如果是你，在家人遭受攻击时会有什么样的反应？那是要用生命去捍卫的。

所以媒体的骚扰在他看来就像是人身攻击一样。闯入他的俱乐部，让他的队员心神不宁，完全就是在攻击他的家人。也许私下他会让某个队员吃尽苦头，但就像所有负责任的父母，他绝不容许这些私下的争吵被放到聚光灯下。

他终有一天会退居幕后，那该让人多么伤心。从他现在的热情来看也许这个时刻暂时不会到来，那谁能猜到接替他的候选人会是谁？人们首先想到的肯定是何塞·穆里尼奥和佩普·瓜迪奥拉（Pep Guardiola），他们都以不同的方式获得过辉煌。我认为足球风格是必须考虑的。曼联一直以漂亮的进攻型足球广受赞誉，老大从马特·巴斯比爵士那里继承下来的理念就是球队有义务用精彩的比赛让球迷快乐。曼彻斯特联队的下一任主教练也必须忠于这种精神。他必须有勇气，有胆识。这就是曼联当年在巴斯比治下的风格：他对足球领域的统治者们放下豪言，“我要带着球队闯进欧洲杯，不管你们乐不乐意”。我们现在的老大也同样一直是个打头阵的角色。

我也想看看俱乐部会怎样应对这场交接，也许老大的光辉成就已经证明了没有人是不可替代的，但我们不能再让俱乐部承受一次马特·巴斯比爵士离开后的动荡。任务虽然艰巨，可俱乐部还是要在没有老大的情况下继续前行，这也正是他所想要看到的。

在言行两方面，他都让我们体会到了曼联具备一条传送带的功能。尾端有一个人离开，头上就有另一个人加入。这是主教练所倡导的文化，也必须如此，谁都不能打破它。没有一刻可以停下脚步休息。获得了成功要庆祝，但第二天的第一件事就是准备好工作报告。

也许在这一点上，当贝斯特·劳·查尔顿的伟大时代结束时俱乐部没有做好准备，马特·巴斯比爵士离开的时候也是。眼光不能再那样停留在过去了，俱乐部接下来面对的挑战是怎样证明我们不要回想起弗格森时代。

曼联短期内不会有什么问题，我能看见这支球队正在一步步变得更好。拉斐尔（Rafael）和法比奥（Fabio）兄弟、克里斯·斯莫林（Chris Smalling）以及小豌豆（Chicharito）都年少有为，前途无限。签下菲尔·琼斯（Phil Jones）则更清晰地表明了俱乐部的意愿——他已经有了一些未来曼联和英格兰队长的模样。夏天我看了他在英格兰U21代表队的比赛，1650万镑的身价真是相当于白捡。

我觉得主教练的这些改变非常有益于我们再次崛起。球队中老将和年轻队员的比例很好，还有琼斯、阿什利·杨（Ashley Young）以及大卫·德赫亚（David de Gea）这些新援加盟。我们并没有被甩下太远。

的确，我们输掉了2011年在温布利举行的冠军联赛决赛，这似乎象征着我们被甩开了一个档次，但实际上巴塞罗那已经达到了他们能力的绝对最高峰。这支球队非常出色，是最好的球队之一，实力超群。但我长期的足球经验告诉我，这种水平的表现难以持久。哈维、梅西和伊涅斯塔都处在最佳状态，但不可能一直这样，很多事情会变化。某个核心球员会老去，主教练会离开，之后命运之轮将再次转动起来。

我并不是在贬低巴塞罗那。他们在温布利给我们上了精彩的一课。如果不是为自己的队员感到那么沮丧，他们的技术也颇为值得欣赏。但我百分之百地确信我们的差距在缩小。我能预见到又一支顶级水平的曼联正在冉冉升起，而在冠军联赛中巴塞罗那不可能卫冕。我把话放在这里：皇马或者曼联会拿到2012年的冠军。我们的老大已经跃跃欲试了。

第二十五章

真正的终点

2011年的元旦，我的职业生涯迎来了终点——在山楂球场的卫生间里。这并不是我所设想的结束方式，但我已经确定我不会再上场比赛。

在曼联效力18年，为一队出场602次，我最后一次与队友并肩作战的比赛终于到来了。而我却盼着它早点儿结束。

我们上半场被西布朗打得晕头转向，主教练在更衣室里对队员大声训话。但我只想赶快回家，离开球场。我躲进厕所避难，心思早已不知飞向何处。

上半场我的表现大失水准，但球迷仍然在高歌我的名字。“Gary Neville is a Red，is a Red……”（加里·内维尔是个红魔，他是个红魔……）这是我人生中第一次感觉不愿意听他们唱起这段旋律。

“别唱了。我真的不配。以前可能还行，但今天就算了吧。”

我甚至在球场上不停地拷问自己。

“我都在干些什么？还要多长时间才能结束？”

脑子转得飞快，充满了对自己的怀疑和担忧。

这根本不是我的风格。本来应该是我在发号施令，让其他人投入比赛。我平时总是动力十足，专心致志。准备职业生涯的每场比赛时我都告诉自己，不论对手有多么争强好胜，我的欲望都要压过他们。但这时我所想到的只是“趁着还没犯下致命的错误，赶紧把我换下去吧”。

其实我早就预料到了自己会踢不好。星期四训练结束后，主教练告诉我准备好周末上场，他说需要我的经验帮助球队。那个阶段我们后防不够稳固，几天前在比赛最后时刻被伯明翰城进了个莫名其妙的球。不过我已经有两个多月没有首发了，上一次出场还是10月份远征斯托克城，而且我并没有发挥出应有的水平。比赛是赢下来了，但我躲掉了一张红牌，那个大飞铲出脚慢了有好几分钟。

我4个月里一共打了4场比赛，身体一直没有调整好。其实从2007年脚踝受伤以来我就一直在和伤病做斗争。我本来打算2010年春天退役的，所以听到老大让我再留1年时我着实吃了一惊。我也犹豫过，但实在无法拒绝他的邀请。有谁会主动远离自己的梦想呢?

我很开心地续签了1年合同，可赛季准备期的第一天我就把小腿拉伤了。之后又是腹股沟拉伤，后来对斯托克的比赛里脚踝伤势也复发了。我陷入了进退两难的窘境：我需要多打比赛来找回状态，但拉斐尔状态正勇，有望成为我可靠的接任者，我知道主教练不可能给我连续出场的机会。

我对身体状况的在意近乎于强迫症——看看腿部力量、冲刺、牵拉的数据就知道，我还没有康复。也许有些喜欢走捷径的人并不在乎，但在我的职业生涯中，身体状态没有恢复的情况下我决不会上场。

跟主教练谈话之后，我在餐厅碰到了斯科尔斯，告诉他我很担忧："我这是没戏了。"

他大笑："你是说梅西吗?"

跟斯科尔斯说话真是没有不被嘲笑的时候。

现在，对西布朗比赛的中场休息期间，我盯着卫生间的门，我所有的担忧都一步步变为了现实。在我的防守下，杰罗姆·托马斯（Jerome Thomas）简直成了罗纳尔多。我还在禁区里绊了格拉汉姆·多兰斯（Graham Dorrans）一脚，多亏裁判没吹。我本应该吃到红牌下场的，倘若运气的天平没有倒向我这一边，我的职业生涯当时就会宣告结束，只留下一个尴尬地走向更衣室的孤独背影。我逃掉了裁判的惩罚，却无法躲过中场休息时主教练的咆哮。我知道自己在场上像个无头苍蝇，预料到一场劈头盖脸的训斥即将到来。

里奥似乎觉察到我的窘困，他站了出来，把西布朗一次有威胁进攻的责任揽到自己头上。我非常感激，当时我甚至没有力气去回应主教练了，脑子里想的只是下半场赶紧过去，我好回家。

走出卫生间，在中场休息之后的25分钟里我居然感觉很轻松，真是怪异。也许是预见到一切都快要结束，我进入了一种全新的冷静情绪。我的头脑投入到了比赛当中，只是腿依然不听使唤。

我又插上助攻一次，几乎用尽全身力气才回到位置上。我显然不可能撑到比赛结束了，球出界时，我看到麦克·费兰叫我："你不行了吧，是不？"

"不行了。"

最后的终点开始倒计时了。

我看到拉斐尔①热身，很快换人牌举了起来——大大的2号，亮着红灯。我最后一次走下球场，我知道一切都结束了。

加里·内维尔，前曼彻斯特联队后卫。

我现在也不清楚当时替补席上有没有人知道我当时走到了终点。如果他们知道的话，那也是没有说出来。没有人拍拍背宽慰我或是说两句话安抚一下，当然我也不想他们这样做。这场比赛我们还没有拿下来，我一把抓过大衣，扣上帽子安静地反思了一小会儿，然后全神贯注地看我们能不能在这场混乱的五五开比赛中全取3分。

这场球踢得真是太糟糕了，但我有强烈的预感我们能赢下来，我敢赌上我的全部家当。球队就是有这股精神——曼联的精神——这在我十来岁到曼联训练时就第一次感受到了。这是对胜利的需求、渴望，同样我们有能力得到。

这就是老大给球队培养起来的DNA：要么把球踢得漂漂亮亮，不行的话就挖掘内心的潜能，用勇气、意志和决心拿下比赛。这正是对阵西布朗这场比赛中我们的年轻人所做到的，小豌豆接角球旱地拔葱顶入制胜一球。比赛的过程一塌糊涂，但我们又找到了获胜的方法。

---

① 加里可能犯了个有趣的错误，根据比赛资料，这里接替他上场的应是拉斐尔的双胞胎兄弟法比奥。

“也只有曼联能在踢得那么烂的情况下赢球”，第二天我走进主教练的办公室，告诉他我决定退役了。曼联的魅力在于永不熄灭的激情之火，但你也要清楚自己什么时候应当离开。

我知道到了说再见的时候，前一晚我辗转反侧，彻夜未眠。后半夜我还翻来覆去的，把艾玛都闹醒了。“你觉得我应该怎么办？”

她笑了，说：“问我干什么？自己怎么想就怎么做呗。”

我躺在床上反复思忖，一次又一次地问自己是不是就这样决定了。我会不会再去参加一次训练营？我会不会找回状态？教练在准备期会不会又突然需要我？第二天星期日早上7点半，走进主教练办公室告诉他退役的决定时，其实我的大脑还在飞速运转。我一个小时之前就到了停车场，一直在车里坐着，还不知道主教练已经在办公室了——他永远都是第一个到。

这个决定做得很艰难，但在心里，我知道它百分之百是正确的。

老大还试图挽留我：“真是内维尔家的人，又反应过度了，别那么冲动啊。”他让我休息一下，我照做了，跟家人去了趟迪拜。一个星期里天天下雨，我敢说那地方从没有过这种事。

我有充足的时间仔细考虑自己的选择，而我知道自己的职业生涯已经结束了。我绝不想拖自己球队的后腿。我感觉自己再踢下去的话可能要导致球队丢分，甚至丢掉联赛冠军。

我还短暂地幻想过是不是能坚持到凑够10次出场，这样我也许能再拿一块具有特殊意义的冠军金牌，让我们超越利物浦的18次夺冠纪录。但这个想法转瞬即逝了，我的职业生涯已经成为历史。曼联不需要我也可以夺冠。我准备平静地接受这个现实，让自己对这一切感到知足。

我这个人向来是做了决定就立刻把所有事情都弄得利利索索，不想磨磨蹭蹭拖延时间。尽管我们讨论过到赛季结束后再宣布，但我决定早一点儿，我不愿意遮遮掩掩。于是2月2日，俱乐部宣布了我正式退役，即时生效。

我们读到过很多运动员面对运动生涯行将结束时的不舍和纠结。体育是他们所知道的全部世界，他们无法接受失去它的生活。但我则完全没有畏惧。

想到再也不会代表曼联比赛，必然感觉像又受了一次大伤一样，但我之前的伤病经历让我有充足的时间做好准备。并且我知道自己还有很多事情要做，不会在家门口垂头丧气地瞎转悠，这让我舒服了不少。

那下一步呢？不可能是主教练，至少短期之内。我还拿不定主意自己是不是适合这个角色。我拿到了欧足联的“A”级证书，也在曼联带过一些青少年球队，但所有曾多年参加顶级水平比赛的球员都一样会遇到相同的困境：我能不能找到作为主教练所必需的那种工作狂般的热情？

首先，我需要休息一下。我在一条行驶在同一条航道的船上度过了20多年，得缓一缓了。我的行动一直是被规定好的，要去哪里，要做什么，什么时候做。我知道自己什么时间吃饭，什么时间训练，要跑多少距离。现在我需要透一口气。

虽然还是毫无根据的猜想，但我觉得曼联的助理教练应该是我最理想的位置。这样我可以在训练场上度过每一天，不需要应对管理方面琐碎的事情，还能锻炼业务能力。不过说说容易，又得怎么证明自己配得上这个位置呢？

主教练的生涯可不是按部就班地走。真正想当主教练的人必须主动学习，那些最成功的：穆里尼奥、温格、弗格森、雷德克纳普，都是通过努力一步步走上去的。

这个行当要面对压力、失败、解雇。只有全身心投入才能取得回报。基恩、布鲁斯、因斯，我看到这些老队友的痛苦经历，在边线外上窜下跳，跟心脏病发作似的。我真不知道自己有没有勇气再让自己的神经接受这种考验。

另外还有一点需要斟酌，在这个国家，主教练的名誉会在一瞬间被毫不留情地摧毁。史蒂夫·麦克拉伦的英格兰队主教练生涯让他声名扫地，被迫出国。格伦·霍德尔倒还有自己的一席之地，但在这个国家，人们总喜欢给主教练提前盖棺定论，尤其是带不好国家队的。罗布森、基恩，几乎是在几分钟内就被下了结论。

一旦一段时间成绩不好，主教练就会被贬得一文不值。我们习惯于这种定论。你看西班牙，主教练是有流动轮回的。皇家马德里的主教练下课后过5年可能又回来了。在英格兰，我们总倾向于非白即黑地评价主教练，要么青史留名，要么一文不值。对英格兰队也是一样——永远游走在悬崖边缘。

再出色的主教练也难免有些赛季不尽如人意。看看卡洛·安切洛蒂，在切尔西拿了那么多奖杯，一样被炒。俱乐部的耐心总是太差，这让本就不轻松的工作变得更有压力、更不稳定。这真的是我想要的吗?

我认为在英格兰，退役球员的知识和经验没有得到充分利用。PFA成员中有很多英格兰最为知名的退役球员。名望自然会伴随一定的力量，但如何去使用，我们做得还远远不够。

英超委员会和足总做出的重要决定中，球员也应该有一定的发言权。有很多关键问题有待解决——比赛场次过多、没有冬歇期、教练培训课程不足——怎么没有人来咨询我们? 我们光会哀叹英格兰怎么没有出一个普拉蒂尼（Platini）、一个贝肯鲍尔（Beckenbauer），那就不如从鼓励球员主动承担责任做起。

再说，这事可不是个人追求领导位置。不管PFA的执行主席戈登·泰勒什么时候离职，我对他留下的空缺可没有兴趣，他干得那么出色，接任者的工作会非常困难。接下来几年还有很多别的事情，我已经跟天空体育签下合同，凭借在顶级水平的球队将近20年的踢球经验，我在电视领域肯定能发挥出自己的力量。我的身体里当然是流淌着曼联的血液，但我将力求坦诚，尽力做到开放、公平。

我还参与了几个商业项目，特别是不动产以及投资公司。结合这两方面的兴趣，我正打算用个人纪念赛所获得的收入来建立一家球迷俱乐部。曼联球迷需要在老特拉福德附近有一个自己的据点，我希望它成为主场比赛前球迷的活动中心。

我期待着亲身走进那里的一天。我现在是俱乐部的特使，但首先我是一个曼联球迷。我说过很多次，退役以后我要跟朋友一起坐在看台上畅饮畅聊，为球队呐喊助威。

所以3月份我就出现在了斯坦福桥的看台上，我买了3张票，带着两个朋友一起坐在客队球迷区，实现了我多年的夙愿。那个晚上过得很开心，但有人忠告我以后再这样的话可能不太安全。

这样的局面令人很遗憾，但随着足球带来的名利和金钱越来越多，敌对情绪也水涨船高。现在球员的回报极为丰厚，不过同时也产生了更多的干扰、麻烦，甚至攻击。周围有无数双眼睛盯着你，那种可怕的感觉我是再也不想体会了。

当职业生涯临近终点时，会有无数人问你想在别人心中留下什么样的形象。对于我来说答案很简单：我希望自己的形象是为曼联倾尽所有。这也是我自幼迈上足球之路时父亲所教导的：不要让自己因努力不够而后悔。

我的技术能力并不出众。我经常开玩笑，要在墓碑上给自己打6分，这也是我的真实写照——在坎通纳、罗布森、贝克汉姆、罗纳尔多、斯科尔斯、吉格斯这样群星闪耀的阵容中，我只能做一颗普普通通的棋子，不拖人后腿也不鹤立鸡群。

这也就够了，最重要的是竭尽自己所能。我从不是什么明星，但如果任何人担心自己的能力不够踢到顶级水平，参照我这个例子倒也不坏。我的经历就验证了水滴石穿、驽马十驾的道理。

我认为这是我们曼联92班共同的优秀品质。看看吉格斯依然状态神勇，贝克汉姆在美国发挥余热，菲尔跟埃弗顿刚刚续约，斯科尔斯也在尽全力延续运动生涯。我们都想榨出自己身上的最后一点儿足球能量，这是所有足球运动员的最高境界，与天分无关。

我已经倾尽所有，结束的时候还是到了。我跟年轻人一起去庆祝历史性的第19个冠军，我们终于超越了利物浦，这个里程碑式的成就让我无比兴奋。我为整个曼联俱乐部感到由衷的高兴，每一个人都放声高歌，尽情豪饮。大家兴致很高，不知不觉已经入夜，说实话，这时我感到自己有一点点离群了。

我的时代已经过去。我已经退役，开始自己的新生活，俱乐部也在没有我的情况下继续夺得奖杯。我有过多么美好的回忆，但现在队员继续庆祝他们的冠军，我则悄悄走入了夜色。不会有人想念我的，这样才对。

曼联的最佳11人

在曼联我有幸和很多最优秀的球员共事过，而我也总是很难挑选出最好的11个，在艰难的选择过程中，我起码有20次改变了主意。落选的队友们当中既有世界级的球员，也有曼联的传奇，甚至没有埃里克·坎通纳，你说入选这份名单有多难?

守门员

彼得·舒梅切尔和埃德温·范德萨，你选哪一个？他们中任何一个都会给球队带来巨大的帮助。彼得离开之后，范德萨是第一个完全胜任守门员位置的人选。他门线技术出众，控制范围大，并且善于分配球。但最重要的是，他给了我们镇定和信心。在曼联当守门员可不是一件容易的差事，但范德萨从未慌张过，不管是在多么重要的比赛中。

埃德温是个极其优秀的守门员，但我仍然要说，彼得不仅仅是个守门员，还是一个非常有存在感的人。他就是那种性情火爆的老队员，能让所有年轻球员都意识到：为了到达顶峰需要付出什么样的代价。在训练的时候他简直要杀了我，他就是那样拼命，但其实那只是他求胜的欲望。在那几年里，他毫无疑问是世界最佳守门员，而他也是教练签下的最伟大的转会球员。

后防线

丹尼斯·埃尔文不管是踢左后卫还是右后卫都非常出色，你根本想不起来他犯过什么错误，除了防守让人放心，他还能助攻，罚点球和任意球。

在曼联的时候他更多的是踢左后卫，但我选他进最佳11人却要把他放在右后卫的位置上，因为左后卫我要选帕特里斯·埃弗拉。帕特里斯在曼联属于慢热型的，过了一段时间才适应了英超联赛的身体对抗。但他学习得很快，而且不惧对抗。在前压助攻方面，世上很少有比他更好的边后卫了。

中后卫真是难选。斯蒂夫·布鲁斯、加里·帕里斯特、斯塔姆、维迪奇、里奥·费迪南德——任选两个都是强有力的组合。当我入队看到布鲁斯和帕里斯特的时候，我就知道我肯定踢不上中卫了。他们球技出众，人品也很好。

但我的最终选择是近些年来的维迪奇和费迪南德，尽管我也不知道为什么我没有选斯塔姆。斯塔姆也才华横溢，天赋异禀。他来的第一年就助我们夺得三冠王，此后他本应该留队更久一些的，主教练也如此承认。

但维迪奇必须入选，这没什么可商量的。我现在还不明白他为什么落选2010—2011赛季的最佳球员。他绝对是联赛中最稳定、最有影响力的球员。有人认为里奥和维迪奇互相搭配、彼此互补才能发挥最高的水平，所以最终我选择了这一对组合。里奥能力全面，善于阅读比赛，做出拦截，并且在小空间内也能持球；而维迪奇勇猛无畏，从不退缩。而且，他们俩还搭档参加了3次欧冠联赛的决赛，那是俱乐部的黄金时期。

中场

夺取三冠王那个赛季的中场组合——大卫·贝克汉姆、罗伊·基恩、保罗·斯科尔斯和瑞恩·吉格斯毫无疑问地入选。这4个人不可分割，能为你赢得任何冠军。

有了吉格斯在左路的盘带能力、贝克汉姆在右路的传球、基恩不可思议的坚韧不拔，还有斯科尔斯手术刀般的传球和得分能力，你还能要求什么?

在现代足球中，平行中场越来越难踢了。这项运动一直在发展，现在足球讲求制造中场的人数优势。但我从未见过如此互补的中场4人组，所以尽管现在的战术变化了，我还是会选这4个人。他们都是非常聪明的球员，技术全面，而且都十分努力。该有的他们全都有了，能和他们做队友是我的荣幸。

锋线

克里斯蒂亚诺·罗纳尔多铁定会入选的。除了他的那些进球，还有他让对手害怕的技术，都让他成为了毫无疑问的选择。在2006年到2009年的那段时间里，他是世界上最好的球员。

他的搭档是选择鲁尼还是坎通纳呢? 这个问题让我思索良久，我一度想要选择坎通纳。他是俱乐部的救世主，是永久的标志。当我回想起1995—1996赛季的时候，我知道没有他我们是不可能赢得联赛的。非常遗憾他没能留到我们夺取欧冠的那个时刻。

但鲁尼也帮助我们在4年内3次打进欧冠决赛，所以他理应入选。这几年是他职业生涯的巅峰，而且他也有可能成为曼联的另一个传奇人物。这是属于他的时代。

这样我就不能选路德·范尼斯特鲁伊了，他可是我共事过的最优秀的得分手。还有德怀特·约克，为我们的三冠王立下了汗马功劳。马克·休斯，是曼联的战士，也是出色的射手。最后还有安迪·科尔，他在曼联一开始并不顺利，但最终成了一架进球机器。

也许我的选择里近期的球员更多，那也是因为近年来球队屡屡打入欧冠决赛，经历了一段特殊的美妙时光。

所以我的最终选择如下：舒梅切尔、埃尔文、费迪南德、维迪奇、埃弗拉、贝克汉姆、基恩、斯科尔斯、吉格斯、鲁尼、罗纳尔多。

至于我嘛，如果我能在替补席上有一个位置，那就已经足够幸运了。

致谢

感谢马特·迪金森（Matt Dickinson）的帮助，使得此书可以集结成册。

后记

本书的译者团成员包括（按照姓氏笔画排序）：李衡、吕淼、沈鑫、谭耘天、姚麟、殷嘉皞、张硕。本书的译者皆为曼联球迷。此外，感谢舒玉龙、刘钧提供的各方面参考。

目前的加里·内维尔具有多重身份，他可能是目前英国最犀利的足球评论员，同时也是《每日电讯报》（*The Daily Telegraph*）的专栏作家，以及英格兰队的助理教练。除此之外，加里·内维尔还是一支半业余球队、一家足球主题酒店和商业地产公司的投资人，以及两个女儿的父亲。

无论是作为球员还是作为“文豪”，加里·内维尔都意志坚定，目光长远，观察敏锐，擅长在决策中注入思考和理性，但也始终保持着曼联生涯带来的激情和信仰，同时他还很幽默。愿此书能够让读者感受到他的这些魅力。

不过，以曼联球迷的角度来看，最重要的是：加里·内维尔实现了一个球迷的终极梦想，而他也以自己不懈的努力和忠诚很好地回报了这份梦想带来的重托。